Vârsta rațiunii
Un eseu despre vis
Blasfemie biblică
Examinarea profețiilor

de Thomas Paine

Traducere de Nicolescu Răzvan Alexandru

INFAROM
office@infarom.ro
http://www.infarom.ro

ISBN 978-973-1991-75-7

Editura: **INFAROM**
Autor: **Thomas Paine**
Traducător: **Nicolescu Răzvan Alexandru**
Editor-corector: **Dr. Florina Dima**

Descrierea CIP a Bibliotecii Naționale a României
PAINE, THOMAS
  Vârsta rațiunii / Thomas Paine ; trad.: Răzvan Alexandru Nicolescu. – Craiova : Infarom, 2016
    ISBN 978-973-1991-75-7

I. Nicolescu, Răzvan Alexandru (trad.)

291.1

Titlul original: *The Age of Reason* (1794, 1795, 1807)

Copyright © INFAROM 2016

Acest material este sub incidența copyright-ului. Toate drepturile asupra lucrării sunt rezervate, atât parțial cât și în ansamblul ei, în special drepturile de traducere, copiere, citare, înregistrare, reproducere pe microfilm sau pe orice alt suport, precum și stocare în baze de date. Reproducerea acestei publicații sau a părților ei este permisă numai cu respectarea Legii dreptului de autor și cu acceptul scris al editurii INFAROM.

Cuprins:

Introducere. 5

VÂRSTA RAȚIUNII I
1. Crezul autorului. 9
2. Despre minuni și revelații. 11
3. Privind caracterul lui Isus și istoria sa. 13
4. Despre bazele creștinismului. 15
5. Examinarea în detaliu a bazelor premergătoare. 17
6. Despre adevărata teologie. 18
7. Examinarea Vechiului Testament. 19
8. Despre Noul Testament. 24
9. În ce constă adevărata revelație. 29
10. Cu privire la Dumnezeu și lumina pe care o aruncă Biblia asupra existenței și atributelor sale. 31
11. Despre teologia creștină și adevărata teologie. 34
12. Efectele creștinismului asupra educației. Reforme propuse. 38
13. Compararea creștinismului cu ideile religioase inspirate de către natură. 43
14. Sistemul universului. 48
15. Avantajele existenței mai multor lumi în fiecare sistem. 50
16. Cum se aplică ce a fost spus sistemului creștin. 52
17. Despre mijloacele utilizate în toate timpurile și aproape în mod universal, pentru a înșela oamenii. 53
18. Recapitulare. 60

VÂRSTA RAȚIUNII II
1. Prefață. 63
2. Vechiul Testament. 66
3. Noul Testament. 117
4. Încheiere. 143

SCRISORI PRIVIND CARTEA *VÂRSTA RAȚIUNII*
1. Răspuns unui prieten. 154
2. Corespondența cu onorabilul Samuel Adams. 158

NOTELE Traducătorului. 166

UN ESEU DESPRE VIS
1. Prefața autorului.   185
2. Capitol introductiv.   187

BLASFEMIE BIBLICĂ.   195

EXAMINAREA PROFEȚIILOR
1. Prefață.   197
2. Cartea lui Matei.   198
3. Cartea lui Marcu.   221
4. Cartea lui Luca.   224
5. Cartea lui Ioan.   225
6. Anexa Autorului.   242

Gândurile mele personale despre condiția viitoare.   243

NOTELE Traducătorului.   245

Introducere

Thomas Paine s-a născut în Thetford, Anglia, în anul 1737. Tatăl său făcea parte din Societatea Religioasă a Prietenilor (era Quaker), iar mama sa era Anglicană.

La vârsta de 13 ani, a început să lucreze pentru tatăl său, ca fabricant de parâme pentru nave, Thetford fiind un oraș cu tradiție în construcțiile navale.

Mai târziu a devenit reprezentant al Fiscului, însărcinat cu colectarea taxelor pe alcool și tutun.

În anii 1760, atelierul de fabricat parâme a dat faliment și soția sa a decedat.

În 1774 a fost concediat de Fiscul Englez. În același an l-a cunoscut pe Benjamin Franklin, care l-a sfătuit să se mute în America și i-a dat o scrisoare de recomandare.

Paine a ajuns în Philadelphia pe 30 Noiembrie 1774. În ianuarie 1775 a început să lucreze ca editor al Revistei Pennsylvania. Și-a început activitatea de scriitor prin publicarea mai multor articole, sub pseudonim. Printre primele sale articole se numără „Sclavia Africană în America", o critică usturătoare la adresa comerțului cu sclavi africani. Articolul a fost semnat „Justiție și Umanitate". Ideile sale despre revoluție și lipsa de justiție nu puteau să găsească un moment mai potrivit având în vedere că, în aceeași perioadă, relațiile încordate dintre Anglia și coloniile sale atingeau un punct maxim.

La cinci luni de la sosirea lui Paine avea loc evenimentul care l-a făcut să scrie ceea ce avea să devină cea mai cunoscută operă a sa.

După bătăliile de la Lexington și Concord, primele bătălii ale Războiul de Independență al Statelor Unite ale Americii, care au avut loc pe data de 19.04.1775, Paine a susținut că America nu trebuia să pornească doar o simplă revoltă împotriva fiscalității impuse de Marea Britanie, ci trebuia să ceară independența de Marea Britanie. El a exprimat aceste idei în pamfletul de 50 de pagini, "Simț Comun", care a fost tipărit pe data de 10.01.1776 și care a fost numit de un istoric „pamfletul cel mai incendiar și cu cea mai mare popularitate, din întreaga epocă revoluționară".

„Simț Comun" îi prezenta pe coloniștii americani, care erau încă nehotărâți în ceea ce privea revoluția și eliberarea de sub conducerea britanică. Deși a avut puțin efect în ceea ce privește redactarea Declarației de Independență, cartea i-a făcut pe coloniști să realizeze importanța momentului și necesitatea unei discuții publice pe această temă. Cartea circula și era citită în public, pentru a susține lupta pentru independență și a încuraja înrolarea în Armata Continentală.

Paine a scris „Simț Comun" în mod simplu, fără cugetări filosofice și termeni în limba latină și s-a bazat pe referiri la textul Bibliei, pentru a se adresa omului obișnuit. În doar câteva luni, s-au vândut peste 500.000 de copii. Ideea de bază a cărții este identitatea politică americană și a contribuit la realizarea Declarației de Independență, care a fost ratificată pe data de 04.07.1776.

Imediat după publicarea lucrării „Simț Comun", Paine a spus: „întrevăd probabilitatea debordantă ca o revoluție a sistemului de guvernământ să fie urmată de o revoluție a sistemului religios" și „omul se va întoarce la credința pură, neamestecată și nefalsificată, într-un singur Dumnezeu".

Paine reprezintă un punct de cotitură al mișcării liber-cugetătorilor prin faptul că a renunțat la metoda *a priori*, că a refuzat să declare ceva imposibil, în afara matematicii pure și prin faptul că fundamenta tot pe probe.

În timpul Războiului de Independență, Paine s-a înrolat ca voluntar, a fost asistentul generalului Nathanael Greene și a însoțit Armata Continentală. El a contribuit la susținerea moralului trupelor prin cele 16 lucrări intitulate „Criza Americană", care au fost publicate între anii 1776 și 1783.

În 1777, Paine a fost numit Secretar al Comitetului Afacerilor Externe de Congresul Continental. În 1778 Paine a acuzat un membru al Congresului de foloase necuvenite din ajutorul pe care Franța îl oferise Statelor Unite. Când a făcut public scandalul, Paine a citat din documente secrete la care avusese acces grație postului său din cadrul Comitetului Afacerilor Externe. În pamfletele sale Paine a făcut și aluzii la unele negocieri secrete cu Franța. Aceste lucruri au condus la scoaterea sa din Comitet în 1779.

Paine s-a angajat ca funcționar în Adunarea Generală din Pennsylvania și a realizat că trupele americane erau nemulțumite din cauza faptului că erau slab, sau deloc plătite și de lipsa proviziilor. S-a dus în Anglia și în Franța pentru a strânge mijloacele necesare. Proviziile pe care el le-a furnizat astfel au fost importante pentru succesul Revoluției. A făcut un apel la Statele Americane să reunească resurse pentru bunăstarea întregii națiuni și în 1780 a scris „Binele Public", lucrare în care semnala necesitatea constituirii unei convenții naționale, cu un guvern central puternic și o constituție continentală.

În aprilie 1787, Paine s-a întors în Anglia și a fost fascinat de cele auzite despre Revoluția Franceză. El a susținut imediat Revoluția și în 1790, după ce a citit atacul lui Edmund Burke la adresa acesteia, a scris cartea „Drepturile Omului", drept răspuns usturător. Micul tratat trecea dincolo de susținerea Revoluției Franceze și discuta motivele de bază ale nemulțumirii societății europene, critica aspru aristocrația și cerea abrogarea legilor succesiunii, din Europa. Guvernul Britanic a interzis cartea și Paine a fost acuzat de trădare, dar a evitat eventualele consecințe pentru că se afla în drum spre Franța atunci când a fost emis decretul. Mai târziu a fost numit Cetățean de Onoare al Franței.

Deși era în favoarea Revoluției, Paine a susținut, totuși, încercările de salvare a vieții Regelui Louis al XVI-lea, fiind în favoarea exilului, "Omorâți Regele, dar cruțați Omul'. Atunci când Radicalii conduși de Robespierre au preluat puterea, Paine a fost trimis în închisoare, unde a stat din data de 28.12.1793 până în data de 04.11.1794 și a fost foarte aproape de a fi executat. În 1794, în timp ce se găsea închis, a fost publicată prima parte a cărții „Vârsta Rațiunii", pe care reușise să o termine chiar înainte de a fi arestat, în dimineața zilei de 28 decembrie. Cartea critică religia instituționalizată pentru corupția sa și pentru ambițiile sale de ordin politic și contestă temeiul Bibliei. Cartea a stârnit controverse, iar Guvernul Britanic i-a persecutat pe cei care au încercat să o publice sau să o distribuie.

„Vârsta Rațiunii" a fost primită cu ostilitate de cea mai mare parte a publicului și a criticilor. Această animozitate avea la bază patru factori majori. Paine nega faptul că Biblia reprezenta un text de inspirație divină, el căuta să demonstreze că religia creștină este o invenție umană, numerosul său public îi speria pe cei aflați la putere și stilul lui satiric și ireverențios, în care scria despre creștinism și Biblie, îi supăra pe mulți credincioși. Deși a fost scrisă pentru francezi, cartea a avut foarte puțină influență asupra Franței revoluționare. Paine a afirmat că: „Poporul francez se îndreaptă către ateism, iar eu am tradus lucrarea în limba lor pentru a nu-i lăsa să facă acest lucru și pentru a le reaminti primul articol din crezul fiecărui om, care are un crez, anume *Cred în Dumnezeu*."

După ce a fost eliberat din închisoare cu ajutorul vechiului său prieten, James Monroe (care avea să devină cel de-al cincilea Președinte al Statelor Unite, din 1817), care reprezenta oficial Statele Unite în Franța, Paine a rămas în Franța și a publicat cea de-a doua și cea de-a treia parte a cărții „Vârsta Rațiunii", iar apoi s-a întors în Statele Unite, la invitația președintelui american Thomas Jefferson, care îl admira și pe care îl întâlnise în Paris.

Thomas Paine a fost și inventator. El a inventat o macara pentru ridicarea greutăților și o lumânare care ardea fără să producă fum. A construit podul Sunderland, peste râul Wearmonth, în Anglia. Inaugurat în 1796, cu o lungime de 73 de metri, realizat fără piloni, este al doilea pod de fier care a fost construit în lume. Podul a fost renovat în 1857, iar în 1927 a fost înlocuit.

Paine s-a întors în Statele Unite în 1802. Aici a descoperit că activitatea sa revoluționară și reputația sa fuseseră uitate în cea mai mare parte. Rămăsese intactă, în schimb, imaginea sa de agitator de talie mondială al maselor populare.

Paine a murit în iunie 1809. Ziarul New York Citizen a publicat următoarele în necrologul său: „A trăit mult, a făcut puțin bine și mult rău". Imaginea lui Paine avea să fie schimbată doar în 1937, când ziarul Times, din Londra, a schimbat cursul lucrurilor și a scris despre el, denumindu-l un „Voltaire englez". Aceasta a rămas imaginea sa și acum Thomas Paine este considerat a figură fundamentală a Revoluției Americane.

Vârsta Raţiunii I

CAPITOLUL 1.
Crezul autorului

De mai mulţi ani intenţionez să-mi public consideraţiile despre religie. Sunt conştient de dificultăţile ce însoţesc acest subiect şi din acest motiv l-am păstrat pentru o perioadă mai matură a vieţii. Intenţionam să fie ultimul lucru oferit concetăţenilor mei, din toate naţiunile, într-un moment în care puritatea motivului care m-a determinat să tratez acest subiect nu ar fi pus la îndoială nici chiar de aceia care nu sunt de acord cu lucrarea.

Evenimentele care s-au petrecut în Franţa, desfiinţarea la nivel naţional a ordinului preoţilor şi a tot ceea ce ţine de sistemul religios obligatoriu şi de dogme, nu doar că mi-au precipitat intenţia, dar au făcut foarte necesară o astfel de lucrare, ca nu cumva să pierdem din vedere moralitatea, umanitatea şi teologia cea adevărată, în ruina generalizată, cauzată de superstiţie, de false sisteme de guvernământ şi falsă teologie.

Pentru că am primit multe exemple de credinţă, practicată în mod voluntar la nivel individual, de la mulţi colegi de-ai mei şi de la alţi concitadini, din Franţa, îmi voi prezenta şi eu crezul, cu francheţea cu care mintea umană comunică cu ea însăşi.

Cred într-un Dumnezeu şi nimic mai mult şi, dincolo de această lume, sper să fie fericire şi bucurie.

Cred că oamenii sunt egali şi cred că îndatoririle religioase constau în comportarea dreaptă, iubirea milei şi în efortul personal pentru mulţumirea semenilor.

Dar, ca să nu se presupună că mai cred în multe alte lucruri, pe lângă acestea, pe parcursul acestei lucrări, voi declara lucrurile în care nu cred şi motivele pentru care nu cred în ele.

Nu cred în sistemul religios practicat de biserica evreilor, de biserica romană, de biserica greacă, de biserica turcă, de biserica protestantă, sau de oricare altă biserică de care am auzit vreodată. Mintea mea este biserica personală.

Toate bisericile naţionale, fie că vorbim de evrei, creştini, sau turci, îmi par doar nişte invenţii umane, constituite pentru a înspăimânta şi a înrobi omenirea şi a monopoliza puterea şi profitul.

Prin această declaraţie nu intenţionez să-i condamn pe cei care cred altfel. Au acelaşi drept la propria credinţă, cum am eu, la credinţa mea. Este însă necesar pentru fericirea omului, ca el să-şi fie fidel lui însuşi, în plan mental. Infidelitatea nu constă în a crede sau a nu crede, constă în practicarea unei credinţe în care nu se crede.

Este imposibil de calculat paguba morală, dacă o pot numi astfel, pe care a produs-o în societate minciuna mentală. Când un om şi-a corupt şi şi-a prostituat castitatea propriei minţi până la a-şi aservi profesional credinţa unor lucruri în care nu crede, s-a pregătit pentru comiterea oricărui alt gen de nelegiuire. Îşi asumă ocupaţia de preot de dragul câştigului şi, pentru a se califica pentru această ocupaţie, începe prin sperjur. Putem concepe ceva mai distructiv la adresa moralităţii?

Imediat după ce am publicat pamfletul „Simţ Comun", în America, am realizat probabilitatea foarte mare ca o revoluţie a sistemului de guvernământ să fie urmată de o revoluţie a sistemului religios. Legătura adulteră dintre biserică şi stat, oriunde a avut loc, la evrei, creştini sau turci, a interzis cu desăvârşire, prin chinuri şi pedepse, orice discuţie despre credinţele stabilite, despre principiile prime ale religiei şi până la schimbarea sistemului de guvernământ, acele subiecte nu puteau fi aduse în faţa lumii, cu imparţialitate şi în mod deschis. Ori de câte ori era schimbat sistemul de guvernământ, urma o revoluţie a sistemului religios. Erau descoperite invenţiile umane şi meşteşugul preoţilor, iar omul se întorcea la credinţa pură, neamestecată şi naturală într-un Dumnezeu şi nimic mai mult.

CAPITOLUL 2
Despre minuni și revelații

FIECARE biserică națională, sau religie s-a întemeiat pretinzând că are o misiune specială de la Dumnezeu, care a fost comunicată anumitor indivizi. Evreii îl au pe Moise, creștinii pe Isus Cristos, pe apostoli și pe sfinți, iar turcii, pe Mahomed, de parcă drumul către Dumnezeu nu ar fi deschis tuturor, deopotrivă.

Fiecare dintre acele biserici prezintă anumite cărți, pe care le numesc *revelație*, sau cuvântul lui Dumnezeu. După evrei, Cuvântul lui Dumnezeu i-a fost dat de Dumnezeu lui Moise, față în față. După creștini, Cuvântul lui Dumnezeu a venit prin inspirație divină. După turci, Cuvântul lui Dumnezeu (Coranul) a fost adus de un înger din rai. Fiecare dintre aceste biserici le acuză pe celelalte de necredință, iar eu nu cred în nici una din ele.

Pentru înțelegerea corectă a cuvintelor, înainte de a continua subiectul, voi aduce unele observații cu privire la cuvântul *revelație*. Revelația, în religie, înseamnă ceva comunicat de Dumnezeu omului în mod *imediat*.

Nimeni nu neagă sau discută puterea Atotputernicului de a face o astfel de comunicare, dacă dorește. Dar admițând, de dragul discuției, că a fost revelat ceva unei anumite persoane și că nu a fost revelat unei alte persoane, atunci revelația este doar pentru prima persoană. Când aceasta o spune unei a doua persoane, a doua, unei a treia, a treia, unei a patra și așa mai departe, nu mai este o revelație pentru toate acele persoane. Este revelație doar pentru prima persoană și știre din auzite pentru fiecare dintre celelalte și, prin urmare, acestea nu sunt obligate să o creadă.

A numi revelație ceva ce ne parvine prin surse, fie acestea verbale sau scrise, reprezintă o contradicție în termeni și în idei. Revelația este limitată, în mod necesar, la prima comunicare. După aceasta, este doar povestirea a ceva ce persoana respectivă pretinde că a fost o revelație, care i-a fost făcută și, chiar dacă se poate simți obligată să creadă în ea, mie nu mi se poate cere să cred în ea, cel puțin nu în același fel, pentru că revelația nu mi-a fost făcută în mod direct și trebuie să o cred pe cuvânt că i-a fost făcută ei.

Atunci când Moise le-a spus copiilor Israelului că a primit din mâna lui Dumnezeu cele două table ale legii, aceştia nu erau obligaţi să îl creadă, dacă nu puteau accepta cuvântul lui drept garanţie. Iar eu nu am alt motiv să cred, dincolo de ceea ce îmi spune câte un istoric, având în vedere că poruncile nu poartă un caracter divin evident, intern. Ele conţin un număr de precepte morale folositoare, asemănătoare celor pe care orice om calificat şi desemnat drept legiuitor le-ar fi putut produce, fără a apela o intervenţie supranaturală (este, totuşi, necesar să lăsăm la o parte declaraţia care spune că Dumnezeu *aruncă păcatele părinţilor asupra copiilor*, pentru că este contrară oricărui principiu de justiţie morală).

Când mi se spune despre Coran că a fost scris în Rai şi adus lui Mahomed de către un înger, relatarea reprezintă aproape acelaşi tip de dovadă din auzite şi autoritate indirectă, ca şi cea de mai sus. Nu am văzut personal îngerul şi, de aceea, am dreptul să nu cred.

Când mi se spune, de asemenea, că o femeie, numită Fecioara Maria, a spus, sau a divulgat, că este grea fără conlucrarea unui bărbat şi că promisul ei în căsătorie, Iosif, a spus că un înger i-a spus asta, eu am dreptul să-i cred, sau nu. O astfel de întâmplare avea nevoie de o dovadă mult mai solidă decât simplul lor cuvânt. Dar, nu-l avem nici măcar pe acesta, pentru că nici Iosif şi nici Maria nu au scris despre aşa ceva. Este doar comunicat de alţii că ei *au spus astfel*. Este informaţie din auzite, despre o informaţie din auzite, iar eu aleg să nu-mi bazez credinţa pe astfel de elemente.

Nu este greu, totuşi, să fie explicată influenţa exercitată de relatarea conform căreia Isus Cristos este Fiul lui Dumnezeu. El s-a născut atunci când mitologia păgână era încă la modă şi avea încă reputaţie în lume. Respectiva mitologie pregătise oamenii pentru a crede o astfel de poveste. Aproape toţi bărbaţii extraordinari care au trăit în mitologia păgână erau presupuşi fii ai unora dintre zeii lor. Pe vremea aceea, credinţa că un bărbat fusese creat cu ajutorul cerului nu aducea nimic nou. Contactul zeilor cu femeile constituia un subiect familiar. Jupiter, în baza poveştilor lor, avusese contact cu sute. Povestea, aşadar, nu conţinea nimic nou, extraordinar, sau obscen. Era conformă opiniilor predominante la gentili, sau mitologişti şi doar ei le credeau. Evreii, care au păstrat cu stricteţe credinţa într-un singur Dumnezeu (şi atât) şi care au respins mereu mitologia păgână, nu au crezut niciodată povestea.

Curios de observat cum teologia a ceea ce se numește Biserica Creștină a apărut din coada mitologiei păgâne. Într-un prim moment a avut loc o încorporare directă și s-a stabilit că reputatul său fondator a fost creat cu ajutorul cerului. Trinitatea de zei care a urmat nu era decât o reducere a pluralității de altădată, care ajunsese la douăzeci sau treizeci de mii. Statuia Mariei a urmat statuii Dianei din Efes. Deificarea de eroi s-a schimbat în canonizarea de sfinți. Autorii mitologiei aveau zei pentru orice și autorii mitologiei creștine aveau sfinți pentru orice. Biserica abunda în sfinți, așa cum Panteonul abundase în ceilalți și Roma era locul lor. Teoria creștină reprezintă idolatria vechilor adepți ai mitologiei, adaptată obținerii puterii și veniturilor. Rămâne sarcina rațiunii și a filosofiei să desființeze escrocheria cu dublă natură.

CAPITOLUL 3
Privind caracterul lui Isus și istoria sa

NIMIC din cele spuse aici nu pot fi aplicate adevăratului caracter al lui Isus Cristos. El a fost un om virtuos și binevoitor. Moralitatea pe care a predicat-o și practicat-o a fost de tipul cel mai binevoitor și chiar dacă sisteme morale similare au fost predicate de Confucius și de unii filosofi Greci, cu mulți ani înainte, de Quakeri[1] după aceea, și de mulți oameni buni, din toate timpurile, nu a fost întrecută de niciunul dintre aceștia.

Isus Cristos nu a scris nimic despre el, despre nașterea sa, despre descendența sa, sau orice altceva. Niciun rând din ceea ce este numit Noul Testament nu a fost scris de el. Istoria lui este în totalitate opera altor persoane și, cât privește povestea învierii și ascensiuni sale, aceasta era complementul necesar istoriei nașterii lui. Istoricii lui, care l-au adus pe lume în mod supranatural, erau obligați să îl scoată din lume în același mod, sau prima parte a poveștii s-ar fi năruit. Șiretenia nefericită cu care această ultimă parte este relatată depășește cele întâmplate înainte. Prima parte, a conceperii miraculoase, nu admitea martori. De aceea, cei care au povestit această parte a poveștii au avut avantajul de a nu putea fi descoperiți, chiar dacă nu erau crezuți. Nu li se putea cere s-o dovedească, nefiind unul dintre lucrurile care admite probe, iar persoanei căreia i s-ar fi povestit, i-ar fi fost, de asemenea, imposibil să o demonstreze.

Dar învierea din mormânt a unei persoane decedate și înălțarea acesteia în cer, sunt lucruri total diferite prin prisma dovezilor pe care le admit, spre deosebire de conceperea invizibilă a unui copil. Învierea și înălțarea, presupunând că ele au avut loc, ar fi admis prezența publicului și observarea lor, așa cum o admit ascensiunea unui balon, sau soarele la amiază, cel puțin, pentru tot Ierusalimul. Atunci când li se cere tuturor să creadă un lucru, acel lucru trebuie să prezinte o probă, sau o dovadă egală pentru toți și universală. Având în vedere că posibilitatea observării în public a acestui act era singura dovadă care îi putea conferi încredere, toată construcția se năruie, pentru că această dovada nu a fost oferită niciodată. În loc de aceasta, un mic număr de persoane, nu mai mult de opt sau nouă, sunt chemate să spună că au văzut, în calitate de reprezentante pentru lumea întreagă, iar tot restului lumii i se cere să creadă ceea ce au văzut acele persoane. Dar, se pare că Toma nu a crezut în învierea și, după cum ei spun, nu voia să creadă fără a avea el însuși parte de o demonstrație, de ordin vizual și tactil. *Și nici eu nu cred*. Iar motivul este la fel de bun, pentru mine și pentru toate celelalte persoane, ca pentru Toma.

Diminuarea importanței sau mascarea acestei chestiuni, se încearcă în van. Povestea, cel puțin în partea legată de supranatural, are toate aspectele unei înșelătorii și are impostura scrisă în față. Ne este acum imposibil de știut cine sunt autorii ei. Nu putem ști dacă lucrările ce redau această istorie au fost scrise de cei ale căror nume le poartă. Cea mai bună dovadă, vie, pe care o avem cu privire la această chestiune, este reprezentată de evrei. Ei sunt descendenții oamenilor care au trăit în timpul în care se spune că au avut loc învierea și înălțarea, iar ei spun *că nu este adevărat*. De mult timp, citarea evreilor drept dovadă în ceea ce privește adevărul poveștii, mi s-a părut o inconsistență stranie. Este ca și cum cineva ar spune că va dovedi adevărul spuselor sale, invocându-i pe cei care spun că sunt false.

Faptul că Isus Cristos a existat și că a fost crucificat, moda vremurilor respective în materie de execuții, sunt referiri istorice, strict în limitele probabilității. El predica o morală excelentă și egalitatea oamenilor. Predica, de asemenea, împotriva corupției și avariției preoților evrei, atrăgând asupra sa ura și răzbunarea întregii preoțimi. Acuzația care i-a fost adusă de preoți a fost aceea de sedițiune și conspirație împotriva guvernării romane, căreia Evreii îi erau supuși și tributari. Nu este improbabil ca guvernarea romană să fi avut vreo teamă secretă în privința efectelor acestei doctrine, asemenea preoților evrei. Nu este improbabil nici ca Isus Cristos să fi contemplat eliberarea poporului evreu de sub jugul roman. Oricum, acest reformator virtuos, acest revoluționar, prea puțin imitat, prea mult uitat, prea neînțeles și-a pierdut viața din cauza uneia sau alteia dintre aceste supoziții.

CAPITOLUL 4
Despre bazele creștinismului

Autorii mitologiei creștine s-au numit Biserica Creștină. Pe baza acestei simple relatări a evenimentelor (combinată cu un alt fapt pe care îl voi menționa ulterior) și-au înălțat fabula neîntrecută în absurd și extravaganță de nimic din mitologiile antice.
Mitologiile antice ne spun că Giganții au pornit război împotriva lui Jupiter și că unul dintre ei a azvârlit, dintr-o singură aruncare, cu o sută de pietre în el. Jupiter l-a învins cu ajutorul fulgerului și l-a închis, după aceea, sub Muntele Etna. De fiecare dată când Gigantul se răsucește, Muntele Etna varsă foc. Este lesne de înțeles că detaliul privind acest munte, anume că este un vulcan, a sugerat ideea fabulei și că fabula este făcută în așa fel încât să se potrivească și să-și tragă seva din acel detaliu.
Autorii mitologiei creștine spun că Satan a pornit război împotriva Atotputernicului, care l-a învins și l-a închis după aceea, nu sub un munte, ci într-o groapă adâncă. Se observă foarte ușor cum prima fabulă a sugerat ideea celei de-a doua, pentru că fabula lui Jupiter și a Giganților fusese spusă cu multe sute de ani înaintea celei cu Satan. Până în acest punct, autorii mitologiei antice și autorii mitologiei creștine diferă foarte puțin între ei. Însă autorii mitologiei creștine au izbutit să ducă lucrurile mult mai departe. Ei au făcut în așa fel încât să lege partea fabuloasă din povestea lui Isus Cristos de fabula care a pornit de la Muntele Etna. Pentru a face toate părțile poveștii să se lege și-au luat în ajutor tradițiile

evreilor, pentru că mitologia creștină este compusă, în parte, din mitologia antică și în parte, din tradițiile evreilor.

După ce l-au închis pe Satan în groapa adâncă, autorii mitologiei creștine au fost obligați să-i dea drumul afară din nou pentru a da continuare fabulei. Satan este apoi introdus în grădina raiului, în pielea unui șarpe. Sub forma respectivă, acesta începe o discuție intimă cu Eva (câtuși de puțin surprinsă de întâlnirea unui șarpe care vorbește). Deznodământul acestui *tête-à-tête* este acela că el o convinge să mănânce un măr și consumarea acelui măr condamnă toată omenirea.

După ce i-au dat lui Satan acest triumf asupra întregii creații, ar fi fost de așteptat ca autorii mitologiei bisericii să aibă suficientă decență și să-l trimită iar în groapă, sau, dacă nu, măcar să pună un munte peste el (întrucât afirmă că se poate muta un munte cu ajutorul credinței lor) sau să-l pună pe acesta sub un munte, cum făcuseră autorii anterioarei mitologii, pentru a-l împiedica să se mai insinueze printre femei și să mai cauzeze alte neajunsuri. În loc de asta, ei îl lasă în libertate, fără a-l obliga măcar să-și dea cuvântul că nu mai face. Secretul este că nu se puteau descurca fără el și, după toată truda realizării lui, l-au mituit să rămână. I-au promis toți evreii, toți turcii, anticipat, plus nouă zecimi din toată lumea și pe Mahomed, la pachet. Cine se poate îndoi de mărinimia Mitologiei Creștine?

Astfel, după ce au produs o insurecție și o bătălie în rai, în care niciunul dintre combatanți nu putea fi nici omorât și nici rănit, l-au pus pe Satan în groapă, i-au dat drumul din nou, l-au făcut să triumfe asupra întregii creații, au condamnat întreaga omenire din o mușcătură de măr, acești autori ai mitologiei creștine înnoadă capetele fabulei lor. Îl reprezintă pe acest om virtuos și amiabil, pe Isus Cristos. Acesta are, deopotrivă, calitate de Dumnezeu și om, fiind Fiul lui Dumnezeu, zămislit de ceruri, special pentru a fi sacrificat. Pentru că ei spun că Eva, cedând apetitului nestăpânit, a consumat un măr.

CAPITOLUL 5
Examinarea în detaliu a bazelor premergătoare

Dacă dăm la o parte tot ce ar putea stârni râsul, în baza absurdului intrinsec, sau ostilitate, în baza caracterul său profan şi dacă ne limităm la o simplă examinare a elementelor constituente, este imposibil să concepem o povestire mai defavorabilă Atotputernicului, mai discordantă faţă de înţelepciunea acestuia, mai în contradicţie cu puterea acestuia, decât această naraţiune.

Pentru a realiza fundaţia pe care să înalţe, inventatorii au fost nevoiţi să dea fiinţei pe care ei o numesc Satan o putere la fel de mare, dacă nu mai mare, decât aceea atribuită Atotputernicului. Nu numai că i-au dat puterea de a se elibera din groapă, după ceea ce ei numesc căderea sa, dar, după aceea, i-au sporit puterea până la infinit. Înainte de cădere, îl reprezentau doar ca pe un înger cu o existenţă limitată, asemenea celorlalţi. Conform relatării lor, acesta devine omniprezent, după cădere. Există peste tot şi în acelaşi timp. Ocupă toată imensitatea spaţiului.

Nemulţumiţi de aceasta deificare a lui Satan, ei îl reprezintă drept învingător al Atotputernicului (cu toată puterea şi înţelepciunea Sa) prin stratagemă, sub forma unui animal care aparţine creaţiei. Ei îl reprezintă impunându-i Atotputernicului fie să predea întreaga creaţie (împreună cu conducerea şi supremaţia asupra ei) acestui Satan, fie să capituleze pentru răscumpărarea acesteia, venind jos, pe pământ şi expunându-se pe o cruce, în chip de om.

Dacă inventatorii acestei poveşti ar fi spus-o invers, dacă l-ar fi reprezentat pe Atotputernic impunându-i lui Satan să se expună pe o cruce, sub forma unui şarpe, ca pedeapsă pentru noul lui păcat, povestea ar fi fost mai puţin absurdă, mai puţin contradictorie. Dar, în loc de aceasta, ei îl fac pe păcătos să triumfe şi pe Atotputernic să cadă.

Că mulţi oameni buni au crezut această fabulă ciudată şi că au trăit vieţi foarte bune sub această credinţa (întrucât credulitatea nu este o crimă), reprezintă ceva în a cărui privinţă nu am niciun dubiu. În primul rând, ei fuseseră educaţi să creadă şi ar fi crezut orice altceva, de aceeaşi manieră. Mulţi sunt, de asemenea, extaziaţi de ceea ce ei consideră a fi iubirea infinită a lui Dumnezeu pentru om, demonstrată prin autosacrificarea Sa, iar vehemenţa ideii le-a interzis şi i-a împiedicat să cerceteze absurdul şi profanul acelei poveşti. Cu cât un lucru este mai nefiresc, cu atât este mai apt să devină obiectul unei admiraţii oarbe şi triste.

CAPITOLUL 6
Despre adevărata teologie

     Dacă avem nevoie de obiecte pentru care să fim recunoscători şi pe care să le admirăm, oare nu ni se înfăţişează, ele, ochilor, ceas de ceas? Nu vedem o creaţie gata de a ne primi, imediat ce ne naştem, o lume care ne este dată, care nu ne-a costat nimic? Oare, noi aprindem soarele, facem să plouă şi umplem pământul, din abundenţă? Fie că dormim sau suntem treji, maşinăria colosală a universului tot funcţionează. Oare nu reprezintă nimic pentru noi aceste lucruri şi binecuvântările viitoare pe care ni le arată? Oare sentimentele noastre nu pot fi stimulate de alte subiecte, în afara tragediei şi a suicidului? Sau orgoliul lugubru al omului a devenit atât de intolerabil, încât nimic nu îl mai mângâie, în afară de un sacrificiu al Creatorului?
     Ştiu că această investigare îndrăzneaţă îi va alarma pe mulţi, dar să nu o întreprind din această pricină ar reprezenta o laudă prea mare adusă credulităţii lor. Vremurile şi subiectul cer realizarea ei. Suspiciunea că doctrina a ceea ce se numeşte *Biserica Creştină* este fabuloasă, devine foarte răspândită în toate ţările. Pentru oamenii care ezită din cauza ei şi nu ştiu ce să creadă şi ce nu, va fi o consolare să vadă subiectul tratat în mod liber. Trec, de aceea, la examinarea cărţilor numite Vechiul şi Noul Testament.

CAPITOLUL 7
Examinarea Vechiului Testament

Aceste cărți, începând cu Geneza și terminând cu Apocalipsa (care, în treacăt fie spus, este o carte cu ghicitori care are nevoie de o revelație pentru a o explica), sunt, ni se spune, cuvântul lui Dumnezeu. Este, așadar, nimerit să știm cine ne-a spus ce ne-a spus, ca să știm câtă încredere acordăm comunicării. Adevărul, cu excepția faptului că ne-am spus singuri acest lucru, este că nimeni nu poate ști,. Totuși, din punct de vedere istoric, situația pare a fi următoarea:

Când autorii mitologiei bisericii și-au stabilit sistemul, au adunat toate scrierile pe care le-au găsit și le-au folosit după cum au dorit. Noi nu știm dacă acele scrieri, reunite acum sub numele de Vechiul și Noul Testament, se găsesc în aceeași condiție în care spun că le-au găsit cei care le-au adunat, sau dacă au adăugat, modificat, scurtat sau rectificat ceva la ele.

Oricum a fost, au decis la vot care dintre cărțile din colecția pe care o alcătuiseră s-ar cuveni să fie CUVÂNTUL DOMNULUI și care nu. Au respins mai multe. Pe altele, le-au catalogat și votat, nesigure (de exemplu, cărțile denumite Apocrife). Iar cărțile care au întrunit majoritatea voturilor, au fost alese drept cuvântul lui Dumnezeu. Dacă ar fi votat altfel, toți oamenii (încă de când se numesc creștini) ar fi crezut altfel, întrucât credința lor vine din votul respectiv. Cine erau oamenii care au făcut toate acestea, nu știm. Ei se denumesc pe ei înșiși prin numele general de Biserică și asta este tot ce știm despre această chestiune.

Cum nu avem altă dovadă din exterior sau autoritate pentru a crede că aceste cărți reprezintă cuvântul Domnului, în afară de cele pe care le-am menționat și care nu reprezintă câtuși de puțin vreo dovadă sau autoritate, voi examina în continuare dovezile interne, conținute de aceste cărți.

În prima parte a acestui eseu am vorbit despre revelație. Continui acum subiectul, cu intenția de a-l aplica respectivelor cărți.

Revelația este comunicarea unui fapt, pe care persoana (căreia i se revelă acel fapt) nu-l cunoștea înainte. Căci dacă am făcut un lucru, sau am văzut cum se face, nu este nevoie ca o revelaţie să-mi spună că l-am făcut, sau că l-am văzut şi, nici ca să-mi permită să-l spun, sau să-l scriu.

Revelaţia, aşadar, nu se poate aplica niciunui lucru făcut pe pământ, căruia omul însuşi îi este actor sau martor. În consecinţă, toată partea istorică sau anecdotică a Bibliei (adică aproape tot) nu se găseşte în semnificaţia sau în raza cuvântului revelaţie şi nu este, de aceea, cuvântul Domnului.

Că Samson a fugit cu stâlpii porţii din Gaza, dacă a făcut vreodată aşa ceva (iar dacă a făcut-o sau nu, nu reprezintă nimic pentru noi), că a vizitat-o pe Dalila, că a prins vulpile, sau că a făcut alte pozne, ce legătură au toate aceste lucruri cu revelaţia? Dacă reprezentau fapte reale, el putea să ni le spună singur, secretarul lui (dacă avea) le-ar fi putut scrie, dacă merita osteneala să fie spuse sau scrise, iar dacă erau ficţiuni, revelaţia nu le putea face adevărate. Indiferent dacă erau adevărate sau ba, nu eram nici mai buni, nici mai înţelepţi fiindcă le ştiam. Când contemplăm imensitatea Fiinţei care conduce şi guvernează incomprehensibilul TOT, din care sfera supremă a cunoaşterii umane poate descoperi doar o simplă parte, ar trebui să ne fie ruşine să numim astfel de poveşti meschine cuvântul lui Dumnezeu.

Cât priveşte relatarea creaţiei, cu care se deschide cartea Genezei, aceasta pare să aparţină tradiţiei orale care circula în rândul israeliţilor încă dinaintea venirii lor în Egipt. După plecarea lor din acea ţară, o pun la începutul poveştii lor, fără să spună (cel mai probabil, pentru că nu ştiau) cum au dobândit-o. Felul în care se deschide relatarea indică faptul că aparţinea tradiţiei orale. Începe abrupt. Nu vorbeşte nimeni. Nu ascultă nimeni. Nu este adresată nimănui. Nu are nici persoana întâi, nici a doua, nici a treia. Îndeplineşte toate criteriile pentru a face parte din tradiţie. Nu are vreun garant. Moise nu şi-o asumă şi o introduce în discuţie cu formalitatea pe care o foloseşte în alte situaţii. De exemplu, atunci când spune: „*Domnul grăi către Moise, spunând.*"

Nu pot să-mi dau seama de ce a fost numită istorisirea Mozaică a creaţiei. Moise, cred, judeca prea bine astfel de subiecte, ca să-şi pună numele pe o astfel de poveste. Fusese educat printre egipteni, un popor la fel de bine pregătit în ştiinţă şi, în mod deosebit, astronomie, ca multe popoare ale epocii, iar tăcerea şi precauţia adoptate de Moise, atunci când nu autentifică istorisirea, constituie un bun exemplu negativ al faptului că nu a scris-o şi nici nu credea în ea. După caz, fiecare popor a fost şi făcător-de-lume, iar israeliţii au acelaşi drept de a organiza meşteşugul facerii-de-lume, ca oricare dintre ceilalţi şi, cum Moise nu era israelit, nu putea să aleagă să contrazică tradiţia. Povestea, totuşi, este inofensivă, mai mult decât se poate spune de multe alte părţi ale Bibliei.

Ori de câte ori citim poveştile obscene, destrăbălările voluptuoase, execuţiile crude însoţite de tortură, setea neostoită de răzbunare, care umplu mai mult de jumătate din Biblie, ar fi mai nimerit să le numim cuvântul unui demon, decât Cuvântul lui Dumnezeu. Este o istorie a ticăloşiei care a servit la corumperea şi brutalizarea omenirii. Cât despre mine, o detest în mod sincer, după cum detest orice act de cruzime.

Cu excepţia câtorva fraze, rar întâlnim ceva care să nu merite din parte noastră, fie aversiune, fie dispreţ, până să ajungem la părţile Bibliei care sunt colectate din multe surse. În apariţiile anonime, Psalmi şi Cartea lui Iov, mai cu seamă în cea di urmă, găsim, exprimate cu reverenţă, multe sentimente elevate despre puterea şi bunătatea Atotputernicului. Acestea, însă, nu sunt de rang mai înalt faţă de alte compoziţii cu subiecte similare, apărute atât înainte, cât şi după ele.

Proverbele, care îi sunt atribuite lui Solomon, dar care reprezintă o colecţie cu o mai mare probabilitate (pentru că descoperă o cunoaştere a vieţii, care lui nu i-ar fi fost accesibilă), o listă introductivă de elemente de etică. Sunt inferioare în fineţe proverbelor spaniolilor şi nu sunt mai înţelepte şi chibzuite decât acelea ale americanului Franklin.

Toate celelalte părţi ale Bibliei, cunoscute, în general, sub numele profeţilor, sunt operele poeţilor evrei şi predicatorilor itineranţi, care amestecau poezie, anecdote şi devoţiune, iar operele respective încă păstrează aerul şi stilul poeziei, deşi reprezintă traduceri.

Nu există, în tot cuprinsul cărţii numită Biblie, niciun cuvânt care să descrie ceea ce numim poet şi niciun cuvânt care să descrie ceea ce numim poezie. După cum se pare, cuvântul *profet*, căruia, ulterior, i s-a asociat o nouă idee, era cuvântul folosit în Biblie pentru a indica un poet şi *a profeţi* indica arta de a compune poezii. Mai însemna, de asemenea, arta de a recita poezii, în acompaniamentul oricărui instrument muzical.

Citim despre profeţitul cu fluiere, tobe mici şi cornuri, despre profeţitul cu cinghii, cu psalterioane, cu chimvale şi cu orice alt instrument muzical aflat atunci în circulaţie. Dacă ar fi să vorbim acum de profeţitul cu o scripcă, sau cu un fluier şi un psalterion, expresia nu ar avea sens, sau ar părea ridicolă, unora, chiar demnă de dispreț, pentru că am schimbat sensul cuvântului.

Ni se spune că Saul era în mijlocul profețiilor și că profețea, însă nu ni se spune ce profețea. Probabil că nu era nimic de spus, pentru că acești profeți erau un grup de muzicanți și poeți, iar Saul li se alăturase în concert. Ceea ce făceau se numea profețit.

Povestirea acestui fapt, în cartea numită Samuel, spune că Saul s-a întâlnit cu un grup de profeți, un întreg grup de profeți! Cântau la psalterion, tobă mică, fluier și cinghie și profețeau, iar el profețea cu ei. Mai târziu reiese, însă, că Saul profețea necorespunzător, adică, își îndeplinea în mod necorespunzător rolul, din moment ce se spune că *"un spirit rău de la Dumnezeu"** (Samuel XVIII, 10) s-a pogorât asupra lui Saul și că el a profețit. *T. Paine: Având în vedere că acei oamenii, care se auto-denumesc teologi sau comentatori ai textelor sacre, sunt mari amatori ai deconcertării reciproce, îi las pe ei să dispute sensul cuvintelor *"un spirit rău de la Dumnezeu"*. Eu continui cu textul, cu înțelesul cuvântului *profeție*.

Acum, dacă nu ar fi și alte paragrafe, în afara acestuia, în cartea numită Biblie, care să ne demonstreze că am pierdut sensul originar al cuvântului *a profeți* și i-am dat un alt sens, ar fi suficient. Este imposibil să folosești cuvântul *a profeți* în locul în care este folosit aici, dacă i se dă sensul pe care timpuri mai recente i l-au stabilit. Maniera în care este folosit aici îl dezbracă de orice sens religios și arată că un om putea fi atunci profet, sau că putea profeți, după cum poate acum să fie poet sau muzician, independent de moralitatea sau de imoralitatea caracterului său. La origine, cuvântul era un termen științific, impropriu aplicat poeziei și muzicii și nu era limitat la un subiect în care ar fi putut fi folosite poezia și muzica.

Deborah și Barak sunt numiți profeți, nu pentru că ar fi prezis ceva, ci pentru că au compus poemul sau cântecul ce le poartă numele, celebrând un lucru deja împlinit. David este pus în rândul profeților pentru că era muzician și pentru că era considerat (deși, în mod greșit, probabil) autorul Psalmilor. Însă Avraam, Isaac și Iacob nu sunt numiți profeți. Nu reiese din nicio relatare pe care o avem că ar fi putut să cânte vocal, instrumental, sau să compună poezii.

Ni se vorbește de profeți mai mari sau mai mici. Ne-ar putea vorbi, la fel de bine, despre un Dumnezeu mai mare și un Dumnezeu mai mic, pentru că nu pot exista clase în profeţit, în corespondenţă cu sensul său modern. Există, însă, clase în poezie şi, de aceea, fraza se aplică în acest caz şi înţelegem prin ea, poeţi mai mari sau mai mici.

    În continuare, este cu totul inutil să mai faci observaţii cu privire la ce au scris oamenii respectivi, denumiţi profeţi. Securea ajunge imediat la rădăcină, arătând că sensul iniţial al cuvântului a fost greşit şi, în consecinţă, inferenţele formate pe baza acelor cărţi, respectul devotat ce le-a fost acordat şi comentariile elaborate care au fost scrise pe seama lor, sub eroarea de sens, nu merită nicio discuţie. În multe privinţe, totuşi, scrierile poeţilor evrei merită o soartă mai bună decât aceea de a fi legate, aşa cum sunt acum, de fleacurile fără valoare, care le însoţesc, sub denumirea abuzivă de Cuvânt al lui Dumnezeu.

    Dacă ne îngăduim să formă idei juste, trebuie să stabilim, cu necesitate, nu doar ideea de imuabilitate, dar şi imposibilitatea absolută a schimbării (prin orice mijloc sau întâmplare), a ceea ce onorăm cu numele de Cuvânt al lui Dumnezeu. De aceea, Cuvântul lui Dumnezeu nu poate exista în nicio scriere sau grai omenesc.

    Schimbarea continuă la care este supus înţelesul cuvintelor, lipsa unui grai universal care face necesară traducerea, erorile cărora traducerile le sunt supuse, greşelile celor care copiază şi imprimă, coroborate cu posibilitatea modificării voite, sunt, în sine, motive pentru care limbajul uman (fie în formă vorbită, sau scrisă) nu poate fi vehicul pentru Cuvântul Domnului.

    Să fi depăşit cartea numită Biblie, în puritatea ideilor şi exprimare, toate cărţile de pe lume, tot nu aş fi lua-o ca regulă pentru credinţa mea şi drept Cuvântul Domnului, pentru că ar fi existat, totuşi, posibilitatea ca eu să fiu indus în eroare. Însă când văd, în cea mai mare parte a acestei cărţi, că reprezintă puţin dincolo de istoria celor mai ordinare vicii şi o colecţie a povestirilor celor mai meschine şi mai demne de dispreţ, nu-mi pot dezonora Creatorul, acordându-i acesteia numele Lui.

CAPITOLUL 8
Despre Noul Testament

Cam atât despre Biblie. Trec acum la cartea numită Noul Testament. *Noul* Testament! Adică *Noua* Voinţă, de parcă ar putea exista două voinţe ale Creatorului.

Dacă Isus Cristos şi-ar fi dorit sau ar fi avut intenţia de a fonda o nouă religie, ar fi scris el însuşi, fără niciun dubiu, sistemul, sau *ar fi făcut ca acesta să fie scris* în timpul vieţii sale. Dar nu există nicio publicaţie autentică care să-i poarte numele. Toate cărţile, numite Noul Testament, au fost scrise după moarte sa. El a fost evreu, după naştere şi după crez şi a fost fiul lui Dumnezeu în acelaşi fel în care sunt toate persoanele, întrucât Creatorul este Tatăl a Tot ce există.

Primele patru cărţi, numite Matei, Marcu, Luca şi Ion, nu prezintă istoria vieţii lui Isus Cristos, ci doar povestiri separate despre el. Din aceste cărţi reiese că el a predicat nu mai mult de optsprezece luni şi oamenii l-au cunoscut numai în această scurtă perioadă de timp. Poveştile îl amintesc pe când avea vârsta de doisprezece ani şi se găsea, spun ele, în compania doctorilor evrei, le punea întrebări şi răspundea la întrebările acestora. Cum aceasta se întâmplase cu mulţi ani înainte ca ei să-l cunoască, probabil auziseră această povestire de la părinţii lui. Urmează o perioadă de circa şaisprezece ani fără niciun detaliu despre el. Nu se ştie unde a trăit, sau cu ce s-a ocupat în această perioadă de timp. Probabil se ocupase cu meşteşugul tatălui său, anume, tâmplăria. Nu reiese că a fost la şcoală şi probabil că nu ştia să scrie, pentru că părinţii lui erau foarte săraci (după cum reiese din faptul că nu au reuşit să cumpere un pat pentru naşterea lui).

Este curios, oarecum, că trei dintre persoanele ale căror nume sunt universal cunoscute au avut o obârşie extrem de obscură. Moise a fost un copil găsit, Isus Cristos s-a născut într-un grajd şi Mahomed a fost catârgiu. Primul şi ultimul dintre aceşti oameni au fost fondatori de sisteme religioase diferite, însă Isus Cristos nu a instaurat un nou sistem. El îndemna oamenii să practice virtuţile morale şi să creadă într-un singur Dumnezeu. Cea mai însemnată trăsătură a caracterului său este filantropia.

Maniera în care a fost arestat arată că nu era foarte cunoscut în acea vreme, Arată, de asemenea, că întâlnirile pe care le avea cu discipolii săi se petreceau în secret şi că renunţase la predicile publice sau şi le suspendase. Iuda l-a trădat, dezvăluind locul în care se găsea şi arătându-l soldaţilor care se duseseră să-l aresteze, iar motivul pentru folosirea şi plătirea lui Iuda în acest scop se putea naşte doar din cauzele, menţionate deja, anume, că el nu era cunoscut şi că trăia ascuns.

Ideea ascunderii sale nu numai că nu cadrează cu presupusa lui divinitate, dar îi adaugă şi o anumită lipsă de curaj, iar faptul că a fost trădat, sau, în alte cuvinte, faptul arestării lui pe baza informaţiilor furnizate de unul dintre discipolii săi, arată că nu intenţiona să se lase arestat şi, în consecinţă, că nu intenţiona să fie crucificat.

Autorii mitologiei creştine ne spun că Isus Cristos a murit pentru păcatele lumii şi că el a venit *anume pentru a muri*. Nu ar fi fost, atunci, acelaşi lucru, dacă el ar fi murit de febră, variolă, de bătrâneţe, sau, de orice altceva?

Sentinţa enunţiativă care, spun ei, i-a fost dată lui Adam, în caz că mânca mărul, nu a fost, *vei fi crucificat, cu siguranţă*, ci, *vei muri, cu siguranţă*. Sentinţa a fost moartea şi nu *maniera morţii*. Crucificarea, deci, sau oricare alt mod de a muri, nu făcea parte din sentinţa care decreta că Adam trebuie să sufere şi, în consecinţă, chiar şi cu tactica lor, nu se putea introduce în sentinţă faptul că Isus Cristos trebuie să sufere în locul lui Adam. O febră ar fi fost la fel de nimerită ca o cruce, dacă s-ar fi prezentat o astfel de ocazie.

Această condamnare la moarte a lui Adam, ni se spune, putea să însemne fie moartea naturală, adică încetarea din viaţă, fie damnarea, aşa cum o numesc aceşti autori de mitologie. În consecinţă, dacă ar fi să ne luăm după sistemul lor, actul morţii lui Isus Cristos ar trebui să împiedice producerea oricăruia dintre aceste două lucruri lui Adam sau nouă.

Că nu ne împiedică moartea, este evident, pentru că noi toţi murim, iar dacă povestirile lor cu privire la longevitate sunt adevărate, atunci oamenii mor mai repede, după crucificare, decât înaintea de aceasta. Cu privire la a doua explicaţie (incluzând *moartea naturală* a lui Isus Cristos, ca substitut pentru *moartea eternă sau damnarea* întregii omeniri), aceasta îl prezintă cu impertinenţă pe Creator desfăcând sau revocând sentinţa printr-un joc de cuvinte sau o ambiguitate în privinţa cuvântului *moarte*. Fabricantul de ambiguităţi, Sf. Paul, dacă a scris cărţile ce-i poartă numele, a ajutat această ambiguitate, introducând o alta în privinţa cuvântului *Adam*. El face să existe doi Adam(i), unul, care păcătuieşte în realitate şi suferă prin interpuşi şi un altul, care păcătuieşte prin interpuşi şi suferă în realitate. O religie, împănată cu astfel de ambiguităţi, subterfugii şi jocuri de cuvinte, are tendinţa să-i iniţieze pe cei care o profesează în practica acestor arte. Ei îşi însuşesc obiceiul fără a realiza cauza.

Dacă Isus Cristos a fost fiinţa pe care ne-o descriu acei autori ai mitologiei creştine şi, dacă el a venit pe această lume pentru *a suferi*, cuvânt pe care ei îl folosesc în loc de *a muri*, singura suferinţă adevărată pe care ar fi putut să o îndure ar fi fost aceea ca el *să trăiască*. Existenţa Lui aici a fost o stare de exil sau deportare din rai şi calea înapoi către patrie era să moară. Pe scurt, totul în acest sistem ciudat este opusul a ceea ce pretinde a fi. Este inversul adevărului, iar eu am obosit să-i examinez inconsistenţele şi absurdităţile, aşa încât mă grăbesc către încheiere, ca să pot întreprinde ceva mai bun.

Cât de mult sau ce părţi ale cărţilor numite Noul Testament au fost scrise de persoanele ale căror nume le poartă, nu vom putea afla, cum nu vom putea şti nici în ce limbă au fost scrise iniţial. Chestiunile pe care le conţin acum pot fi clasificate sub două titluri: povestiri şi corespondenţă epistolară.

Cele patru cărţi deja menţionate, Matei, Marcu, Luca şi Ioan, sunt povestiri, în întregime. Ele relatează evenimente după ce acestea au avut loc. Ele povestesc ce a făcut şi ce a spus Isus Cristos şi ce i-au făcut sau spus alţii, iar în mai multe instanţe, ele povestesc aceleaşi evenimente în mod diferit. Revelaţia este în mod necesar afară din discuţie, cu privire la aceste cărţi, nu doar din cauza dezacordului celor care le-au scris, dar şi pentru că revelaţia nu se poate aplica în relatarea unor fapte de către persoanele care le-au văzut în îndeplinire, nici în relatarea sau în consemnarea unor discursuri sau conversaţii de către cei care le-au auzit. Cartea numită Faptele Apostolilor (o lucrare anonimă) ţine, de asemenea, de anecdotică.

Toate celelalte părţi ale Noului Testament, cu excepţia cărţii enigmelor, numită Cartea Apocalipsei, sunt o colecţie de scrisori, sub numele de epistole şi falsificarea de scrisori a fost o practică atât de răspândită în lume, încât este egală probabilitatea ca ele să fie originale sau falsuri. Un lucru, totuşi, prezintă o ambiguitate mult mai redusă, anume că din toate subiectele prezente în acele cărți, cu ajutorul unor povești mai vechi, biserica a întocmit un sistem religios în contradicție cu caracterul persoanei, al cărui nume îl poartă. A pus la punct o religie a pompei și a profitului în pretinsa imitație a persoanei a cărei viață a fost una umilă și dusă în sărăcie.

    Inventarea unui purgatoriu și eliberarea sufletelor de acolo, prin rugăciuni cumpărate de la biserică, cu bani. Vânzarea de iertări, dispense și indulgențe, sunt formule ale câștigului, fără a purta acest nume sau această aspect. După cum se prezintă situația, acele lucruri își derivă originea din paroxismul crucificării și din teoria dedusă de acolo, anume, că o persoană poate lua locul alteia și poate îndeplini servicii demne de toată lauda în locul și pentru aceasta. Prin urmare, este probabil ca întreaga teorie sau doctrină a ceea ce se numește redempțiune (care se spune că a fost obținută prin acțiunea unei persoane în locul alteia) a fost fabricată, inițial, în mod special pentru a pune în lumină și a construi, pe baza sa, toate acele redempțiuni secundare și pecuniare, iar paragrafele din cărți, pe care este construită ideea teoriei redempțiunii, au fost fabricate în acest scop. De ce ar trebui să acordăm încredere acestei biserici, atunci când ne spune că acele cărți sunt autentice, în toate părțile lor, mai mult decât îi acordăm încredere pentru tot restul lucrurilor pe care ni le-a spus, sau pentru miracolele pe care spune că le-a înfăptuit? Este cert că *a putut* fabrica scrieri, pentru că știa să scrie și compoziția scrierilor respective reprezintă un tip pe care oricine l-ar fi putut realiza. Iar probabilitatea că ea *să le fi fabricat* este invers proporțională cu adevărul afirmațiilor sale, privind faptul că putea face și chiar făcuse miracole.

    Atunci, de vreme ce nicio probă externă nu poate fi adusă, atât de departe în timp, pentru a dovedi, sau infirma faptul că biserica a fabricat doctrina redempțiunii (pentru că suspiciunea fabricării ar plana și asupra acesteia, fie ea pro sau contra), cazul poate apela doar la probele interne. Acest apel permite o bănuială foarte puternică cu privire la faptul că aceasta doctrină a fost inventată. Pentru că probele interne indică faptul că teoria sau doctrina redempțiunii are la bază o idee de justiție pecuniară, nu una de justiție morală.

    Dacă datorez bani unei persoane și nu pot să-i plătesc, iar aceasta mă amenință cu închisoarea, o altă persoană poate prelua datoria și o poate plăti în locul meu. Dar, dacă am comis o crimă, se schimbă datele problemei. Justiția morală nu poate accepta un inocent în locul vinovatului, chiar dacă inocentul s-ar oferi voluntar. Presupunerea că justiția ar putea proceda astfel, ar însemna distrugerea principiului existenței sale, care este lucrul în sine. Nu ar mai fi justiție. Ar fi răzbunare făcută la întâmplare.

Această reflecție ne arată că doctrina redempțiunii este fondată pe o simplă idee pecuniară, corespunzătoare celei unei datorii, pe care o altă persoană ar putea să o plătească. Având în vedere că această idee pecuniară corespunde sistemului de redempțiuni secundare, obținute cu ajutorul banilor plătiți bisericii pentru indulgențe, este probabil ca aceleași persoane să fi fabricat ambele teorii. Acest lucru înseamnă că redempțiunea nu există, că este de domeniul fabulei și că omul se găsește în aceeași condiție relativă, în care s-a găsit mereu, încă de la primul om, față de Creator, iar cea mai mare consolare a sa este să gândească astfel.

Să creadă acest lucru și va trăi în mai multă armonie și cu mai multă cinste, decât în baza oricărui alt sistem. Fiind însă educat să se considere un criminal, un proscris, un cerșetor, aruncat pe o grămadă de bălegar, la o distanță imensă de Creatorul său, de care se poate apropia doar târându-se și agățându-se de intermediari, atunci el fie va nesocoti în chip disprețuitor tot ceea ce poartă numele de religie, fie va deveni indiferent, fie va deveni ceea ce el numește evlavios. În ultimul caz, el își trăiește viața în mâhnire, sau făcând paradă de aceasta. Rugăciunile sale sunt reproșuri. Umilința lui este ingratitudine. El se numește, singur, vierme, numește pământul fertil, o grămadă de bălegar și reunește toate binecuvântările vieții sub titlul ingrat de vanități. El disprețuiește darul cel mai de seamă al lui Dumnezeu către om, Darul Rațiunii și, după ce s-a străduit să își impună credința într-un sistem, împotriva căruia rațiunea se revoltă, o numește, cu nerecunoștință, rațiune umană, ca și cum omul ar putea să-și dea, lui însuși, rațiune.

Totuși, sub acest aer umil surprinzător și sub acest dispreț pentru rațiunea umană, se aventurează în cele mai îndrăznețe prezumpții. Găsește metehne în toate cele. Egoismul nu-i este satisfăcut niciodată, nerecunoștința nu-i cunoaște capăt. Își asumă sarcina de a-i dicta Atotputernicului ce să facă, chiar și în conducerea universului. Se roagă în mod dictatorial. Când este soare, se roagă pentru ploaie și când plouă, se roagă pentru soare. Urmează aceeași idee în toate pentru care se roagă. Suma rugăciunilor sale reprezintă doar o încercare de a-l face pe

Atotputernic să se răzgândească și să facă altfel decât face. Este ca și cum ar spune: tu nu știi așa bine ca mine.

CAPITOLUL 9
În ce constă adevărata revelație

Unele persoane s-ar putea întreba: *Chiar suntem lipsiți de Cuvântul Domnului, de revelație?* Răspunsul meu este că există cuvântul Domnului și există revelație.

Cuvântul Domnului este Creația pe care o vedem: prin această lume, pe care nicio invenție umană nu o poate falsifica sau altera, prin această lume Domnul grăiește către om, în mod universal.

Limbajul uman este local și schimbător. Din această cauză nu poate fi folosit ca mijloc neschimbător și universal de informare. Ideea că Dumnezeu l-a trimis pe Isus Cristos pentru a face cunoscute, după cum spun ei, veștile bune, tuturor popoarelor, de la un capăt al pământului la celălalt, se potrivește doar ignoranței celor care nu știu nimic în privința întinderii lumii. Aceștia consideră, aidoma acelor salvatori-ai-lumii și au continuat în această opinie timp de mai multe secole (în contradicție cu descoperirile filosofilor și experiențele navigatorilor), că pământul este plat asemenea unui fund de lemn și că un om poate merge pe jos până la capătul acestuia.

Cum ar fi putut Isus Cristos să anunțe ceva tuturor popoarelor? El vorbea o singură limbă, ebraica și pe lume există mai multe sute. Se întâmplă foarte rar ca două popoare să vorbească aceeași limbă, sau se înțeleagă între ele. Dacă vorbim despre traduceri, oricine știe ceva despre limbile străine, știe că atunci când se traduce dintr-o limbă într-alta, se pierde din original și, frecvent, se greșește sensul. În plus, arta tiparului era complet necunoscută în timpul în care a trăit Cristos.

Pentru ca un scop să poată fi atins, mijloacele folosite trebuie să se ridice la înălțimea acestuia. Aici se arată diferența dintre puterea și înțelepciunea de natură finită și cele de natură infinită. Omul eșuează adesea în atingerea scopului său, dintr-o deficiență naturală de putere în raport cu acesta și, frecvent, din lipsa cunoașterii corectei aplicări a forței.

Este, însă, imposibil ca puterea şi înţelepciunea, de natură infinită, să eşueze, asemenea omului. Aceasta înseamnă că se foloseşte mereu, în mod corespunzător scopului vizat. Dar limba vorbită a omului, mai cu seamă, având în vedere că nu este universală, nu poate fi folosită ca mijloc universal de informare, neschimbător şi uniform. Nu este, prin urmare, mijlocul folosit de Dumnezeu pentru a se manifesta omului, în mod universal.

Toate ideile şi concepţiile noaste despre *cuvântul lui Dumnezeu* se pot uni numai în cadrul Creaţie. Creaţia foloseşte un limbaj universal, independent de limba sau limbajul omului, care sunt multiple şi variate, asemenea lor. Este un original pururea existent, pe care fiecare om îl poate citi. Nu poate fi falsificată, nu poate fi contrafăcută, nu se poate pierde, nu poate fi modificată, nu poate fi suprimată. Nu depinde de voinţa omului dacă va apărea sau nu, apare singură de la un capăt al pământului la celălalt. Predică tuturor naţiunilor, şi tuturor lumilor. Acest *cuvânt al Domnului* revelează omului tot ce-i este necesar pentru a-L cunoaşte pe Dumnezeu.

Vrem să-i contemplăm puterea? O vedem în imensitatea creaţiei. Vrem să-i contemplăm înţelepciunea? O vedem în ordinea neschimbătoare cu care incomprehensibilul TOT este condus. Vrem să-i contemplăm munificenţa? O vedem în abundenţa cu care umple pământul. Vrem să-i contemplăm îngăduinţa? O vedem în faptul că nu ascunde acea abundenţă nici măcar celor ingraţi. Pe scurt, chiar vrem să ştim ce este Dumnezeu? Nu cercetaţi cartea numită scriptură, pe care orice mână de om o putea face, ci scriptura numită Creaţie.

CAPITOLUL 10
Cu privire la Dumnezeu şi lumina pe care o aruncă Biblia asupra existenţei şi atributelor Sale

SINGURA noţiune pe care omul o poate alătura numelui lui Dumnezeu este aceea de *cauză primă*, de cauză a tuturor lucrurilor. Şi, incomprehensibil de greu cum este pentru om să conceapă ce este o cauză primă, el ajunge să creadă în aceasta, plecând de la dificultatea înzecită de a nu crede în ea. Este nedescris de greu să concepi că spaţiul poate să nu aibă sfârşit, dar este mai greu să-i concepi un sfârşit. Este dincolo de puterea omului să conceapă o durată eternă, pentru ceea ce numim timp, dar este imposibil de conceput o vreme când timpul nu va mai fi.

Printr-un raţionament similar, tot ceea ce vedem poartă dovada intrinsecă a faptului că nu s-a făcut singur. Fiecare om este propria dovadă că nu s-a făcut singur. Nici tatăl său nu s-a putut face singur, nici bunicul, nici altcineva din rasa lui. Nici vreun copac, plantă, sau animal n-ar fi putut să se facă singuri. Convingerea născută din această evidenţă ne face, ca să spun aşa, în mod necesar, să credem în existenţa unei cauze prime, cu existenţă eternă, cu o natură complet diferită faţă de orice existenţă materială cunoscută, prin puterea căreia există toate lucrurile. Cauza primă este numită de om Dumnezeu.

Omul îl poate descoperi pe Dumnezeu numai prin exerciţiul raţiunii. Dacă îndepărtăm raţiunea, el nu ar mai fi capabil să înţeleagă nimic, iar în acest caz ar avea aceeaşi valoare să citeşti cartea numită Biblie unui cal sau unui om. Cum se face atunci că acei oameni pretind a respinge raţiunea?

Singurele părţi din cartea numită Biblie, care fac să ajungă la noi ideea de Dumnezeu, sunt câteva capitole din cartea lui Iov şi Psalmul al 19-lea. Nu-mi amintesc şi altele. Acele părţi reprezintă adevărate compoziţii *deiste*, pentru că ele se raportează la *Divinitate* prin operele acesteia. Ele iau cartea Creaţiei drept cuvântul lui Dumnezeu şi nu se referă la nicio altă carte, iar toate inferenţele pe care le fac sunt extrase din acea carte.

Introduc Psalmul al 19-lea, după cum a fost parafrazat în limba engleză de Addison. Nu-mi aduc aminte varianta obişnuită şi nu am şansa de a o găsi, unde mă găsesc şi scriu.

Spaţiosul firmament din înalt,
Cu întregul albastru cer eteric
Şi bolta împodobită, un cadru strălucit,
Proclamă al lor măreţ Creator.
Neobositul soare, zi de zi,
Manifestă puterea Creatorului,
Şi vesteşte-n tot pământul
Lucrarea unui braţ Atotputernic.
De cum umbrele serii triumfă,
Luna preia minunatul basm,
Şi noapte de noapte, pentru pământu-n ascultare,
Repetă povestea naşterii sale;
Pe când toate stelele în juru-i ard,
Şi planetele toate, la rândul lor,
Confirmă veştile în rotitorul zbor,
Şi răspândesc adevărul între poli.
Ce dacă-n solemnă linişte, toate
Se mişcă-n jurul întunecatului glob;
Ce dacă nici sunet, nici glas real,
Nu-i de găsit pe ele, sfere radioase.
Pentru raţiune, ele toate sunt voioase,
Şi spun cu voce glorioasă,
Mereu cântând, cum strălucesc,
BRAŢUL CE NE-A FĂCUT ESTE CERESC[2].

    Ce doreşte omul să ştie în plus faţă de faptul că mâna sau puterea care a făcut aceste lucruri este divină, este omnipotentă? Să creadă, cel puţin, că este imposibil de respins (cu forţa), dacă permite raţiunii să se manifeste şi, bineînţeles, dacă îşi urmează principiile morale.
    Aluziile din Iov au toate tendinţa acestui Psalm, aceea de a deduce sau dovedi un adevăr (din cele deja cunoscute), care ar rămâne, altminteri, necunoscut.

Nu-mi amintesc suficient de bine fragmentele din Iov pentru a le introduce în mod corect; îmi amintesc însă unul, care se aplică subiectului pe care îl tratez. „Poți să-l găsești pe Dumnezeu, căutând; poți ajunge la cunoștința desăvârșită a Celui Atotputernic?"

Nu știu ce semne de punctuație au folosit tipografii în acest paragraf, pentru că nu am Biblia. El conține două întrebări diferite, care admit răspunsuri diferite.

În primul rând, „Poți să-l găsești pe Dumnezeu, căutând?" Da. Pentru că, în primul rând, știu că nu m-am făcut singur și totuși am existență. Cercetând natura lucrurilor, constat că niciunul nu ar fi putut să se facă singur și, totuși, există milioane de lucruri. Știu, așadar, grație concluziei acestei analize, că există o putere superioară tuturor lucrurilor și că acea putere este Dumnezeu.

În al doilea rând, "Poți ajunge la cunoștința desăvârșită a Celui Atotputernic?" Nu. Nu numai pentru că puterea și înțelepciunea pe care El le-a demonstrat în structura Creației, pe care o văd, îmi sunt incomprehensibile, ci și pentru că această demonstrație, chiar dacă este măreață pentru mine, probabil că este doar o expunere neînsemnată a puterii și înțelepciunii imense, prin care milioane de alte lumi, invizibile mie din cauza distanței, au fost create și continuă să existe.

Este evident că ambele întrebări vizau rațiunea persoanei căreia îi erau adresate și, doar admițând un răspuns pozitiv la prima dintre ele, putea urma și a doua. Ar fi fost de prisos, absurd, chiar, să fi adresat o a doua întrebare, mai dificilă decât prima, dacă la prima ar fi fost dat un răspuns negativ. Cele două întrebări au obiecte diferite. Prima se referă la existența lui Dumnezeu, a doua la atributele sale. Rațiunea o poate descoperi pe una, dar eșuează infinit în descoperirea întregului din cea de-a doua.

Nu-mi amintesc nici măcar un paragraf, în toate scrierile atribuite oamenilor numiți apostoli, care să exprime vreo idee despre ce este Dumnezeu. Acele scrieri sunt discutabile, în cea mai mare parte, iar perspectiva sumbră a subiectului, pe care insistă, aceea a unui om murind pe o cruce, este mai potrivită spiritului sumbru al unui călugăr dintr-o chilie (de care nu-i imposibil să fi fost scrise), decât oricărui om care respiră aerul Creației. Singurul fragment ce-mi vine în minte, care face referire la operele lui Dumnezeu (prin intermediul cărora pot fi cunoscute doar puterea și înțelepciunea Acestuia), este relatat drept o consemnare a vorbelor lui Isus Cristos și este prezentat drept remediu pentru grija neîncrezătoare. „Priviți crinii de pe câmp, ei nu trudesc, nici nu se agită." Aceasta este, totuși, inferioară aluziilor din Iov și din Psalmul al 19-lea, dar este asemănătoare în esență, iar modestia ilustrării corespunde modestiei omului.

CAPITOLUL 11
Despre teologia creștină și adevărata teologie

Cât privește sistemul credinței creștine, mie îmi pare un fel de ateism, un fel de negare religioasă a lui Dumnezeu. Își declară credința într-un om, mai degrabă decât în Dumnezeu. Este un compus, realizat în principal din *om-ism* cu numai foarte puțin deism și este la fel de apropiat de ateism cum este amurgul de întuneric. Introduce între om și Creatorul său un corp opac, pe care îl numește mântuitor, la fel cum luna își introduce corpul opac între pământ și soare și produce astfel o eclipsă de lumină religioasă, sau, mai degrabă, nereligioasă. A pus în umbră întreaga orbită a rațiunii.

Efectul acestei obscurități a fost acela al întoarcerii tuturor lucrurilor cu capul în jos și prezentarea inversată a acestora. Printre revoluțiile pe care le-a produs, ca prin farmec, se numără și o revoluție în Teologie.

Ceea ce acum se numește filosofie naturală și îmbrățișează toată gama științelor, din rândul cărora astronomia ocupă locul principal, este studiul operelor lui Dumnezeu, al puterii și înțelepciunii lui Dumnezeu, manifestată în operele sale și constituie adevărata teologie.

Cât despre teologia care se studiază acum, în locul ei, aceasta este studiul opiniilor și al capriciilor umane, *în ceea ce Îl privește* pe Dumnezeu. Nu este studiul lui Dumnezeu însuși, în operele pe care le-a creat, ci în operele și scrierile pe care omul le-a făcut. Și nu trece în rândul ultimelor neajunsuri pe care sistemul creștin le-a adus lumii, acela de a fi abandonat cu inocență sistemul frumos și autentic al teologie naturală, *în mare nenorocire și ocară*[n.t.: Neemia I, 3.], pentru a face loc demonului superstiție.

Cartea lui Iov şi Psalmul al 19, despre care şi biserica admite că sunt mai vechi decât ordinea cronologică pe care o ocupă în cartea numită Biblie, sunt rugăciuni teologice conforme cu sistemul inițial de teologie. Elementele din aceste rugăciuni dovedesc, cu putere de demonstrație, că studiul şi contemplarea operelor creației şi puterii şi înțelepciunii lui Dumnezeu, revelate şi manifestate în acele opere, au constituit o mare parte a devoțiunii religioase, în vremurile în care au fost scrise. Acest studiu cucernic şi această contemplare au condus la descoperirea principiilor pe care au fost întemeiate cele care sunt numite acum Ştiințe. Aproape toate Artele care contribuie la confortul vieții omului îşi datorează existența descoperirii acestor principii. Fiecare artă de bază are câte o ştiință drept părinte, chiar dacă persoana care lucrează mecanic nu sesizează legătura, nu doar *nu de fiecare dată*, ci, mai degrabă, *foarte rar*.

Socotirea ştiințelor drept *invenții umane*, constituie o fraudă pioasă a sistemul creştin. Numai aplicarea lor este umană. Fiecare ştiință are la bază un sistem de principii fixe şi de neschimbat, asemenea celor în baza cărora este reglat şi guvernat universul. Omul nu poate face principii, el poate doar să le descopere.

De exemplu: Orice persoană, care se uită într-un almanah, vede când va avea loc o eclipsă, şi mai vede că are loc de fiecare dată, exact aşa cum este scris acolo. Asta arată că omul cunoaşte legile în baza cărora se mişcă astrele. Ar fi, însă, ceva dincolo de ignoranța, dacă orice biserică de pe pământ ar afirma că legi respective sunt o invenție umană.

Ignoranță, sau mai rău ar fi şi dacă s-ar spune că principiile ştiințifice în baza cărora omul poate calcula data exactă a unei eclipse, sunt invenții umane. Omul nu poate inventa nimic etern şi imuabil, iar principiile ştiințifice pe care el le aplică în acest scop trebuie să fie şi sunt, în mod necesar, eterne şi imuabile, asemenea legilor în baza cărora se mişcă astrele. În caz contrar nu ar putea fi folosite pentru a determina când şi cum va avea loc o eclipsă.

Principiile ştiințifice pe care omul le foloseşte pentru a cunoaşte anticipat data unei eclipse, sau a oricărui lucru relativ la mişcarea corpurilor cereşti, se găsesc, în principal, în acea parte a ştiinței numită trigonometrie, sau proprietățile triunghiului. Atunci când proprietățile triunghiului sunt aplicate în studiul corpurilor cereşti, ştiința este numită astronomie, când sunt aplicate pentru a conduce o navă pe ocean, ştiința este numită navigație, când sunt aplicate în construirea unor figuri desenate cu rigla și compasul, știința este numită geometrie, când sunt aplicate în elaborarea planurilor unor construcții, știința este numită arhitectură, când sunt aplicate în măsurarea oricărei porțiuni a suprafeței terestre, știința este numită topografie. Pe scurt, sunt sufletul științei. Constituie un adevăr etern: conțin *demonstrația matematică* despre care vorbește omul, iar dimensiunea întrebuințărilor este necunoscută.

    Se poate spune că omul poate face sau desena un triunghi și că, de aceea, triunghiul este o invenție umană.

    Dar triunghiul, o dată desenat, nu este altceva decât imaginea principiului. Este o schiță pentru ochi, deci, pentru minte, a unui principiu care altfel ar fi imperceptibil. Triunghiul nu face principiul, mai mult decât o lumânare, dusă într-o cameră în care era întuneric, face scaunele și mesele care erau, mai înainte, invizibile. Toate proprietățile triunghiului există, independent de figură și au existat înainte ca orice triunghi să fi fost desenat sau gândit de om. Omul nu a avut mai multă implicare în crearea acelor legi, decât a avut în crearea legilor în baza cărora se mișcă corpurile cerești. Ele au, de aceea, aceeași origine divină.

    La fel cum se poate spune că omul poate face un triunghi, se poate spune că poate face instrumentul mecanic denumit levier. Însă principiul în baza căruia funcționează levierul, este ceva diferit de instrument și ar exista și dacă instrumentul nu ar exista. Se atașează instrumentului, după ce acesta este făcut și, de aceea, acesta nu poate acționa altfel decât o face și nici toate eforturile inventivității umane nu-l pot determina să facă altfel. Ceea ce omul numește *efect* în toate cazurile de acest fel, nu este altceva decât principiul însuși, oferit percepției simțurilor.

    De vreme ce omul nu poate face principii, de unde a căpătat cunoștințe despre ele, pentru a le putea aplica, nu doar lucrurilor de pe pământ, dar și pentru a calcula mișcarea unor corpuri aflate la o distanță enormă, cum sunt toate corpurile cerești? De unde, întreb, *putea* căpăta acele cunoștințe, dacă nu din studiul adevăratei teologii?

    Structura universului a dat omului această cunoaștere. Acea structură este o manifestare, pururea existentă, a fiecărui principiu pe care este fondată fiecare parte a științei matematicii. Odrasla acestei științe este mecanica, pentru că mecanica nu reprezintă decât aplicarea în practică a principiilor științei. Omul care proiectează diferitele părți ale unei mori foloseşte aceleaşi principii pe care le-ar folosi dacă ar avea puterea să construiască un univers, însă cum nu poate da materiei acel factor invizibil prin care toate părţile componente ale imensei maşinării a universului au influenţă, unele asupra celorlalte şi funcţionează împreună, într-un unison al mişcării, fără vreun contact aparent, căruia omul i-a dat numele de atracţie, gravitaţie şi repulsie, el înlocuieşte acel factor cu o imitaţie umilă, realizată prin roţi dinţate. Toate părţile microcosmosului omului trebuie să se atingă, în mod vizibil. Însă, dacă el ar dobândi cunoştinţe despre acel factor, astfel încât să-l poată pune în practică, am putea spune că a fost descoperită o altă *carte canonică* a cuvântului lui Dumnezeu.

Dacă omul ar putea modifica proprietăţile levierului, tot astfel ar putea modifica proprietăţile triunghiului: pentru că un levier (luând, drept exemplu, tipul de levier folosit în balanţa romană) formează, atunci când se mişcă, un triunghi. Linia de la care descinde (un capăt fiind în centrul de rotaţie), linia în direcţia căreia descinde şi coarda de cerc (descrisă de levier în aer), sunt laturile unui triunghi. Celălalt braţ al levierului descrie un triunghi, de asemenea. Laturile corespunzătoare acelor două triunghiuri, calculate în mod ştiinţific, sau calculate geometric, sinusurile, tangentele şi secantele generate de unghiuri şi măsurate geometric, au aceleaşi proporţii, unele faţă de celelalte, ca diferitele greutăţi care vor fi puse în echilibru, pe levier, excluzând greutatea levierului.

Omul poate face o roată şi un ax, poate pune împreună roţi de diferite mărimi, producând, astfel, o moară. Cazul revine la acelaşi punct esenţial, anume, că el nu a făcut principiul care dă roţilor acele puteri. Principiul acesta este non-modificabil, cum se întâmplă şi mai devreme. Este acelaşi principiu, văzut altfel.

Puterea pe care două roţi de mărimi diferite o au, una asupra celeilalte, are aceeaşi proporţie, pe care ar avea-o semi-diametrele celor două roţi, combinate şi puse în forma levierului pe care l-am descris, suspendat în punctul în care se întâlnesc semi-diametrele; pentru că cele două roţi, considerate în mod ştiinţific, nu reprezintă altceva decât două cercuri generate de mişcarea levierului compus.
Toată cunoaşterea noastră ştiinţifică derivă din studiul adevăratei teologii şi, în această cunoaştere, îşi au originea toate artele.

Conferenţiarul Atotputernic, prezentând principiile ştiinţei în structura universului, a invitat oamenii la studiu şi imitaţie. Este ca şi cum le-ar fi spus locuitorilor acestui glob, pe care-l numim al nostru: „Am făcut un pământ pe care oamenii să locuiască și am făcut vizibil cerul înstelat, pentru a-i învăța știința și artele. Ei se poate ocupa acum de propriul confort și *pot învăța din munificența mea către toți, să fie buni, unii cu ceilalți.*"

La ce folos, dacă nu pentru a-l învăța pe om ceva, este ochiul său înzestrat cu putere să vadă, la o distanță incomprehensibilă, o imensitate de lumi rotindu-se într-un ocean de spațiu? Sau la ce folosește că această imensitate de lumi este vizibilă omului? Ce are omul a face cu Pleiadele, cu Orion, cu Sirius, cu steaua pe care el o numește steaua nordului, cu sferele mișcătoare pe cale le-a numit Saturn, Jupiter, Marte, Venus și Mercur, dacă niciun folos nu ar decurge din caracterul lor vizibil? O mai slabă acuitate a vederii ar fi fost suficientă pentru om, dacă imensitatea pe care o posedă acum ar fi existat doar în zadar, vorba aceea, ca un deșert imens scânteind cu aparențe.

Numai contemplând ceea ce el numește bolta înstelată, drept carte și școală a științei, el descoperă aplicare în faptul că-i sunt vizibile și beneficiu în vastitatea priveliștii. Când contemplă subiectul în această lumină, el vede motive în plus pentru a spune că *nimic nu a fost făcut în van*, pentru că în van ar fi vederea, de nu l-ar învăța pe om nimic.

CAPITOLUL 12
Efectele creștinismului asupra educației. Reforme propuse

La fel cum sistemul credinței creștine a făcut o revoluție în teologie, a făcut o revoluție și în structura învățăturii. Ce se numește acum învățătură, inițial nu era învățătură. Învățătura nu constă, în ceea ce școlile o fac acum să constea, în cunoașterea limbilor, ci în cunoașterea lucrurilor cărora limbile le dau nume.

Grecii erau un popor învățat, dar învățătura la ei nu consta în vorbitul limbii lor, nu mai mult decât latina la romani, franceza la francezi, sau engleza la englezi. Din ceea ce știm despre greci, nu rezultă că ei știau sau studiau altă limbă, în afară de a lor și de asta au devenit atât de învățați. Acest lucru le-a dat mai mult timp pentru a se implica în studii mai bune. Școlile grecilor erau școli de științe și filosofie, nu de limbi străine, iar învățătura constă în cunoașterea lucrurilor pe care științele și filosofia le predau.

Aproape toată învățătura științifică existentă acum ne vine de la greci, sau de la poporul care vorbea limba greacă. A devenit astfel necesar pentru oamenii altor națiuni, care vorbeau limbi diferite, ca unii dinte ei să învețe limba greacă, pentru ca învățătura grecilor să poată fi făcută cunoscută în țările respective, prin traducerea cărților grecești de știință și filosofie în limbile diferitelor națiuni.

Așadar, studiul limbii grecilor (și la fel, în ceea ce privește latina) nu era decât corvoada lingvistului și limbajul, astfel obținut, nu era altceva decât mijlocul, sau, ca să spun așa, unealta folosită în obținerea învățăturii pe care o aveau grecii. Nu constituia parte a procesului de studiu și era total diferită de acesta, încât făcea probabil ca persoana care studiase limba greacă suficient pentru a traduce operele respective, de exemplu, *Elemente*, de Euclid, să nu fi înțeles deloc învățăturile conținute în acele opere.

Nu mai poți obține ceva nou, dacă știi limbile moarte, având în vedere că toate cărțile folositoare au fost deja traduse, iar acele limbi au devenit inutile și timpul investit în predarea și învățarea lor este irosit. Chiar dacă studiul limbilor poate contribui la progres și la comunicarea cunoștințelor (pentru că nu are nicio legătură cu *formarea* cunoștințelor), doar limbile vii conțin noi cunoștințe. Este sigur, în general, că un tânăr va învăța mai mult dintr-o limbă vie într-un an, decât dintr-o limbă moartă, în șapte. Adesea, nici chiar învățătorul nu știe mult din limba pe care o predă. Dificultatea învățării unei limbi moarte nu rezidă în caracterul superior, abscons, al limbii în sine, ci în faptul că *este moartă* și pronunția s-a pierdut. La fel s-ar întâmpla cu orice limbă, dacă ar deveni o limbă moartă. Cel mai bun lingvist de acum nu înțelege greaca obișnuită atât de bine cum o înțelegea un plugar grec, sau o lăptăreasă, în timpurile antice. La fel în cazul limbii latine, în comparație cu un plugar, sau o lăptăreasă, din rândul romanilor, iar în privința pronunției și a dialectului local, nu la fel de bine ca vacile pe care le mulgea respectiva. Ar fi, așadar, avantajos pentru stat, să suspende studiul limbilor moarte și să facă procesul de învățare să se reducă la cunoștințele științifice, cum era la început.

Justificarea adusă pentru continuarea studiului limbilor moarte este că acestea sunt predate atunci când copilul nu este capabil să-și folosească altă facultate mintală, în afară de memorie. Însă este complet eronat. Mintea umană are o dispoziție naturală pentru cunoașterea științifică și lucrurile legate de aceasta. Distracția preferată a unui copil, chiar înainte de a începe să se joace, este aceea de a imita obiectele construite de om. Construiește case din cartoane și bețe, navighează în micul oceanul din ligheanul cu apă cu o bărcuță de hârtie, sau stăvilește un șanț și născocește ceva, îl numește moară și se preocupă de soarta lucrărilor sale cu o grijă ce seamănă cu afecțiunea. După aceea, merge la școală, unde geniul îi este omorât de studiul arid al limbilor moarte și filosoful este pierdut în lingvist.

Însă justificarea făcută acum pentru continuarea predării limbilor moarte nu poate fi cauza reducerii inițiale a învățăturii la sfera, îngustă și umilă, a lingvisticii; cauza, așadar, trebuie căutată în altă parte. În toate căutările de acest fel, cea mai bună dovadă care poate fi găsită este cea pe care lucrul respectiv o conține în sine, alături de dovezile circumstanțiale. În acest caz, niciunul dintre tipuri nu este greu de descoperit.

Dacă dăm la o parte, ca subiect al unei alte discuții, indignarea față de justiția lui Dumnezeu, presupunând că el îi face pe inocenți să sufere în locul vinovaților și, de asemenea, moralitatea laxă și artificiul de joasă speță reprezentat de presupunerea că adoptă formă umană, în chip de scuză pentru a nu fi pus în practică presupusa pedeapsa lui Adam, dacă dăm, după cum spuneam, toate aceste lucruri la o parte, în calitate de subiect al unei alte discuții, este sigur că tot ceea ce se numește sistemul credinței creștine, inclusiv extravaganta poveste a creației, povestea curioasă a Evei, șarpelui și mărului, conceptul amfibiu al unui om-zeu, ideea corporală a morții unui zeu, ideea mitologică a unei familii de zei și sistemul creștin de aritmetică, potrivit căruia trei înseamnă unu și unu înseamnă trei, sunt toate incompatibile, nu doar cu darul divin al rațiunii, pe care Dumnezeu l-a făcut omului, dar și cu cunoștințele pe care omul le capătă cu privire la puterea și înțelepciunea lui Dumnezeu, cu ajutorul științelor și prin studiul structurii universului făcut de Dumnezeu.

De aceea, cei care l-au pus la punct și partizanii sistemului de credință creștin nu puteau să nu întrevadă că progresul continuu al cunoașterii, obținut de om cu ajutorul științei, al cunoașterii puterii și înțelepciunii lui Dumnezeu, manifestate în structura universului și în toată creația, ar fi militat împotriva sistemului lor de credință și ar fi pus la îndoială adevărul din acesta. De aceea, a devenit necesar să fie redusă învățarea, până la un nivel mai puțin periculos pentru proiectul lor și ei au pus asta în practică restrângând ideea de studiu, la studiul arid al limbilor moarte.

Nu numai că au respins studiul științelor din școlile creștine, dar l-au și persecutat, iar numai în cursul ultimelor două secole, aproximativ, acest studiu a fost reactivat. Doar în 1610, Galileo, un florentin, a descoperit și introdus folosirea telescoapelor și, folosindu-le pentru observarea mișcării și înfățișării corpurilor cerești, a adus mijloace în plus pentru stabilirea adevăratei structuri a universului. În loc să fie stimat pentru aceste descoperiri, el a fost condamnat să le renege, sau să renege opiniile formate cu ajutorul lor, drept erezii de condamnat. Și, înainte de aceasta, Virgilius a fost condamnat la arderea pe rug pentru că a afirmat existența antipozilor, sau altfel spus, pentru că a afirmat că pământul este un glob, pe care se poate locui, în fiecare parte a sa cu pământ. Adevărul acestor afirmații este acum prea larg cunoscut, pentru a mai fi menționat.

Dacă s-ar considera că erorile care nu sunt rele din punct de vedere moral nu fac rău, atunci n-ar face parte din datoriile morale ale omului să se împotrivească lor și să le înlăture. Nu a constituit un rău de natură morală să se creadă că pământul este plat ca o tavă, mai mult decât a fost o virtute, să se creadă că acesta este rotund ca un glob și nu a fost vreun rău de natură morală să se creadă că Atotputernicul nu a mai făcut altă lume, în afară de aceasta, mai mult decât a fost o virtute să se creadă că a făcut milioane și că infinitatea spațiului este plină de lumi. Dar când un sistem religios este făcut să crească dintr-un presupus sistem al creației care nu este adevărat și să se unească cu acesta, de o manieră aproape inseparabilă, problema primește o cu totul altă bază. În acest caz erorile, fără a fi rele din punct de vedere moral, capătă aceleași dimensiuni, pe care le-ar avea dacă ar fi. Și, în acest caz, adevărul, de altfel indiferent, devine esențial, devenind criteriu care fie confirmă probele corespondente, fie neagă, prin probe contradictorii, realitatea religiei înșăși. În această optică, este de datoria morală a omului să obțină toate probele posibile, oferite de structura cerurilor sau de orice altă parte a creației, care privesc sistemele religioase. Numai că susținătorii sau partizanii sistemului creștin s-au opus neîncetat acestui lucru, de parcă s-ar fi temut de rezultat și, nu numai că au respins științele, dar i-au și persecutat pe cei care le practicau. Dacă Newton sau Descartes ar fi trăit cu trei, patru sute de ani în urmă și ar fi practicat știința de aceeași manieră, mai mult ca sigur că ei nu ar fi trăit pentru a-și termine studiile; iar dacă Franklin ar fi atras fulgerul din nori în aceeași perioadă, ar fi făcut-o cu riscul de a muri în flăcări.

  Mai târziu, au dat toată vina pe goți și vandali, dar, oricât s-ar împotrivi partizanii sistemului creștin să creadă sau să recunoască, este totuși adevărat că epoca ignoranței a început cu sistemul creștin. Exista mai multă cunoaștere pe lume înainte de acea perioadă, decât a existat multe secole după. Cât privește știința religioasă, sistemul creștin, după cum a fost spus, a fost un alt gen de mitologie și mitologia căreia i-a urmat reprezenta o denaturare a unui vechi sistem de teism.

  Numai din cauza acestei întreruperi a științei *și din nicio altă cauză*, suntem acum nevoiți să ne uităm printr-un abis de mai multe sute de ani la personajele respectabile, pe care le numim Antice. Dacă progresul cunoașterii ar fi continuat proporțional cu cunoașterea deja acumulată, acel abis ar fi fost umplut cu personaje, care s-ar fi depășit unul pe altul în ceea ce privește nivelul cunoașterii, iar acei Antici pe care-i admirăm acum atât de mult, ar fi apărut, cu respectabilitate, în fundalul scenei. Însă sistemul creștin a distrus tot și, dacă ne poziționăm în jurul începutului secolului al XVI-lea și privim înapoi prin acel abis, către vremurile Anticilor, ca peste un întins deșert de nisip, nici măcar un arbust nu ne atrage atenția, până la dealurile fertile de dincolo de el.

  Posibilitatea existenței unui lucru, sub numele de religie, care consideră non-religios studiul și contemplarea structurii universului pe care Dumnezeu l-a creat, reprezintă o contradicție aproape incredibilă. Însă această realitate este prea bine împământenită pentru a fi negată. Evenimentul care a folosit, mai mult decât oricare altul, pentru a rupe prima verigă a acestui lung lanț de ignoranță despotică, este acela cunoscut cu numele de Reforma lui Luther. De la acel moment, deși nu pare să fi fost intenția lui Luther sau a celor numiți Reformatori, științele au început să reia avânt și civilizația, asociatul lor natural, a început să apară. Acesta a fost singurul bine, cu caracter public, făcut de Reformă, pentru că, în ceea ce privește binele din punct de vedere religios, ar fi putut la fel de bine să nu existe. Mitologia a continuat neschimbată și o mulțime de Papi Naționali au apărut din căderea Papei Creștinătății.

CAPITOLUL 13
Compararea creștinismului cu ideile religioase inspirate de către natură

După ce am arătat, plecând de la elementele interne, cauzele care au produs o schimbare în învățământ și motivul pentru introducerea studiului limbilor moarte, în locul studiului Științelor, voi continua, în plus față de multiplele observații prezentate deja în această lucrare, prin a compara sau, mai degrabă, prin a pune față în față dovezile oferite de structura universului, cu sistemul religiei creștine. Nu pot începe această parte mai bine decât făcând referire la ideile pe care le-am avut când eram mai tânăr și pe care, mă îndoiesc să nu le fi avut în oarecare măsură, aproape oricine, în diferite momente ale vieții. Voi enumera ideile respective, le voi adăuga alte elemente care se vor ivi din acest subiect și voi da întregului o scurtă introducere, în chip de prefață.

Pentru că tatăl meu a fost un membru al Quakerilor, am avut șansa unei foarte bune educații morale și am acumulat un bagaj satisfăcător de conoștințe folositoare. Deși am fost la o școală în care se predau limbile clasice, nu am învățat latina, nu numai din cauză că nu aveam înclinație pentru învățarea limbilor străine, ci și din cauza obiecției avute de quakeri față de cărțile de predare a limbii. Însă acest fapt nu m-a împiedicat să mă familiarizez cu subiectele tuturor cărților în latină, folosite în școală.

Mintea mea avea o dispoziție naturală către știință. Am avut aptitudine și, cred, ceva talent pentru poezie. Am preferat, totuși, să nu-l încurajez pentru că m-ar fi condus prea mult în domeniul imaginației. Imediat cum am putut, am cumpărat două globuri și am urmat cursurile filosofice ale lui Martin și Ferguson. Mai târziu, am cunoscut lucrările Doctorului Brevis, un membru al asociației numită Academia Regală de Științe Naturale și un astronom excelent, care locuia, atunci, în Templu.

Nu am avut înclinație pentru politică. Aceasta nu mă ducea cu gândul dincolo de sensul cuvântului tertip. De aceea, când m-am gândit la probleme de guvernământ, a trebuit să-mi formez un sistem personal, în acord cu principiile morale și filosofice în baza cărora fusesem educat. Am văzut, sau cel puțin credeam că am văzut, deschizându-se lumii o vastă scenă a chestiunilor Americii. Am considerat că, dacă americanii nu își schimbau atitudinea în privința suveranității Angliei și nu își declarau independența, ar fi urmat multe dificultăți, iar acest lucru ar fi exclus perspectiva, care se oferea atunci omenirii, prin intermediul lor. Din aceste motive am publicat lucrarea *Simț Comun*, prima lucrare pe care am publicat-o vreodată. După părerea mea, dacă nu s-ar fi ivit această situație, în America, nu aș fi început niciodată să scriu. Am scris *Simț Comun în ultima parte a anului 1775* și am publicat-o pe 1 ianuarie 1776. Independența urma să fie declarată pe 4 iulie, același an.

Orice persoană, care a făcut observații cu privire la progresul minții umane, prin observarea propriei minți, nu se poate să nu fi realizat că există două categorii distincte a ceea ce numim Gânduri, acelea pe care le producem în sine prin reflecție și actul gândirii și acelea care vin în minte, după bunul lor plac. Regula mea a fost mereu să tratez cu amabilitate acești oaspeți spontani și am avut grijă să examinez, cât de bine am putut, dacă meritau să ne întreținem. De la ei am căpătat aproape toate știința mea. Cât privește învățătura pe care orice persoană o dobândește prin educația școlară, aceasta servește asemenea unui mic capital și deschide drumul studiului individual. Fiecare persoană învățată este, la urma urmei, propriul profesor. Motivul acestui fapt este că principiile, având calitate diferită față de circumstanțe, nu pot fi memorate. Rezidența lor mentală se află în înțelegere și rezistă cel mai mult doar atunci când încep sub formă de concept.

Din momentul în care am fost capabil să-mi formez o idee și să o supun reflecției, fie m-am îndoit de adevărul din sistemul creștin, fie l-am considerat o chestiune stranie. Nu știam care dintre cele două, însă îmi amintesc bine că, atunci când aveam șapte sau opt ani, am ascultat o predică citită de o cunoștință, de o adâncă devoțiune față de biserică, pe marginea subiectului a ceea ce se numește *Mântuirea prin moartea Fiului lui Dumnezeu*. După ce predica s-a terminat, m-am dus în grădină și, în timp ce coboram treptele în grădină (întrucât îmi amintesc perfect locul), m-am revoltat, aducându-mi aminte cele auzite. M-am gândit că Atotputernicul era făcut să se comporte asemenea unui om pătimaș, care își omoară fiul, când nu se poate răzbuna în alt fel. Nu înțelegeam de ce țineau astfel de predici, având în vedere că un om care ar fi făcut așa ceva, ar fi fost spânzurat,. Acesta nu era unul dintre acele gânduri care conțin o oarecare ușurință copilărească. Pentru mine era o reflecție serioasă, născută din ideea mea că Dumnezeu era prea bun pentru a face așa ceva și, de asemenea, prea atotputernic pentru a fi sub necesitatea de a o face. La fel cred şi în acest moment şi mai cred că orice sistem religios care conţine ceva ce şochează mintea unui copil, nu poate fi un sistem adevărat.

    Este ca şi cum părinţii de confesiune creştină s-ar ruşina să le spună copiilor lor ceva despre principiile religiei lor. Câteodată, ei îi instruiesc în principiile moralei şi le vorbesc despre bunătatea a ceea ce ei numesc Providenţă. Pentru că, mitologia creştină are cinci zeităţi: Dumnezeu Tatăl, Dumnezeu Fiul, Dumnezeu Duhul Sfânt, Dumnezeul Providenţă şi Zeiţa Natură. Însă povestea creştină a lui Dumnezeu Tatăl care îşi omoară fiul sau îi foloseşte pe oameni pentru a o face (pentru că povestea ne spune clar acest lucru), nu poate fi spusă de un părinte unui copil. Iar, a-i spui că acest lucru a fost făcut pentru a face omenirea mai fericită şi mai bună, nu face decât să înrăutăţească povestea. De parcă omenirea ar putea fi îmbunătăţită prin exemplul crimei. Iar, la urmă, să-i mai spui că tot ce-a auzit este un mister, reprezintă doar o scuză, pentru incredibilul poveştii.

    Lucrurile stau cu totul altfel în practica pură şi simplă a Deismului. Deistul adevărat are doar o singură Divinitate şi religia sa constă în contemplarea puterii, înţelepciunii şi bunătăţii Divinităţii (după cum se manifestă în operele Acesteia) şi în străduinţa de a O imita în orice element moral, ştiinţific şi mecanic.

    Religia care ajunge cel mai aproape dintre toate de adevăratul Deism, în partea morală şi binevoitoare a acestuia, este aceea practicată de Quakeri: însă ei s-au contractat prea mult, lăsând operele lui Dumnezeu afară din sistemul lor. Deşi stimez filantropia lor, nu pot să mă abţin de la a zâmbi când mă gândesc că, dacă în momentul creaţiei ar fi fost consultat gustul unui quaker, creaţia ar fi fost tăcută şi trist colorată. Nicio floare nu ar fi înflorit în mod vesel şi nicio pasăre nu ar fi avut voie să cânte.

    Las aceste reflecţii şi mă îndrept spre alte chestiuni. După ce am devenit maestru în utilizarea globurilor şi a planetariului[3], mi-am format o idee despre infinitatea spaţiului, despre divizibilitate fără sfârşit a materiei şi am obţinut, cel puţin, o cunoaştere generală a ceea ce se numea filosofie naturală, am început să compar, sau, după cum am mai spus, să pun faţă în faţă probele interne pe care le oferă aceste lucruri, cu sistemul credinţei creştine.

Deşi faptul că această lume pe care o populăm reprezintă singura lume locuibilă din creaţie nu constituie un articol al sistemului creştin, totuşi acest element este întărit, în interiorul sistemului, de ceea ce se numeşte povestea Mozaică a creaţiei, de povestea Evei şi a mărului şi de complementul acelei poveşti, moartea Fiului lui Dumnezeu. Dacă ajungi să crezi altfel, adică să crezi că Dumnezeu a creat o pluralitate de lumi, cel puţin la fel de numeroase ca stelele, sistemul creştin devine, totodată, îngust şi ridicol şi este împrăştiat în minte asemenea penelor în vânt. Cele două convingeri nu pot exista în aceeaşi minte, iar cel care se gândeşte că le crede pe amândouă, s-a gândit foarte puţin, la fiecare dintre ele.

Deşi credinţa într-o pluralitate de lumi le era familiară anticilor, întinderea şi dimensiunile acestui glob pe care-l populăm au fost stabilite doar în ultimele trei secole. Diferite nave, urmând calea oceanului, au navigat în jurul lumii, aşa cum un om ar merge în cerc şi s-au întors din partea opusă, în punctul din care au pornit. Dimensiunea circulară a lumii noastre, în zona cea mai largă, aşa cum un om ar măsura circumferinţa maximă a unui măr, sau a unei mingii, este de doar 25020 de mile englezeşti, 69,5 mile pe grad ecuatorial şi poate fi navigată în aproximativ trei ani[4].

O lume de această întindere ne-ar putea părea mare, în primă instanţă, dar dacă o comparăm cu imensitatea spaţiului în care este suspendată, ca o bulă sau un balon în aer, este infinit mai mică, proporţional, decât cel mai mic grăunte de nisip, faţă de dimensiunile pământului sau decât un strop de rouă, faţă de întregul ocean. În consecinţă, este foarte mică şi, după cum se va arăta în continuare, este doar una, dintr-un sistem de lumi din care este compusă creaţia universală.

Dacă urmăm o progresie de idei, nu este greu să ne formăm o idee palidă despre imensitatea spaţiului în care aceasta şi toate celelalte lumi sunt suspendate. Când ne gândim la mărimea sau dimensiunile unei camere, ideile ni se rezumă la pereţi şi acolo se opresc. Însă, când ochiul sau imaginaţia ni se avântă în spaţiu, adică, atunci când se uită în sus, în ceea ce numim aer liber, nu putem concepe pereţi sau graniţe. Iar dacă, pentru a ne odihni ideile, presupunem un hotar, întrebarea revine numaidecât şi spune, ce este dincolo de acel hotar? Şi, tot aşa, ce este după următorul hotar? Şi aşa mai departe, până când imaginaţia obosită revine şi spune, *nu există sfârşit*. Cu siguranţă, deci, Creatorul nu avea o problemă de spațiu atunci când nu a făcut această lume mai mare decât este și trebuie să căutăm explicația în altă parte.

Dacă facem analiza propriei lumi, a acesteia, pe care Creatorul ne-a dat-o în folosință, în chip de parte a noastră din imensul sistem al creației, găsim fiecare parte a sa, pământul, apele și aerul care le înconjoară, ocupată și, cum s-ar spune, înțesată cu viață, de la cel mai mare animal pe care îl cunoaștem până la cea mai mică insectă ce poate fi văzută cu ochiul liber și, de acolo, la altele și mai mici, invizibile fără ajutorul unui microscop. Fiecare pom, fiecare plantă, fiecare frunză este folosită nu doar ca locuință, ci și ca lume, pentru numeroase rase, până când existența animală devine atât de delicată, încât efluviul unui fir de iarbă ar servi drept hrană pentru mii.

Atunci, dacă nicio parte a pământului nostru nu este neocupată, de ce să se presupună că imensitatea spațiului este un vid, steril pentru vecie? Este spațiu pentru milioane de lumi, la fel de mari sau și mai mari decât a noastră și, fiecare, la milioane de mile unele de celelalte. Fiindcă am ajuns până aici, dacă ne-am împinge ideile mai departe cu un gând, am vedea, probabil, adevăratul motiv, sau cel puțin un foarte bun motiv pentru fericirea noastră, am vedea de ce Creatorul, în loc să facă o lume imensă, întinsă într-o parte imensă a spațiului, a preferat să împartă acea cantitate de materie între mai multe lumi, diferite și separate, pe care le numim planete, dintre care pământul nostru este una. Însă, înainte de a-mi explica ideea în privința acestui subiect, este necesar (nu pentru cei ce știu deja, ci pentru cei ce nu știu) să prezint sistemul universului.

CAPITOLUL 14
Sistemul universului

  Acea parte a universului numită sistem solar (adică sistemul de lumi căruia aparține pământul nostru și căruia Sol, sau Soarele, îi este centru) este formată, pe lângă Soare, din alte șase sfere, planete, lumi, în plus față de corpurile secundare, denumite sateliți, sau luni, dintre care are una și pământul nostru, ce-l însoțesc în mișcarea sa anuală, în jurul soarelui, în același fel în care alți sateliți sau luni însoțesc planetele sau lumile cărora le aparțin, după cum se poate observa cu ajutorul unui telescop.
  Soarele este centrul în jurul căruia aceste șase lumi, sau planete se rotesc, la distanțe diferite și în cercuri concentrice, pentru fiecare dintre ele. Fiecare lume păstrează aproape aceeași distanța în jurul Soarelui și continuă să se rotească în jurul axei sale, în același timp, în poziție aproape verticală, așa cum face un titirez, care se învârtește pe pământ și se apleacă puțin într-o parte.
  Această înclinație a pământului (23,5 grade) permite apariția verii și iernii și durate diferite ale zilelor și nopților. Dacă pământul s-ar roti în jurul său în poziție perpendiculară pe planul format de rotirea sa în jurul Soarelui, cum se rotește titirezul, atunci când este drept pe pământ, zilele și nopțile ar avea mereu aceeași durată, douăsprezece ore ziua și douăsprezece noaptea și anotimpul ar fi același, pe toată durata anului.
  De fiecare dată când o planetă (pământul, de exemplu) se rotește în jurul axei sale, produce ceea ce numim zi și noapte; și de fiecare dată când descrie un cerc în jurul Soarelui, produce ceea ce numim an. Prin urmare lumea noastră se întoarce în jurul axei sale de trei sute șaizeci și cinci de ori, în timp ce se rotește o dată în jurul soarelui[5].
  Numele pe care anticii le-au dat acelor lumi și care se păstrează încă, sunt Mercur, Venus, această lume, pe care o numim a noastră, Marte, Jupiter și Saturn[6]. Ele par mai mari decât stelele, fiind cu multe milioane de mile mai aproape de pământ decât este oricare dintre celelalte stele. Planeta Venus este ceea ce se numește steaua serii și, câteodată, steaua dimineții, după cum se întâmplă să apună după, sau să răsară înaintea Soarelui, în niciunul dintre cazuri, la mai mult de trei ore.

Soarele este, după cum a fost menționat mai devreme, centrul. Planeta sau lumea cea mai apropiată de el este Mercur. Distanța acesteia față de Soare este de treizeci și patru de milioane de mile. Se mișcă în cerc, în jurul soarelui, mereu la aceeași distanță, ca un titirez ce s-ar învârti pe urmele unui cal ce învârte o moară. A doua lume este Venus. Se găsește la cincizeci și șapte de milioane de mile de Soare și, în consecință, se mișcă într-un cerc mult mai mare decât acela al lui Mercur. A treia lume este aceasta pe care o populăm, la optzeci și opt de milioane de mile de Soare și, în consecință, descrie un cerc mai mare decât acela al lui Venus. A patra lume este Marte. Se găsește la o sută treizeci și patru de milioane de mile de Soare și, în consecință, descrie un cerc mai mare decât acela al pământului nostru. A cincea este Jupiter. Se găsește la cinci sute cincizeci și șapte de milioane de mile de Soare și, în consecință, descrie un cerc un cerc mai mare decât acela al lui Marte. A șasea lume este Saturn. Se găsește la șapte sute șaizeci și trei de milioane de mile de Soare și, în consecință, descrie un cerc care include orbitele tuturor celorlalte planete.

Așadar, câmpul, din imensitatea spațiului, pe care îl necesită sistemul nostru solar pentru ca cele șapte lumi să se rotească în jurul Soarelui, are lungimea diametrului orbitei, sau cercului, în care Saturn se mișcă în jurul Soarelui, care reprezintă dublul distanței sale față de Soare, sau un milion cinci sute douăzeci și șase de milioane de mile. Lungimea cercului este de aproape cinci mii de milioane și suprafața sa este de aproape trei mii cinci sute de milioane înmulțit cu trei mii cinci sute de milioane de mile pătrate[7].

Însă acesta, imens cum este, este doar un sistem de lumi. Dincolo, la o mare distanță, mult dincolo de puterea de calcul, se află stelele numite stele fixe. Se numesc fixe fiindcă nu au mișcare de revoluție, așa cum au cele șase lumi sau planete pe care le-am descris. Stelele fixe sunt mereu la aceeași distanță una față de cealaltă și, mereu în același loc, asemenea Soarelui în centrul sistemului nostru. Există probabilitatea ca fiecare dintre acele stele fixe să fie, de asemenea, un soare în jurul căruia alte sisteme de lumi sau planete (deși prea îndepărtate ca noi să le putem descoperi) sunt în mișcare de revoluție, asemenea sistemului nostru de lumi care se rotesc în jurul Soarelui din centru.

Prin această ușoară progresie de idei, imensitatea spațiului ne va apărea încărcată cu sisteme de lumi și vom realiza că nicio parte a spațiului nu este inutilă, nu mai mult decât orice parte a globului nostru de pământ și apă, care a rămas neocupată.

După ce m-am străduit să expun, în chip familiar și accesibil, câteva idei despre structura universului, mă întorc să explic ceva la care am făcut aluzie mai devreme, anume, marile beneficii pentru om care decurg din crearea unei pluralități de lumi, cum este și cazul sistemul nostru (compus dintr-un Soare, în centru și șase lumi, plus sateliți), în loc de crearea unei singure lumi, de foarte mari dimensiuni.

CAPITOLUL 15
Avantajele existenței mai multor lumi în fiecare sistem

O idee pe care nu am pierdut-o niciodată din vedere este aceea că toate cunoștințele noastre științifice derivă din revoluțiile (prezentate ochilor noștri și, deci, înțelegerii noastre) pe care acele planete sau lumi care compun sistemul nostru le realizează în jurul Soarelui.

Dacă materia ce compune aceste șase lumi ar fi format un singur glob solitar, consecința pentru noi ar fi fost că n-ar fi existat mișcarea de rotație, sau că aceasta nu ar fi fost suficientă pentru a ne oferi noțiunile științifice pe care le avem acum, din care derivă toate artele mecanice ce contribuie atât de mult la fericirea noastră pământească și la confortul nostru.

Creatorul nu a făcut nimic în van și trebuie să credem că Acesta a realizat structura universului în modalitatea cea mai avantajoasă pentru om. Vedem și simțim beneficiile pe care ni le aduce structura universului, în forma actuală (beneficii de care nu ne-am fi putut bucura dacă sistemul nostru ar fi fost un glob solitar). Putem descoperi cel puțin un motiv pentru crearea unei pluralități de lumi, iar acesta atrage după sine recunoștința evlavioasă și admirația omului.

Beneficiile care derivă din existența unei pluralități de lumi nu se rezumă numai la noi. Locuitorii fiecărei lumi ce compune sistemul nostru, au aceleași oportunități de cunoaștere ca și noi. Ei privesc mișcările pământului nostru, la fel cum noi le privim pe ale planetei lor. Toate mișcările planetelor se pot observa de pe fiecare dintre acestea și, de aceea, aceeași școală universală a științei se oferă tuturor.

Însă cunoașterea nu se oprește aici. Sistemul de lumi de lângă noi prezintă, în mișcările sale, aceleași principii și școală a științei, pentru locuitorii respectivului sistem, pe care și sistemul nostru prezintă pentru noi, iar acest lucru este valabil în toată imensitatea spațiului.

Ideile noastre în privința atotputerniciei Creatorului, înțelepciunii și binefacerilor ale, se amplifică atunci când contemplăm întinderea și structura universului. Ideea tristă a unei lumi solitare, care se rotește sau stă într-un ocean imens de spațiu, face loc ideii luminoase a unei asociații de lumi, create pentru a trezi, fie și numai prin mișcarea lor, rațiunea omului.

Ne vedem pământul umplut din abundență, dar uităm să ne gândim cât de mult din acea abundență se datorează cunoașterii științifice care ne-a fost dezvăluită de mașinăria colosală a universului.

CAPITOLUL 16
Cum se aplică ceea ce a fost spus sistemului creștin

În mijlocul acestor reflecții, ce ar trebui să credem despre sistemul credinței creștine, care se formează pe ideea unei singure lumi și aceea, nu mai mare, după cum a fost arătat, de douăzeci și cinci de mii de mile? O întindere pe care un om, care merge cu trei mile pe oră, douăsprezece ore pe zi și cu posibilitatea de a menține direcția circulară, ar putea să o parcurgă în totalitate, în mai puțin de doi ani. Dar vai! Ce înseamnă asta, raportat la mărețul ocean al spațiului și la atotputernicia Creatorului!

De unde să fi răsărit, în aceste condiții, fantezia solitară că Atotputernicul (de care depind, pentru protecție, milioane de lumi) ar lăsa tot și ar veni să moară în lumea noastră, pentru că, spun ei, un bărbat și o femeie au mâncat un măr! Ar trebui, cumva, să presupunem că fiecare lume din creația nemărginită a avut o Evă, un măr, un șarpe și un mântuitor? În aceste condiții, persoana numită (cu lipsă de reverență) Fiul lui Dumnezeu și câteodată Dumnezeu însuși, n-ar avea altceva de făcut decât să călătorească, de la o lume la alta, într-o nesfârșită succesiune a morții, presărată cu pauze (de scurtă durată) de viață.

Respingerea acestei dovezi (pe care cuvântul, sau operele lui Dumnezeu din cadrul creației o oferă simțurilor) și ceea ce a făcut rațiunea umană din ea, au permis născocirea și înființarea atât de multor sisteme de credință sălbatice și capricioase. Pot exista multe sisteme religioase care, departe de a fi rele din punct de vedere moral, sunt, din multe privințe, bune, din punct de vedere moral. Poate exista, însă, UNUL singur care este adevărat, iar acela trebuie, în mod necesar (și așa va fi întotdeauna) să fie compatibil în toate părțile sale cu cuvântul lui Dumnezeu, cel de-a pururea existent, pe care îl vedem în lucrările Sale. Construcția sistemului de credință creștin este, însă, atât de stranie, încât toate dovezile pe care cerul le acordă omului o contrazic direct, sau o fac să pară absurdă.

Este posibil să crezi (iar eu mie îmi place să mă încurajez în acest sens) că au fost oameni pe lume care s-au convins că așa numita *fraudă pioasă* ar putea produce ceva bun, cel puțin în anumite circumstanțe. Însă frauda, o dată stabilită, n-ar mai putea fi explicată, pentru că aceasta, asemenea faptei rele, zămislește o necesitate funestă de perpetuare.

Persoanele care au predicat, la început, sistemul credinței creștine, combinându-l într-o oarecare măsură cu moralitatea predicată de Isus Cristos, s-ar putea convinge singure că era mai bun decât mitologia păgână, pe atunci predominantă. De la primul predicator, frauda a trecut la cel de-al doilea și la cel de-al treilea, până când ideea că reprezintă o fraudă pioasă s-a pierdută în credința că este adevărată. Această credință a fost încurajată și de interesul celor care își câștigau existența prin predicarea ei.

Dar această credință a fost generalizată în rândurile laicilor prin astfel de mijloace. Dacă biserica n-ar fi avut nicio mărturie sau tradiție că nu a fost, de la început, nimic altceva decât o fraudă pioasă, sau dacă nu ar fi realizat că nu se poate susține împotriva dovezilor aduse de structura universului, este aproape imposibil de justificat persecuția continuă pe care a condus-o timp de mai multe sute de ani împotriva științelor și împotriva practicanților științei.

CAPITOLUL 17
Despre mijloacele utilizate în toate timpurile și aproape în mod universal pentru a înșela oamenii

După ce am arătat incompatibilitățile ireconciliabile dintre adevărata lume a lui Dumnezeu, care există în univers și aceea numită *lumea lui Dumnezeu*, care ne este prezentată într-o carte tipărită, pe care orice om o putea face, continui prin a vorbi despre cele trei mijloace principale care au fost folosite în toate vremurile și, probabil, în toate țările, pentru a înșela omenirea.

Aceste trei mijloace sunt: Mister, Miracol și Profeție. Primele două sunt incompatibile cu religia adevărată, iar al treilea ar trebui să ridice mereu un semn de întrebare.

În ceea ce privește Misterul, tot ceea ce vedem este, într-un fel, un mister pentru noi. Propria noastră existență este un mister, întreaga lume vegetală este un mister. Nu putem explica cum se face că o ghindă, atunci când este îngropată, se transformă şi generează un viitor stejar. Nu ştim cum se face că sămânţa pe care am plantat-o se desface, se înmulţeşte şi ne returnează o dobândă abundentă, pentru un capital atât de mic.

  Faptul în sine, totuşi, separat faţă de cauza de funcţionare, nu reprezintă un mister. Îl putem observa şi ştim, de asemenea, ce mijloc să folosim pentru obţinerea sa (îngroparea unei seminţe). Cunoaştem, aşadar, cât este necesar, iar partea din proces pe care nu o ştim (pe care, chiar dacă am cunoaşte-o, nu am putea-o realiza) este execută pentru noi de Creator. Ne este mai bine, aşadar, decât dacă ne-ar fi fost dezvăluit secretul şi am fi fost lăsaţi să facem singuri.

  Deşi fiecare lucru creat este (în acest sens) un mister, cuvântul mister nu poate fi aplicat *adevărului moral* mai mult decât obscuritatea poate fi aplicată luminii. Dumnezeul în care credem este un Dumnezeu al adevărului moral şi nu un Dumnezeu al misterului sau obscurităţii. Misterul este antagonistul adevărului. Este o ceaţă de invenţie umană care ascunde vederii adevărul şi îl arată în mod distorsionat. Adevărul nu se învăluie niciodată în mister, iar misterul în care poate fi oricând învăluit este opera opusului său, niciodată a lui.

  Religia, prin urmare, reprezentând credinţa în Dumnezeu şi practica adevărului moral, nu poate avea legătură cu misterul. Credinţa în Dumnezeu, departe de a conţine din mister, este cea mai uşoară dintre credinţe pentru că ni se prezintă, după cum am observat mai devreme, din necesitate. Iar practica adevărului moral, cu alte cuvinte, imitarea în practică a bunătăţii morale a lui Dumnezeu, nu este altceva decât imitarea, în relaţiile intra-umane, a modul favorabil în care El ne tratează pe toţi. Nu-L putem servi pe Dumnezeu în felul în care îi servim pe cei ce nu se pot lipsi de serviciul nostru. Pe Dumnezeu, Îl putem servi doar prin aportul personal la fericirea creaţiei vii, opera Acestuia. Acesta nu există în retragerea din lume şi în ducerea unei vieţi izolate, în devoţiune egoistă.

  Însăşi natura şi scopul religiei, dacă pot spune aşa, arată, chiar demonstrează, că trebuie să fie liberă de orice taină şi neîmpovărată de nimic misterios. Religia, considerată ca obligaţie, este de datoria fiecărui suflet, în acelaşi măsură. De aceea, trebuie să fie la un nivel de înţelegere accesibil tuturor. Omul nu învaţă religia, aşa cum învaţă secretele şi tainele unui meşteşug. Învaţă teoria religiei prin reflecţie. Se iveşte din acțiunea propriei minți asupra lucrurilor pe care le vede sau asupra celor pe care se întâmplă să le audă sau să le citească, combinate cu experiența sa practică.

Atunci când oamenii au organizat (în baza liniei politice sau din fraudă pioasă) un sistem religios incompatibil cu cuvântul și cu operele lui Dumnezeu, manifestate în creație, care nu este numai dincolo de comprehensiunea umană, dar și respingător acesteia, au fost obligați să inventeze sau să adopte un cuvânt care să le servească drept piedică, împotriva tuturor întrebărilor, investigațiilor și speculațiilor. Cuvântul mister se potrivea acestui scop. Astfel, religia, lipsită de mister în sine, a fost deformată de ceața misterelor.

Cum *misterul* răspundea tuturor scopurilor generale, *miracolul* a urmat, în chip de ajutător ocazional. Primul servea la tulburarea minții, iar cel de-al doilea la zăpăcirea simțurilor. Unul era argoul, celălalt scamatoria.

Înainte, însă, de a avansa în acest subiect, ar fi nimerit să ne întrebăm ce se înțelege prin miracol.

În același sens în care toate lucrurile pot fi considerate mistere, se poate spune că fiecare lucru este un miracol și că niciun lucru nu este un miracol mai mare decât altul. Elefantul, în ciuda taliei mai mari, nu este un miracol mai mare decât o gâză și nici un munte, un miracol mai mare decât un atom. Pentru Atotputernic nu este mai dificil de făcut unul, decât celălalt și nu este mai dificil de făcut un milion de lumi, decât una singură. Orice, așadar, este un miracol, într-un sens, pe când, în celălalt sens, miracolul nu există. Este un miracol pentru puterea noastră și pentru înțelegerea noastră. Nu este un miracol pentru puterea care îl face. Dar nimic din această descriere nu comunică ideea de miracol, așa că este necesar să ducem ancheta mai departe.

Omenirea și-a conceput anumite legi în baza cărora funcționează ceea ce ei numesc natură, iar un miracol este ceva contrar funcționării și efectului legilor respective. Însă, dacă nu cunoaștem pe deplin acele legi și nici *puterile naturii* (după cum sunt denumite în comun), nu suntem în măsură să judecăm dacă orice lucru ce ne-ar putea părea minunat sau miraculos se găsește în, dincolo, sau în opoziție cu puterea sa naturală de acțiune.

Ascensiunea unui om multe mile, sus în aer, conține toate elementele care compun ideea de miracol, dacă nu am ști că se poate genera un tip de aer, mult mai ușor decât aerul atmosferic și totuși cu suficientă elasticitate, astfel încât să împiedice balonul care-l conține să fie comprimat de aerul obișnuit care-l înconjoară. În chip asemănător, obținerea unor licăriri sau scântei de foc, pe corpul omului, asemănătoare acelora observate atunci când fierul este lovit cu cremene, sau determinarea fierul sau oțelul să se miște, aparent, singure, ar produce ideea de miracol, dacă nu ar fi cunoscute electricitatea și magnetismul. Tot astfel ar apărea multe alte experimente din filosofia naturală celor nefamiliarizați cu subiectul. Reîntoarcerea la viață a persoanelor, aparent moarte, ar fi tot un miracol, dacă nu am ști că însuflețirea poate fi suspendată fără a fi stinsă.

    Pe lângă acestea, mai sunt acțiunile de prestidigitație și acelea efectuate de persoane care acționează în mod concertat, care au un aspect miraculos și care, o dată aflat secretul, nu mai reprezintă nimic. Și, pe lângă acestea, mai sunt înșelătoriile mecanice sau optice. La Paris există o expoziție de fantome sau spectre, care, deși nu le sunt impuse spectatorilor ca fiind reale, au o aparență înspăimântătoare. Așadar, cum nu știm până unde pot merge natura, sau îndemânarea, nu există vreun criteriu pentru a stabili ce este un miracol, iar omenirea, care acordă încredere aparențelor și le consideră miracole, este mereu subiectul abuzurilor.

    Presupunerea că Atotputernicul folosește miracolul drept mijloc de comunicare este lipsită de consistență, având în vedere că aparențele pot fi, atât de simplu, înșelătoare, iar ceea ce nu este real seamănă foarte bine cu ce este. Miracolele îl supun pe cel care le înfăptuiește bănuielii de impostură, pe cel care le povestește, bănuielii de minciună și supun doctrina care se dorește susținută prin ele, bănuielii că reprezintă o invenție fabuloasă.

    Dintre toate tipurile de probe inventate vreodată pentru a conferi încredere oricărui sistem sau opinii, cărora le-a fost dat numele de religie, aceea reprezentată de miracol, oricât succes ar fi avut impostura, este cea mai inconsistentă. În primul rând, indiferent de ceea ce pretinde să reprezinte, vizând obținerea unei credințe anume (pentru că, un miracol este un spectacol în orice acceptiune a termenului), presupune o imperfecțiune sau un punct slab doctrinei care este predicată. Și, în al doilea rând, este o înjosire a Atotputernicului, prin punerea sa în rol de măscărici ce efectuează scamatorii ca să amuze, să-i facă pe oameni să se uite ținta și să se mire. Reprezintă, de asemenea, tipul cel mai echivoc de probă, care poate fi furnizat, întrucât credința nu depinde de ceea ce se numește miracol, ci de reputația raportorului, sau celui care spune că l-a văzut. De aceea, lucrul respectiv, chiar de-ar fi adevărat, ar avea aceleași șanse ca o minciună de-a fi crezut.

Să presupunem că aș spune că în momentul în care am început să scriu această carte mi s-a arătat o mână prin aer, a luat un stilou și a scris toate cuvintele din ea, m-ar crede cineva? Nu, cu siguranță. M-ar crede puțin mai mult dacă aceasta chiar ar fi fost realitatea? Nu, cu siguranță. Atunci, dacă ar fi să se întâmple un miracol adevărat și ar avea aceeași soartă ca unul fals, inconsistența ar fi și mai mare, dacă s-ar presupune că Atotputernicul folosește mijloace care au posibilitatea să nu răspundă scopului pentru care au fost create, chiar dacă ar fi reale.

Dacă presupunem că un miracol este ceva complet în afara naturii, ceva pentru îndeplinirea căruia natura trebuie să-și iasă din matcă, atunci, dacă am asista la relatarea unui miracol, făcută de un om care spune că l-a văzut, ar trebui să ne vină în minte o întrebare ce permite un răspuns foarte simplu, anume: „Este mai probabil ca natura să-și iasă din matcă sau ca un om să spună o minciună?" Nu am văzut, în viața noastră, natura să-și iasă din matcă, însă avem motive întemeiate să credem că au fost spuse milioane de minciuni, în același interval de timp. Este, așadar, o probabilitate de cel puțin milioane la unu ca raportorul unui miracol să mintă.

Povestea cu balena care l-a înghițit pe Iona, deși o balenă este suficient de mare ca să o poată face, este la limita miracolului. S-ar fi apropiat mai tare de ideea de miracol, dacă Iona ar fi înghițit balena. În situația aceasta, care poate folosi în toate cazurile de miracol, chestiunea s-ar decide singură, după cum s-a afirmat mai înainte, anume: „Este mai probabil ca un bărbat să fi înghițit o balenă sau să mintă?"

Dar, să presupunem că Iona înghițise realmente balena și se dusese, cu ea în burtă, la Ninive și, ca să convingă lumea că era adevărat, ar fi scos, sub ochii lor, balena în mărime naturală. Nu cumva l-ar fi crezut drac, în loc de profet? Sau, dacă balena l-ar fi dus pe Iona la Ninive și l-ar fi scos, de aceeași manieră, în public. Nu cumva ar fi crezut oamenii că balena este diavolul și Iona, unul dintre demonii acestuia?

Cel mai însemnat dintre lucrurile, numite miracole în Noul Testament, este acela în care diavolul a zburat cu Isus Cristos, l-a dus pe vârful unui munte semeț, pe vârful cel mai înalt al templului, i-a arătat și promis *toate regatele lumii*. Cum s-a făcut că nu a descoperit America? Sau, poate era vorba doar de regatele în care alteța sa neagră ca funinginea are vreun interes.

Respect prea mult caracterul moral al lui Cristos, pentru a crede că el însuși a povestit miracolul acesta, mare cât o balenă. Nu este ușor de descoperit scopul în care a fost fabricat. Dacă nu cumva, pentru a face impresie *connoisseur*-ilor de miracole, după cum se face, uneori, cu *connoisseur*-ii modelor de sfert-de-peni ai Reginei Anna și cu colecționarii de amintiri și antichități. Sau, probabil, pentru a face ridicolă credința în miracole, întrecând miracolele, așa cum Don Quijote a întrecut cavalerismul, sau pentru a stingheri credința în miracole, ridicând dubiul cu privire la care putere, a lui Dumnezeu, sau a diavolului, realizează ceva ce se numește miracol. Este, totuși, nevoie de multă credință în diavol, pentru a crede acest miracol.

Din toate punctele de vedere în care pot fi privite și considerate așa numitele miracole, realitatea lor este improbabilă și existența lor nu este necesară. Acestea nu ar răspunde vreunui scop util, după cum a fost observat mai devreme, chiar dacă ar fi adevărate, pentru că este mai dificil să obții credința într-un miracol, decât într-un principiu moral evident, fără ajutorul unui miracol. Principiul moral vorbește de la sine, în mod universal. Miracolul ar putea fi doar o întâmplare a momentului și ar putea fi văzut doar de câțiva. În continuare, este nevoie de un transfer de credință de la Dumnezeu, către om, pentru a crede un miracol, în baza relatării altui om. Așadar, în loc să admită recitaluri de miracole drept dovadă că orice sistem religios este adevărat, acestea ar trebui considerate simptome ale faptului că sistemul este fabulos. Caracterului deplin și vertical al adevărului îi este necesar să respingă sprijinul. Căutarea sprijinului pe care adevărul îl respinge este compatibilă cu fabula. Cam atât despre Mister și Miracol.

În timp ce Misterul și Miracolul se ocupau de trecut și de prezent, Profeția se ocupa de viitor și toate timpurile verbului *a crede* erau ocupate. Nu era suficient să știi ce se făcuse, lipsea ceea ce urma să se facă. Presupusul profet era presupusul istoric al vremurilor viitoare și, dacă se întâmpla, atunci când trăgea cu arcul-mare[n.t.] milenar, să lovească la aproximativ o mie de mile de țintă, ingenuitatea posterității o putea face lovitură directă. Și, dacă se întâmpla să fie greșită, era doar de presupus, ca în cazul lui Iona, în Ninive, că Dumnezeu se căise şi se răzgândise. Ce neghiob fac sistemele fabuloase din om! A fost arătat mai înainte, în cadrul acestei lucrări, că sensul iniţial al cuvintelor *profet* şi *a profeţi* a fost schimbat şi că un profet, în sensul actual al cuvântului, este o creatură de invenţie modernă. În baza acestei schimbări a sensului cuvintelor, ploile de metafore ale poeţilor evrei şi fraze şi expresii devenite obscure acum (din cauză că nu suntem la curent cu situaţia locală căreia i se aplicau în momentul în care au fost folosite), au fost ridicate la rang de profeţii şi făcute să se plece explicaţiilor date după voia şi ideile capricioase ale dogmaticilor, ale celor ce se ocupă cu elucidarea şi ale comentatorilor. Orice lucru incomprehensibil era profetic şi orice lucru insignifiant era model. O eroare grosolană ar fi servit drept profeţie, o cârpă de spălat vase, drept model.

Dacă prin profet înţelegem un om căruia Atotputernicul i-a comunicat un eveniment care urma să aibă loc în viitor, fie au existat astfel de oameni, fie nu. Dacă au existat, este întemeiată credinţa că evenimentul, astfel comunicat, ar fi fost relatat în termeni inteligibili, nu într-o manieră excentrică şi obscură, în aşa fel încât să nu fie înţeleasă de aceia care au auzit-o şi de un echivoc ce i-ar permite să se potrivească aproape oricărei situaţii care s-ar putea ivi ulterior. Ideea că Atotputernicul s-ar purta în acest chip batjocoritor cu omenirea ilustrează o concepţie extrem de ireverenţioasă despre Acesta şi totuşi, toate cele care sunt numite profeţii, în cartea numită Biblie, se încadrează în această categorie.

Se întâmplă, însă, cu Profeţia tot aşa cum se întâmplă şi cu Miracolul. Nu ar putea răspunde intenţiei nici dacă ar fi reală. Cei cărora le-ar fi spusă o profeţie, nu ar putea şti dacă omul a profeţit, sau a minţit, dacă i-a fost revelat, sau dacă a inventat. Iar dacă lucrul pe care l-a

n.t. – parte dintr-o expresie, cu sensul de exagerare, braşoave, etc.

profeţit, sau pe care s-a prefăcut că-l profeţeşte se întâmplă totuşi, sau se întâmplă ceva asemănător, în mulţimea de lucruri care se întâmplă zi de zi, nimeni nu ar putea şti dacă el ştia dinainte, dacă a ghicit, sau dacă a fost o întâmplare. Un profet, aşadar, este un personaj fără nicio valoare şi de prisos. Singura parte sigură este paza contra abuzului şi neacordarea de încredere unor astfel de persoane.

Luând totul in considerare, Misterul, Miracolul şi Profeţia sunt anexe care ţin de fabulos, nu de religia adevărată. Sunt mijloacele prin care atât de mulţi *Uite-o aici!*[n.t.1] sau *Uite-o acolo!*[n.t.2] au fost răspândiţi prin lume şi religia a fost transformată în comerţ. Succesul unui impostor l-a încurajat pe un altul şi pretextul liniştitor, al înfăptuirii de *puţin bine*, prin menţinerea unei *fraude pioase*, i-a protejat de remuşcări.

Recapitulare

După ce am extins subiectul mai mult decât îmi propusesem iniţial, îl voi încheia făcând un rezumat al lucrurilor care au fost menţionate.

În primul rând, ideea sau credinţa despre cuvântul lui Dumnezeu, tipărit sau scris, sau vorbit, este, în sine, incompatibilă, din motivele deja precizate. Aceste motive, printre multe altele, sunt lipsa unui grai universal, mutabilitatea limbii, erorile cărora le sunt supuse traducerile, posibilitatea suprimării unui cuvânt, posibilitatea de a-l modifica, sau de a-l inventa şi de a-l impune lumii.

În al doilea rând, ideea că această Creaţie pe care o vedem este cuvântul real şi pururea existent al lui Dumnezeu, în privinţa căruia nu ne putem înşela. Creaţia proclamă puterea Lui, Îi demonstrează înţelepciunea, este manifestarea bunătăţii şi carităţii Lui.

În al treilea rând, ideea că datoria morală a omului constă în imitarea bunătăţii şi carităţii Domnului, manifestată în creaţie faţă de toate creaturile sale. Bunătatea lui Dumnezeu faţă de toţi oamenii poate

n.t. 1, 2 – Luca XVII, 21; Matei XXIV, 23.

fi observată zi de zi şi foloseşte drept exemplu tuturor oamenilor pentru a se purta, în acelaşi fel, unii cu ceilalţi. În consecinţă, orice act de persecuţie sau răzbunare între oameni şi orice cruzime către animale reprezintă o violare a datoriei morale.

Nu-mi fac griji pentru forma existenţei viitoare. Mă mulţumesc să cred că puterea care mi-a dat existenţă este capabilă să o continue, în orice formă, sau fel vrea, cu sau fără acest corp. Mi se pare mai probabil că voi continua să exist, în viaţa viitoare, decât mi s-ar fi părut înainte de începerea acestei existenţe că ar fi urmat să am existenţă, aşa cum am acum.

      Este sigur că toate naţiunile pământului şi toate religiile sunt de acord asupra unui punct. Toate cred în un Dumnezeu. Lucrurile în privinţa cărora nu sunt de acord reprezintă redundanţe anexate acelei credinţe. De aceea, dacă vreodată va prevala o religie universală, aceasta nu va reprezenta o credinţă în ceva nou, ci va fi eliminarea redundanţelor şi credinţa în ceea ce omul credea la început, în copilăria lumii. Deismul a fost prima religie a lui Adam, presupunând că el nu este o fiinţă imaginară. Cu toate acestea, toţi oamenii trebuie lăsaţi să urmeze religia şi închinarea pe care le preferă, pentru că este dreptul lor.

Vârsta Rațiunii II

Prefață

Am menționat în prima parte a cărții *Vârsta Rațiunii* că de multă vreme intenționam să-mi public ideile despre Religie dar, inițial, rezervasem acest subiect pentru mai târziu, în viață, cu intenția să fie ultima mea lucrare. Totuși, situația din Franța de la sfârșitul anului 1793 m-a determinat să nu mai amân acest proiect. Principiile juste și pline de umanitate ale Revoluției, inspirate inițial de Filosofie, fuseseră abandonate. Ideea că preoții pot ierta păcatele, mereu periculoasă pentru Societate și purtătoare de prejudicii către Atotputernic, deși părea să nu mai existe, a înăsprit sentimentele umanității și i-a pregăti cu insensibilitate pe oameni pentru comiterea tuturor crimelor. Spiritul lipsit de toleranță al persecuției practicate de biserică se transferase în politică. Tribunalele, vopsite Revoluționare, luaseră locul Inchiziției și Ghilotina, locul Rugului. Mi-am văzut distruși mulți prieteni intimi. Pe alții, duși, zi de zi, în închisoare. Aveam motive să cred și îmi fuseseră date și notificări în acest sens, că același pericol se apropia și de mine.

În această situație dezavantajată am început prima parte a cărții. Mai mult, nu avusesem nici Biblie și nici Testament, pe care să le consult, deși scriam împotriva amândurora și nici nu îmi puteam procura vreun exemplar. În ciuda acestui fapt, am produs o lucrare pe care nimeni, care crede în Biblie, nu o poate refuta, chiar dacă scrie în mod destins și este înconjurat de o Bibliotecă Publică cu Cărți Bisericești. Către sfârșitul lunii decembrie a aceluiași an, fusese adoptată și pusă în aplicare o inițiativă de excludere a străinilor din Convenție. Erau numai doi, Anacharsis Cloots[8] și eu. În plus, fusesem direct indicat de Bourdon de l'Óise[9], în discursul său, pe marginea respectivei inițiative.
Gândindu-mă, după toate acestea, că mai aveam doar puține zile de libertate, m-am așezat și am dus lucrarea la bun sfârșit cât am putut de repede. Nici nu o terminasem de mai mult de șase ore, în forma în care a apărut atunci, când un corp de gardă a venit aici, cam pe la trei dimineața,

cu un ordin semnat de Comitetul Siguranței Publice și de cel al Securității Generale pentru arestarea mea în calitate de străin și pentru conducerea mea la închisoarea Luxembourg. Pe drum, am izbutit să trec pe la Joel Barlow[10] și să-i încredințez Manuscrisul, în mai mare siguranță decât în mâinile mele, în închisoare. Am încredințat lucrarea protecției cetățenilor Statelor Unite neștiind care putea fi soarta acesteia, sau a scriitorului, în Franța.

    Este drept să spun că membrii corpului de gardă care au executat ordinul și reprezentantul Comitetului Securității Generale care i-a însoțit pentru a-mi controla documentele, m-au tratat nu numai cu civilitate, ci chiar și cu respect. Gardianul de la Luxembourg, Benoit, un om bun la inimă, mi-a arătat toată prietenia care-i stătea în putere cât a activat în funcția respectivă, ca de altfel și familia sa. A fost înlăturat din funcție, arestat și dus în fața tribunalului în baza unor acuzații nedrepte, dar a fost achitat. După ce stătusem cam trei săptămâni în Luxembourg, americanii care se găseau atunci în Paris s-au dus *in corpore* la Convenție pentru a mă recupera în calitate de conațional și prieten, însă Președintele Vardier[11], care era și Președintele Comitetului Securității Generale și care semnase ordinul pentru arestarea mea, le-a spus că eram născut în Anglia. După asta, nu am mai știut de nimeni din afara închisorii până la căderea lui Robespierre, pe data de 9 ale lunii Thermidor[12], 27 iulie 1794.

    Cu aproximativ două luni înainte de acest eveniment fusesem bolnav de febră. După cum avansa afecțiunea, risca să devină mortală. Nu m-am recuperat, încă, după această febră. Îmi amintesc cu satisfacție acea perioadă și mă felicit în modul cel mai sincer pentru că am scris prima parte a cărții *Vârsta Rațiunii*. În acel moment aveam o mică speranță de supraviețuire și cei din jurul meu aveau o speranță și mai mică. Cunosc, așadar, din proprie experiență, procesul scrupulos al principiilor personale.

    Aveam, pe atunci, trei camarazi de cameră: Joseph Vanheule din Bruj, Charles Bastini și Michael Robyns din Louvain. Îmi amintesc cu gratitudine și menționez cu plăcere atenția neîncetată pe care mi-au acordat-o acești trei prieteni ai mei, zi și noapte. S-a întâmplat ca un doctor (Dr. Graham) și un chirurg (Mr. Bond), membru al suitei Generalului O'Hara, să fie atunci la Luxembourg. Mă întreb dacă este bine pentru ei, ca oameni în serviciul guvernului englez, să-mi exprim mulțumirile față de ei, însă dacă nu aș face-o, mi-aș reproșa acest lucru.

Mulțumesc, de asemenea, doctorului de la Luxembourg, Dr. Markoski. Am unele motive să cred, pentru că altele nu mai pot găsi, că această boală m-a păstrat în existență. Printre documentele lui Robespierre, care fuseseră examinate și despre care s-a raportat Convenției de către un Comitet de Deputați, se găsește o notă scrisă de mână de Robespierre, cu următoarele cuvinte: *„Démander que Thomas Paine soit décrété d'accusation, pour l'intérêt de l'Amérique autant que de la France."* (Cereți ca acuzarea lui Thomas Paine să fie stabilită prin decret, pentru interesul Americii și al Franței). Din ce cauză intenția respectivă nu a fost pusă în aplicare, nu știu, și nu am de unde să aflu. Pun acest fapt pe seama bolii mele, care făcea imposibil acel lucru.

Convenția, pentru a repara pe cât îi stătea în putere injustiția pe care o suferisem, m-a invitat în mod public și unanim să mă reîntorc în Convenție, lucru pe care l-am acceptat pentru a arăta că puteam să suport prejudiciul fără a-i permite să-mi strice principiile sau dispoziția. Principiile corecte nu trebuie abandonate fiindcă au fost violate.

Am văzut, de când sunt în libertate, mai multe publicații scrise ca răspuns la prima parte a cărții *Vârsta Rațiunii*, unele în America și altele în Anglia. Dacă pe autorii lor îi amuză să le publice, nu-i voi întrerupe. Pot scrie împotriva lucrării și împotriva mea cât poftesc. Mă ajută mai mult decât își imaginează și nu pot avea vreo obiecție ca ei să scrie în continuare. Vor descoperi, totuși, prin această A Doua Parte, fără ca ea să fie scrisă în chip de răspuns pentru ei, că trebuie să se întoarcă la lucru și să-și țeasă pânza de păianjen din nou. Prima a fost măturată din greșeală.

Vor realiza că acum m-am dotat cu o Biblie și un Testament și pot să adaug, de asemenea, că sunt cărți mult mai rele decât mă gândeam. Dacă am greșit în ceva în prima parte a cărții *Vârsta Rațiunii*, a fost că am vorbit mai bine despre unele pasaje decât acestea meritau.

Observ că toți opozanții mei recurg, mai mult sau mai puțin, la ceea ce ei numesc Dovada Scripturii și autoritatea Bibliei, pentru a se ajuta. Stăpânesc atât de puțin subiectul, încât confundă o dispută despre autenticitate cu una despre doctrine. Eu, totuși, îi pun pe calea cea bună, ca să știe cum să înceapă dacă sunt dispuși să mai scrie.

THOMAS PAINE octombrie 1795.

CAPITOLUL 1
Vechiul Testament

S-a spus adesea că orice lucru poate fi dovedit plecând de la Biblie. Mai înainte, însă, ca orice lucru să poată fi admis ca dovedit de Biblie, Biblia însăși trebuie să fie dovedită, ca adevărată, pentru că, dacă Biblia nu este adevărată, sau adevărul despre ea este incert, ea nu mai are autoritate și nu mai poate fi admisă drept dovadă, pentru nimic.

A fost o practică a tuturor comentatorilor creștini în ale Bibliei și a tuturor preoților și predicatorilor creștini, să impună lumii Biblia, drept o masă de adevăr și drept cuvântul lui Dumnezeu. Au discutat, s-au certat și s-au anatemizat unii pe ceilalți cu privire la presupusele sensuri ale anumitor părți și pasaje din ea. Unul a spus și a insistat că pasajul cutare însemna cutare lucru, altul, că însemna exact opusul, iar un al treilea, că nu însemna nici una, nici alta, însă ceva, diferit de amândoi, și ei au numit asta *înțelegerea* Bibliei.

S-a întâmplat ca toate răspunsurile pe care le-am văzut, pentru prima parte a cărții *Vârsta Rațiunii*, să fie scrise de preoți și acești oameni pioși, asemenea predecesorilor lor, rivalizează, se ceartă și înțeleg Biblia. Fiecare o înțelege în mod diferit, însă fiecare o înțelege cel mai bine și ei nu s-au înțeles decât în a le spune cititorilor lor că Thomas Paine nu o înțelege.

Acum, în loc să-și piardă timpul și să se încingă în dezbateri arțăgoase despre elemente de doctrină extrase din Biblie, acești oameni ar trebui să știe și, dacă nu știu, este civilizat să fie informați, că primul lucru ce trebuie înțeles, este dacă există autoritate suficientă pentru a crede că Biblia este cuvântul lui Dumnezeu, sau nu?

Există chestiuni în acea carte, despre care se spune că au fost făcute la *comanda expresă* a lui Dumnezeu, care sunt șocante pentru umanitate și pentru orice idee de justiție morală, asemenea lucrurilor făcute de Robespierre, de Carrier[13], de Joseph le Bon[14], în Franța, de guvernul englez în Indiile de Est, sau de oricare alt asasin, în timpurile moderne. Când citim în cărțile atribuite lui Moise, Iosua, etc., că ei (israeliții) au venit pe furiș, asupra mai multor populații umane, care, după cum arată istoria, nu îi ofensaseră în vreun fel, că au trecut acele populații prin spadă, că nu au cruțat nici bătrânețea, nici frageda pruncie, că au distrus complet bărbați, femei și copii și că nu au lăsat suflet în viață, expresii care sunt repetate iar și iar, în acele cărți și repetate cu ferocitate exultantă, putem fi siguri că povestirile acestea reprezintă fapte reale? Suntem siguri că autorizația și comanda pentru îndeplinirea acelor acte a venit de la Creatorul omului? Suntem siguri că textele și cărțile care ne spun asta au fost scrise cu împuternicirea Lui?

Nu vechimea acelei povești reprezintă dovada adevărului său, din contră, este un indiciu al faptului că este fabuloasă, deoarece, cu cât o poveste se pretinde mai veche, cu atât seamănă mai tare cu o fabulă. Originea fiecărui popor este îngropată în tradiția fabuloasă, iar aceea a evreilor prezintă la fel de multe suspiciuni, ca oricare alta.

    Să pretinzi că ai avut împuternicire de la Dumnezeu pentru lucruri care, prin natura lor și în baza oricărei reguli de justiție morală, reprezintă crime, cum sunt toate asasinatele și mai ales asasinarea pruncilor, este o chestiune foarte gravă. Biblia ne spune că acele asasinate au fost îndeplinite la *comanda expresă a lui Dumnezeu*. Pentru a crede, așadar, că Biblia este adevărată, trebuie să *des-credem* toate credințele noastre cu privire la justiția morală a lui Dumnezeu, pentru că, ce ofensă ar putea aduce pruncii, care plâng sau râd? Iar pentru a citi Biblia fără a simți oroare, trebuie să punem de-o parte tot ce este tandru, plin de compasiune și binevoitor în inima omului. Cât despre mine, dacă nu aș avea altă dovadă că Biblia este fabuloasă, în afara sacrificiului pe care trebuie să-l fac pentru a o crede adevărată, doar atât și ar fi suficient pentru a-mi hotărî alegerea.

Însă, pe lângă toate probele de ordin moral împotriva Bibliei, voi aduce, pe parcursul acestei lucrări, alte asemenea probe, pe care nici măcar un preot nu le poate nega și voi arăta, pe baza acelor dovezi, că Biblia nu merită crezare, drept cuvânt al lui Dumnezeu.

    Înainte, însă, de a începe să o examinez, voi arăta în ce diferă Biblia față de celelalte scrieri antice, în ceea ce privește natura probelor necesare pentru stabilirea autenticității sale și aceasta este calea de urmat, pentru că susținătorii Bibliei, în răspunsurile pe care le-au formulat, pentru prima parte a cărții *Vârsta Rațiunii*, pretind să spună, și chiar accentuează acest fapt, că autenticitatea Bibliei este la fel de bine demonstrată, asemenea oricărei alte cărți antice: de parcă credința noastră despre una ar putea deveni regulă pentru credința noastră în cealaltă.

Ştiu, totuşi, o singură carte antică care evocă cu autoritate acordul şi credinţa în mod universal. Mă refer la cartea *Elemente de Geometrie*, a lui Euclid[15], pentru că este o carte a cărei demonstraţie vorbeşte de la sine, în mod independent faţă de autor şi de orice element legat de timp, loc şi situaţie. Chestiunile prezentate în acea carte ar avea aceeaşi autoritate pe care o au acum, dacă ar fi fost scrise de orice altă persoană, dacă lucrarea ar fi fost anonimă, sau dacă autorul nu ar fi fost niciodată cunoscut, pentru că siguranţa identităţii autorului nu are legătură cu încrederea în lucrurile pe care cartea le conţine. Situaţia este total diferită în ceea ce priveşte cărţile atribuite lui Moise, lui Iosua, lui Samuel, etc.. Acele cărţi prezintă *revelaţii Divine* şi atestă lucruri, în mod natural, incredibile şi, de aceea, întreaga noastră credinţă în ceea ce priveşte autenticitatea acestor cărţi rezidă, în primul rând, în *certitudinea* că au fost scrise de Moise, Iosua şi Samuel şi, în al doilea rând, în încrederea pe care o avem în mărturia acestora. Am putea crede prima variantă, adică, am putea crede în certitudinea paternităţii literare, totuşi, nu şi în mărturia adusă. De aceeaşi manieră am putea crede că o anumită persoană a depus mărturie într-un caz şi, totuşi, am putea să nu credem mărturia depusă. Dacă s-ar descoperi, însă, că textele atribuite lui Moise, Iosua şi Samuel nu au fost scrise de Moise, Iosua şi Samuel, toată autoritatea şi autenticitatea cărţilor respective ar dispărea pe loc, pentru că o mărturie falsificată sau inventată nu poate exista şi nici o mărturie anonimă, în special privind lucruri incredibile din punct de vedere natural, cum ar fi acela al unei discuţii faţă în faţă cu Dumnezeu, sau acela că soarele şi luna s-au oprit în loc la comanda unui om.

Cea mai mare parte a celorlalte cărţi antice reprezintă lucrări geniale, de tipul celor atribuite lui Homer, lui Platon, lui Aristotel, lui Demostene, lui Cicero, etc. Nici aici autorul nu este esenţial pentru cinstea pe care o conferim oricăreia dintre aceste opere. Pentru că sunt opere geniale, ele ar avea acelaşi merit pe care îl au acum dacă ar fi anonime. Nimeni nu crede că povestea troiană, aşa cum o relatează Homer, este adevărată. Poetul este de admirat şi meritul său va rămâne, deşi povestea este fabuloasă. Însă, dacă nu dăm crezare chestiunilor relatate de autorii Bibliei (Moise, de exemplu) în acelaşi fel în care nu credem lucrurile pe care le relatează Homer, nu mai rămâne din Moise, după părerea noastră, decât un impostor. În ceea ce-i priveşte pe istoricii antici, de la Herodot[16] la Tacit[17], le acordăm încredere în măsura în care ei relatează lucruri probabile și credibile, nimic mai mult. Dacă nu am face-o, ar trebui să credem cele două miracole pe care Tacit relatează că le-ar fi făcut Vespasian[18], acelea de a fi vindecat un șchiop și un orb, în exact același fel în care aceleași lucruri sunt povestite despre Isus Cristos de către istoricii săi. Ar trebuie, de asemenea, să credem miracolul citat de Iosephus[19], în care Marea Pamfiliei[20] s-a deschis pentru a-i permite lui Alexandru[21] și oștirii acestuia să treacă, la fel cum se relatează despre Marea Moartă, în Exod. Aceste miracole sunt la fel de bine certificate precum miracolele din Biblie și totuși nu le credem. Prin urmare, numărul dovezilor necesare pentru ca noi să credem lucruri incredibile, fie din Biblie sau din altă parte, este mult mai mare față de acela care ne obține încrederea, când vine vorba de lucruri credibile, naturale și probabile. De aceea, susținătorii Bibliei nu pot pretinde încrederea noastră în Biblie fiindcă noi credem lucruri relatate în alte scrieri antice. Pentru că noi credem lucrurile menționate în acele scrieri nu dincolo de probabilitatea și credibilitatea lor, sau pentru că sunt evidente, vezi Euclid, sau le admirăm fiindcă sunt elegante, vezi Homer, sau le acceptăm fiindcă sunt demne, vezi Platon, sau judicioase, vezi Aristotel.

Fiindcă am stabilit aceste premise, pot porni în examinarea autenticității Bibliei. Voi începe cu așa numitele cărți ale lui Moise, cinci la număr, *Geneza, Exodul, Leviticul, Numeri și Deuteronomul*. Intenția mea este de a arăta că aceste cărți sunt neautentice și că Moise nu este autorul lor și, mai mult, că ele nu au fost scrise în timpul lui Moise, ci doar la câteva sute de ani după aceea, că ele nu sunt altceva decât o încercare de istorie a vieții lui Moise și a timpurilor în care se spune că a trăit și, de asemenea, a timpurilor de dinaintea acestuia, scrisă de niște aspiranți la paternitatea literară, ignoranți și neinteresanți, la mai multe sute de ani după moartea lui Moise, la fel cum oamenii scriu acum istoriile unor lucruri care s-au întâmplat, sau despre care se presupune că s-au întâmplat acum câteva sute, sau acum câteva mii de ani.

Dovada pe care o voi aduce în acest sens este chiar din cărțile în speță. Mă voi limita doar la această dovadă. Dacă ar fi să fac referire, pentru dovezi, la oricare dintre autorii antici, pe care apărătorii Bibliei îi numesc autori profani, aceștia ar tăgădui autoritatea respectivă, așa cum eu o tăgăduiesc pe a lor. Îi voi întâlni, de aceea, pe terenul lor și îi voi înfrunta cu arma lor, Biblia.

În primul rând, nu există nicio dovadă dogmatică care să-l indice pe Moise drept autorul acelor cărți și faptul că el este autorul constituie o opinie total nefondată, răspândită, nu se știe cum. Stilul și maniera în care sunt scrise acele cărți nu lasă loc de crezut, sau, măcar, de bănuit, că au fost scrise de Moise, pentru că este în întregime stilul și maniera altei persoane care vorbește despre Moise. În Exodul, Leviticul și Numeri (pentru că tot conținutul Genezei este anterior timpului lui Moise și nu se face nici cea mai mică aluzie la el acolo), textul este în întregime, spun, în toate aceste cărți, la persoana a treia, este mereu, *Domnul i-a spus lui Moise, sau Moise i-a spus lui Dumnezeu, sau Moise le-a spus oamenilor, sau oamenii i-au spus lui Moise*, iar acesta este stilul și maniera folosită de istorici atunci când se referă la persoana despre viața și acțiunile căreia scriu. Se poate spune că un om poate vorbi despre el la persoana a treia, și, de aceea, se poate presupune că și Moise o făcea, însă presupunerea nu dovedește nimic, iar dacă apărătorii convingerii că Moise a scris el însuși aceste cărți nu au altceva mai bun de formulat, în afară de supoziție, ar face mai bine să tacă.

Acordând, însă, dreptul gramatical ca Moise să poată vorbi despre el la persoana a treia, pentru că orice om ar putea vorbi în acea manieră despre sine, nu poate fi admis ca adevărat, în aceste cărți, că este Moise cel care vorbește fără a-l face pe Moise să pară cu adevărat ridicol și absurd. De exemplu, Numeri XII, 3: „Acum, omul Moise era foarte UMIL, mai presus de toți oamenii ce se găseau pe fața pământului." Dacă Moise a spus asta despre sine, în loc să fie cel mai umil dintre oameni, el era cel mai înfumurat și cel mai arogant filfizon și susținătorii acelor cărți pot alege, acum, ce parte poftesc, având în vedere că ambele sunt împotriva lor: dacă Moise nu este autorul, cartea nu are autoritate, iar dacă el este autorul, autorul nu este demn de încredere, fiindcă să te fălești cu umilința este opusul umilinței și este *o minciună în sentiment*.

În Deuteronomul, stilul și maniera scrisului marchează cu și mai mare evidență, față de cărțile precedente, faptul că Moise nu este scriitorul. Maniera folosită aici este dramatică, scriitorul deschide subiectul printr-un scurt discurs introductiv, iar apoi îl introduce pe Moise în timp ce vorbește; după ce-l face pe Moise să-și încheie tirada, el (scriitorul) își reia propriul rol și vorbește, până îl aduce iar pe Moise în prim-plan şi, în sfârşit, încheie scena cu o relatare a morţii, funeraliilor şi caracterului lui Moise.

Interschimbarea vorbitorilor are loc de patru ori, în această carte. De la primul verset al primului capitol, până la sfârşitul celui de-al cincilea verset, vorbeşte scriitorul. El îl introduce, apoi, pe Moise, rostindu-şi tirada care continuă până la sfârşitul celui de-al patruzecilea vers al celui de-al 40-lea capitol. Aici, scriitorul îl lasă pe Moise şi vorbeşte, în chip istoric, despre ce a fost făcut, în consecinţă, despre ce se presupune că a spus Moise, când era în viaţă, vorbe pe care scriitorul le repetă cu dramatism.

Scriitorul deschide, din nou, subiectul, în primul verset al celui de-al cincilea capitol, deşi numai pentru a spune că Moise a strâns poporul lui Israel, apoi, el îl introduce pe Moise, ca mai înainte, şi continuă cu acesta în timp ce vorbeşte, până la sfârşitul celui de-al 26-lea capitol. Face acelaşi lucru la începutul celui de-al 27-lea capitol şi continuă cu Moise în timp ce vorbeşte, până la sfârşitul celui de-al 28-lea capitol. În cel de-al 29-lea capitol, scriitorul vorbeşte, din nou, în tot cuprinsul primului verset şi, în primul vers, al celui de-al doilea verset, unde îl introduce pe Moise, pentru ultima dată, şi continuă cu acesta, în timp ce vorbeşte, până la sfârşitul celui de-al 33-lea capitol.

Scriitorul, care a terminat, acum, repetiţia în rolul lui Moise, vine în prim-plan şi vorbeşte pe tot cuprinsul ultimului capitol. Începe prin a-i spune cititorului că Moise s-a urcat până pe vârful Pisgah[22] de unde a văzut pământul care (spune scriitorul) îi fusese promis lui Avraam, Isaac şi Iacob, că el, Moise, a murit acolo, pe pământul lui Moab[23], că l-a îngropat într-o vale, pe pământul lui Moab, dar că nimeni nu ştie unde se găseşte mormântul lui, nici până în ziua de astăzi, adică până în ziua în care trăia scriitorul care a scris cartea Deuteronomului. Scriitorul ne spune, apoi, că Moise avea vârsta de o sută zece ani, când a murit, că avea ochii la fel de puternici şi că nici forţa nu-i scăzuse. Încheie prin a spune că nu s-a mai ridicat de atunci, în Israel, profet ca Moise, pe care, spune acest scriitor anonim, Domnul îl cunoscuse, faţă în faţă.

După ce am arătat, cel puţin după cât permite dovada de ordin gramatical, că Moise nu a fost scriitorul acestor cărţi şi, după ce voi face câteva observaţii cu privire la inconsistenţele scriitorului cărţii Deuteronomului, voi continua să prezint, pornind de la probele istorice şi cronologice, care se găsesc în aceste cărţi, că Moise *nu a fost*, pentru că *nu putea să fie* autorul lor și, prin urmare, că nu avem autoritate să credem că măcelurile, inumane și oribile, de bărbați, femei și copii, despre care se povestește în acele cărți, au fost înfăptuite, după cum spun acele cărți că au fost, la porunca lui Dumnezeu. Este o datorie obligatorie pentru fiecare deist adevărat să reabiliteze justa morală a lui Dumnezeu împotriva calomniilor din Biblie.

Scriitorul cărții Deuteronomului, oricine ar fi fost el, pentru că este o lucrare anonimă, este obscur și se mai și contrazice singur, în relatarea pe care a făcut-o despre Moise.

După ce ne spune că Moise s-a urcat până în vârful lui Pisgah (și nu rezultă din nicio povestire că ar mai fi coborât, vreodată, înapoi), ne spune că Moise a murit acolo, pe pământul lui Moab și că *el* l-a îngropat într-o vale, pe pământul lui Moab, dar cum pronumele *el* nu are precedent, nu se poate ști cine a fost *el*, acela care l-a îngropat. Dacă scriitorul voia să spună că el (Dumnezeu) l-a îngropat, cum putea *el* (scriitorul) ști? Sau de ce ar trebui noi (cititorii) să-l credem? Din moment ce nu știm cine a fost scriitorul care ne-o spune, pentru că, mai mult ca sigur Moise nu ne putea spune singur unde fusese îngropat.

Scriitorul ne mai spune că niciun om nu știe unde se găsește mormântul lui Moise, până în ziua de astăzi, respectiv timpul în care a trăit scriitorul. Atunci cum putea el să știe că Moise fusese îngropat într-o vale, pe pământul lui Moab? Din moment ce scriitorul a trăit mult după timpul lui Moise, după cum este evident din faptul că folosește expresia *până în ziua de astăzi*, adică, la mult timp după moartea lui Moise, nu a asistat, cu siguranță, la înmormântarea acestuia. Pe de altă parte, este imposibil ca Moise însuși să fi spus că *niciun om nu știe unde se găsește mormântul până în ziua de astăzi*.

Să-l faci pe Moise cel care o spune ar reprezenta o variantă îmbunătățită a jocului unui copil, care se ascunde și strigă *nimeni nu mă poate găsi*. Nimeni nu-l poate găsi pe Moise.

Scriitorul nu ne-a spus nicăieri unde a găsit discursurile pe care le pune în gura lui Moise și, de aceea, avem dreptul să presupunem că fie le-a compus el, fie le-a scris pe baza tradiției orale. Probabil că este o variantă sau cealaltă, din moment ce el a furnizat, în cel de-al cincilea capitol, o listă a poruncilor, în care aceea numită a patra este diferită de a patra din cel de-al XX-lea capitol din Exod. În varianta din Exod, motivul furnizat pentru respectarea celei de-a șaptea zile este pentru că (spune porunca)

Dumnezeu a făcut cerurile și pământul în șase zile și s-a odihnit în cea de-a șaptea; însă, în varianta din Deuteronom, motivul furnizat este acela că aceea era ziua în care fiii Israelului ieșiseră din Egipt și, *prin urmare*, spune porunca, *Domnul Dumnezeul tău ți-a poruncit să respecți ziua sabatului. Aceasta* nu face vreo referință la creație și *nici* la ieșirea din Egipt. În această carte mai sunt multe lucruri date drept legi ale lui Moise care nu sunt de găsit în celelalte cărți. Printre acestea este și acea lege inumană și brutală (XXI, 18-21), care autorizează părinții, pe tată și pe mamă, să-și aducă progeniturile pentru a fi omorâte cu pietre, pentru ceea ce numeau cu plăcere, îndărătnicie. Preoții, însă, au iubit mereu să predice Deuteronomul, pentru că Deuteronomul propovăduiește zeciuielile, datoriile plătite autorităților bisericești și, din această carte (XXV, 4) au luat fraza și au aplicat-o zeciuielii: *să nu legi gura boului care treieră*, și ca asta să nu scape din observație, au notat-o în tabla de materii de la începutul capitolului, deși este un singur verset, de mai puțin de două rânduri. O preoți, preoți! Domniile voastre sunt dispuse să se lase comparate cu un bou de dragul zeciuielilor. Deși ne este imposibil să știm, *după identitate*, cine a fost scriitorul Deuteronomului, nu este greu să-l descoperi, *după profesie*, în persoana vreunui preot evreu, care a trăit, după cum voi arăta pe parcursul acestei lucrări, la cel puțin trei sute cinci zeci de ani după vremea lui Moise.

    Voi vorbi, în continuare, despre probele de tip istoric și cronologic. Cronologia pe care o voi folosi este cronologia Bibliei, pentru că nu vreau să ies din sfera Bibliei pentru niciun fel de probă, ci vreau să fac din Biblia însăși o probă, din punct de vedere istoric și cronologic, a faptului că Moise nu este autorul cărților care îi sunt atribuite. Este, așadar, nimerit să-i informez pe cititori (cel puțin pe aceia care nu a avut oportunitatea de a afla) că în Bibliile mai mari, ca și în cele mai mici, este tipărit un tabel cronologic pe marginea fiecărei pagini cu scopul de a arăta cât de mult a trecut de când s-au petrecut chestiunile istorice relatate în paginile respective sau de când se presupune că s-au petrecut, înainte de Cristos și, prin urmare, distanța între o împrejurare istorică și alta.
    Încep cu cartea Genezei. În Geneza XIV, scriitorul ne povestește despre Lot atunci când a fost luat prizonier și dus departe, în bătălia în care patru regi s-au luptat cu cinci regi și că, atunci când povestea răpirii lui Lot a ajuns la Abraham, acesta și-a înarmat toți membrii din

gospodărie și a pornit să-l salveze pe Lot din mâinile răpitorilor, pe care i-a urmărit până la Dan (versetul 14)[24].

Pentru a arăta felul în care această expresie, de a fi *urmărit până la Dan,* se aplică cazului în discuție, voi face trimitere la două situații, una din America, cealaltă din Franța. Orașul din America, acum numit New York, se numise inițial New Amsterdam și orașul din Franța, numit ulterior Havre Marat, se numise inițial Havre-de-Grace. New Amsterdam a fost schimbat în New York în anul 1664. Havre-de-Grace a fost schimbat în Havre Marat în anul 1793. Așadar, dacă s-ar găsi vreo scriere, chiar fără a fi datată, în care ar fi menționat numele de New York, ar fi o dovadă clară că scrierea respectivă nu putea fi făcută înainte și că trebuie să fi fost făcută după ce New Amsterdam a fost numit New York, deci, nu până după anul 1664, sau, cel mult până după acel an. În același fel, orice scriere, nedatată, purtând numele de Havre Marat, ar fi o dovadă clară că scrierea respectivă a fost realizată după ce Havre-de-Grace a devenit Havre Marat, deci, nu până după anul 1793, sau, cel puțin după acel an.

În legătură cu cele două exemple menționate, arăt că locul numit Dan nu a exista pe vremea lui Moise și că a apărut doar la mulți ani după moartea acestuia. Prin urmare, Moise nu putea să fie scriitorul cărții Genezei, în care este descrisă această urmărire până la Dan.

Locul numit Dan, în Biblie, fusese inițial un oraș al Gentililor[25] numit Laish. Atunci când tribul lui Dan a cucerit acest oraș i-a schimbat numele în Dan, în memoria lui Dan, care fusese tatăl acelui trib și strănepotul lui Avraam.

Pentru a certifica această dovadă, este necesară o referință, părăsind cartea Genezei, la capitolul al XVIII-lea, al cărții numite Judecătorii. Se spune acolo (versetul 27) că *ei (Daniții) au venit asupra lui Laish, popor liniștit și ferit, și i-au lovit cu ascuțișul sabiei* (Biblia este plină de crime) *și au ars orașul, în foc, și că ei au construit un oraș* (versetul 28) *și au locuit acolo și* (versetul 29) *că au numit orașul Dan, în numele lui Dan, tatăl lor, deși inițial, numele orașului era Laish.*

Această povestire a Daniților cucerind Laish-ul și schimbându-i numele în Dan este pusă în cartea numită Judecători, imediat după moartea lui Samson. Se spune că moartea lui Samson a avut loc în 1120 î.Hr., iar moartea lui Moise în 1451 î.Hr., deci, în baza datelor istorice, locul a început să fie numit Dan la 331 de ani de la moartea lui Moise.

Se creează o confuzie izbitoare între grupările din punct de vedere istoric și cele din punct de vedere cronologic în cartea Judecători. Ultimele cinci capitole, după cum sunt dispuse în carte, 17, 18, 19, 20, 21, sunt așezate, din punct de vedere cronologic, înaintea tuturor capitolelor precedente, sunt făcute să fie cu 28 de ani înaintea celui de-al 16-lea capitol, cu 266 înainte de al 15-lea capitol, cu 245 înainte de al 13-lea, cu 195 înainte de al 9-lea, cu 90 înainte de al 4-lea și cu 15 ani înainte de primul capitol. Aceasta arată caracterul nesigur și fabulos al Bibliei. În baza grupării cronologice, cucerirea Laish-ului și denumirea sa, Dan, sunt situate la 120 de ani după moartea lui Iosua, care a fost succesorul lui Moise și, după ordinea istorică, așa cum este prezentată în carte, este situată la 306 ani de la moartea lui Iosua și la 311 după moartea lui Moise. Însă amândouă îl exclud pe Moise ca scriitor al Genezei, pentru că, în baza ambelor, nu exista pe vremea lui Moise un loc denumit Dan. De aceea, scriitorul Genezei trebuie să fi fost o persoană care a trăit după ce orașul Laish fusese denumit Dan, dar nimeni nu știe cine a fost acea persoană. Prin urmare, cartea Genezei este anonimă și lipsită de autoritate.

Voi prezenta, în cele ce urmează, o altă dovadă din punct de vedere istoric și cronologic și voi arăta pe baza acesteia, ca și în cazul precedent, că Moise nu este autorul cărții Genezei.

În Geneza XXXVI, este furnizată o genealogie a fiilor și descendenților lui Esau[26], denumiți Edomiți și o listă a regilor lui Edom[27], în enumerarea cărora se spune, în versetul 31, *„Și aceștia sunt regii care au domnit în Edom, înainte ca orice rege să fi condus copiii Israelului."*

Acum, dacă s-ar găsi vreo scriere fără dată în care, atunci când vorbește despre orice eveniment trecut, scriitorul ar spune că acele lucruri s-au petrecut înainte de a fi existat Congresul în America, sau înainte de a fi existat Convenția în Franța, ar fi o dovadă a faptului că respectivele scrieri nu puteau fi realizate înainte și puteau fi scrise doar după înființarea Congresului în America, sau a Convenție în Franța, după caz și, prin urmare, că nu putea fi scrisă de nicio persoană care murise înainte de a fi existat un Congres în țara respectivă, sau o Convenție în cealaltă.

Nimic nu este mai frecvent, în istorie și în conversație, decât referirea la o întâmplare, în locul unei date. Este natural să se procedeze astfel, în primul rând pentru că o întâmplare se întipărește în memorie mai bine decât o dată și, în al doilea rând, pentru că o întâmplare include data şi foloseşte pentru a furniza două idei în acelaşi timp. Iar această manieră de a vorbi despre împrejurări implică în mod direct că întâmplarea la care se face referinţă este una trecută, ca şi cum s-ar exprima făţiş acest lucru. Atunci când o persoană vorbeşte despre ceva şi spune că a avut loc înainte de a se însura, sau înainte de naşterea fiului său, sau înainte de a fi fost în America, sau înainte de a fi fost în Franţa, este foarte clar înţeles şi se doreşte să fie înţeles astfel, că el s-a însurat, că i s-a născut fiul, că a fost în America, sau în Franţa. Limba nu permite acest tip de exprimare în niciun alt sens şi de fiecare dată când o astfel de expresie este întâlnită, oriunde, poate fi înţeleasă doar în sensul în care putea fi folosită.

Aşadar, paragraful pe care l-am citat, aceştia sunt regii care au domnit în Edom, înainte ca *orice rege* să fi condus copiii Israelului," putea fi scris doar după ce primul rege îşi începuse domnia peste ei şi, drept urmare, cartea Genezei, departe de a fi fost scrisă de Moise, nu ar fi putut fi scrisă, cel puţin, până pe vremea lui Saul. Acesta este sensul paragrafului. Însă expresia, *orice rege*, implică mai mult de un rege, sau implică cel puţin doi şi se ajunge, astfel, pe vremea lui David şi, în sens general, oriunde în istoria monarhică a evreilor.

Dacă am fi întâlnit acest verset, care afirmă că a fost scris după ce regii şi-au început domnia în Israel, în orice parte a Bibliei, ar fi fost imposibil să nu-i vedem folosul. Situaţia a fost următoarea. Cele două cărţi din Cronici, care prezintă istoria tuturor regilor Israelului, sunt la nivel declarativ şi, chiar şi în realitate, scrise după începutul monarhiei la evrei, iar versetul pe care l-am citat şi tot restul versetelor din Geneza XXXVI se găsesc, cuvânt cu cuvânt, în 1 Cronici I, începând de la cel de-al 43-lea verset.

Autorul Cronicilor putea să afirme cu consecvenţă şi a făcut-o în 1 Cronici I, 43: *„Aceştia sunt regii care au domnit în Edom, înainte ca orice rege să fi condus copiii Israelului"*, pentru că urma să prezinte şi a prezentat, o listă a regilor care domniseră în Israel. Însă, cum este imposibil ca aceeaşi expresie să fi fost folosită înainte de perioada respectivă, este sigur, cum poate fi dovedit cu siguranţă din limbajul istoric, că această parte din Geneza este luată din Cronici şi că Geneza nu are vechimea Cronicilor şi, probabil, nu are vechimea cărţii lui Homer[28], sau cea a Fabulelor lui Esop[29]; admiţând, după cum reiese din listele cronologice, că Homer a fost contemporan cu David, sau Solomon și că Esop a trăit către sfârșitul monarhiei evreilor.

Dacă este scoasă din Geneza convingerea că Moise i-a fost autor, singurul fapt pe care s-a bazat convingerea stranie că reprezintă cuvântul lui Dumnezeu, din Geneza nu mai rămâne decât o carte anonimă de povești, fabule și absurdități care țin de tradiție, sau au fost născocite, într-un cuvânt, minciuni sfruntate. Povestea Evei cu șarpele și a lui Noe cu arca coboară la același nivel cu *O mie și una de nopți*, fără meritul de a fi distractive, iar povestirile despre oameni care au trăit opt, nouă sute de ani sunt fabuloase, asemenea imortalității Giganților din Mitologie.

În plus, caracterul lui Moise, după cum este menționat în Biblie, este cel mai crunt imaginabil. Dacă acele istorisiri sunt adevărate, el este ticălosul care a început și continuat războaie din cauza, sau sub pretextul religiei. Sub masca respectivă, sau condus de acea pasiune nebună, a comis atrocități fără egal în istoria altor popoare. Din rândul acestora, prezint un singur exemplu:

Atunci când armata Iudaică s-a întors din una dintre incursiunile lor de jaf și de omor, povestirea continuă după cum urmează (Numeri XXXI, 13): „Moise, preotul Eleazar și toți mai-marii adunării le-au ieșit înainte, afară din tabără. Și Moise s-a mâniat pe căpeteniile oștirii, pe căpeteniile peste o mie și pe căpeteniile peste o sută care se întorceau de la război. El le-a zis: Cum? *Ați lăsat cu viață pe toate femeile*? Iată, ele sunt acelea care, după cuvântul lui Balaam[30], au târât pe copiii lui Israel să păcătuiască împotriva Domnului, în fapta lui Peor[31] și atunci a izbucnit urgia în adunarea Domnului. *Acum dar omorâți pe orice prunc de parte bărbătească și omorâți pe orice femeie care a cunoscut pe un bărbat culcându-se cu el, dar lăsați cu viață pentru voi toți pruncii de parte femeiască și pe toate fetele care n-au cunoscut împreunarea cu un bărbat.*"

Printre acești răufăcători odioși, care, în acea perioadă a lumii au făcut de rușine numele de om, este imposibil de găsit unul mai mare ca Moise, dacă istorisirea este adevărată. Iată un ordin de măcelărire a băieților, de măcelărire a mamelor și de corupere a fiicelor.

Să se pună orice mamă în locul acelor mame, cu un copil ucis, altul destinat violului și ea însăși în mâinile unui călău. Să se pună orice fiică în locul acelor fiice, destinate a fi pradă unora care i-au ucis mama și un frate. Care să le fie sentimentele? În van încercăm să ne impunem în fața naturii, pentru că natura își va urma cursul și religia care își torturează toate legăturile sociale, este o religie falsă.

După acest ordin detestabil urmează o relatare despre prada care fusese obținută și despre cum a fost aceasta împărțită. Aici caracterul profan al ipocriziei preoților sporește lista crimelor. Versetul 37, „*Și tributul Domnului* din oi a fost de șase sute șaptezeci și cinci; și albinele erau treizeci și șase de mii din care *tributul Domnului* a fost de șaptezeci și două; și măgarii erau treizeci de mii, din care *tributul Domnului* a fost de șaizeci și unul; și persoane, erau șaisprezece mii, din care *tributul Domnului* a fost de treizeci și două." Pe scurt, chestiunile conținute în acest capitol, ca și în multe alte părți ale Bibliei, sunt prea înfiorătoare pentru a fi citite de cei cu caracter omenesc și pentru a fi ascultate cu decență, pentru că, după cum reiese din cel de-al treizeci și cincilea verset al acestui capitol, numărul femeilor destinate depravării, prin ordinul lui Moise, a fost de treizeci și două de mii.

În general, oamenii nu știu câtă ticăloșie conține acest așa-zis cuvânt al lui Dumnezeu. Crescuți în superstiție, ei iau de bun faptul că Biblia este adevărată și că este bună, își permit să nu se îndoiască de ea și transpun ideile pe care și le formează, cu privire la bunăvoința lui Dumnezeu, cărții, despre care au fost învățați să creadă că a fost scrisă cu împuternicirea Sa. Doamne Sfinte! Este cu totul altceva, este o carte a minciunii, a răutății și a blasfemiei, pentru că, ce poate constitui o blasfemie mai mare, decât să pui răutatea omului pe seama ordinelor primite de la Atotputernic!

Dar, să revin la subiect, la a demonstra că Moise nu este autorul cărților care îi sunt atribuite și că Biblia este nelegitimă. Cele două probe care au fost furnizate deja ar fi suficiente, fără altă dovadă în plus, pentru a infirma autenticitatea oricărei cărți care pretinde că este cu patru sau cinci sute de ani mai veche decât chestiunile pe care le relatează, sau la care se referă ca la niște întâmplări reale. Pentru că, în cazul *urmăririi lor până la Dan* și al *regilor care domniseră peste copiii Israelului*, nu poate fi invocată nici cea mai mică urmă de profeție. Expresiile sunt la timpul trecut și ar fi idioție curată să spui că un om poate profeți la timpul trecut.

Există, însă, multe alte paragrafe, împrăștiate în aceste cărți, care constituie același gen de probă. Se spune, în Exod (altă carte atribuită lui Moise) XVI, 35: „Copiii Israelului au mâncat mană *până când au ajuns pe un pământ nelocuit*; au mâncat mană *până când au ajuns la granițele ținutului Canaan*[32]."

Dacă acești copii ai lui Israel au mâncat sau nu mană, sau ce era mana, sau dacă era diferită de un fel de burete sau de ciupercă mică, sau de altă substanță vegetală comună prin acele părți ale țării, nu constituie o parte a demonstrației mele. Tot ceea ce vreau să arăt este că Moise nu putea scrie această poveste pentru că povestea se întinde dincolo de perioada vieții lui Moise. Moise, potrivit Bibliei (fiind însă, o carte a minciunilor și a contradicțiilor, nu se poate ști ce parte din ea se poate crede, sau, cel puțin, dacă există o astfel de parte), a murit în pustiu și nu a ajuns niciodată la hotarele ținutului Canaan. În consecință, nu putea fi el cel care a spus ce au făcut copiii lui Israel, sau ce au mâncat aceștia când au ajuns acolo. Această poveste, a consumului de mană, despre care ei ne spun că a fost scrisă de Moise, continuă până în vremea lui Iosua, succesorul lui Moise, după cum reiese din relatarea din cartea lui Iosua, după ce copiii lui Israel trecuseră apa Iordanului și ajunseseră la hotarele ținutului Canaan. Iosua V, 12: „Mana a încetat a doua zi, când au mâncat din grâul țării. Copiii lui Israel n-au mai avut mană, ci au mâncat din roadele țării Canaanului în anul acela."

Un exemplu încă și mai remarcabil decât acesta se găsește în Deuteronomul, care, după ce ne arată că Moise nu putea fi scriitorul acelei cărți, ne mai arată și concepția fabuloasă din acele vremuri cu privire la giganți. În Deuteronomul III, 11 printre cuceririle pe care se spune că le-a efectuat Moise, se găsește relatarea înfrângerii lui Og, regele din Bashan[33]: „Numai Og, împăratul Basanului[33], mai rămăsese din neamul giganților. Patul lui, un pat de fier, este la Raba, cetatea copiilor lui Amon[34]. Lungimea lui este de nouă coți, și lățimea, de patru coți, după cotul unui om." Așadar, lungimea patului era de 16 picioare, 4 inci [35] și lățimea, 7 picioare, 4 inci[36]; atât și nimic mai mult, măsura patul unui gigant. În ceea ce privește partea istorică, deși probele nu sunt directe cum s-a întâmplat în cazul precedent, este totuși probabilă, permite coroborarea probelor și este mai bună decât cea mai bună probă în sens contrar.

Scriitorul, în chip de dovadă a existenței acestui gigant, face referire la patul lui ca la o rămășiță antică și spune: „Nu este, oare, în Raba-ul copiilor lui Ammon?" Ceea ce înseamnă că este. Pentru că aceasta este, în mod frecvent, metoda Bibliei de a afirma un lucru. Dar

Moise nu putea spune acest lucru, pentru că Moise nu știa nimic despre Raba și nici despre ce se găsea în acesta. Raba nu era un oraș ce aparținea regelui gigant și nu se număra printre orașele cucerite de Moise. Așadar, informația că acest pat se găsea în Raba și dimensiunile exacte trebuie să se refere la timpul în care Raba a fost cucerit, iar acesta nu avea să vină decât la patru sute de ani de la moartea lui Moise, pentru care, vezi Samuel XII, 26: „Și Joab (generalul lui David) a luptat împotriva orașului *Raba, al copiilor lui Ammon* și a cucerit orașul regal," etc.

Având în vedere că nu mi-am propus să semnalez toate contradicțiile în privința timpului, locului și circumstanțelor, care abundă în cărțile atribuite lui Moise și care dovedesc cu putere de demonstrație că acele cărți nu puteau fi scrise de Moise și nici pe vremea lui Moise, voi continua cu cartea lui Iosua și voi arăta că Iosua nu este autorul acelei cărți, că este anonimă și fără autoritate. Probele pe care le voi prezenta se găsesc chiar în interiorul cărții. Nu voi căuta în afara Bibliei probe împotriva presupusei autenticități a Bibliei. Falsa mărturie este mereu bună împotriva sa.

Iosua, în baza celor scrise în Iosua I., a fost succesorul direct al lui Moise. Mai mult, el a fost un soldat, spre deosebire de Moise și a continuat la conducerea poporului lui Israel timp de douăzeci și cinci de ani, adică de la moartea lui Moise, care, potrivit cronologiei Bibliei, a fost în 1451 î.Hr., până în 1426 î.Hr., când, potrivit aceleiași cronologii, Iosua a murit. Așadar, dacă găsim în această carte, despre care se spune că a fost scrisă de Iosua, trimiteri la *fapte împlinite* după moartea lui Iosua, este dovada faptului că Iosua nu putea fi autorul și, de asemenea, că această carte nu putea fi scrisă până după ce ultimul fapt menționat în ea avusese loc. În ceea ce privește caracterul cărții, acesta este groaznic. Este o istorie militară a jafurilor și crimelor, egale în sălbăticie și brutalitate cu cele consemnate de predecesorul său în ticăloșie și în ipocrizie, Moise. Iar blasfemia, ca și în primele cărți, constă în punerea faptelor respective pe seama ordinelor Atotputernicului.

În primul rând, cartea lui Iosua, asemenea cărților precedente, este scrisă la persoana a treia. Este istoricul lui Iosua, cel care vorbește, pentru că ar fi fost absurd și ar fi reprezentat maximul îngâmfării dacă Iosua ar fi spus despre el, așa cum se spune despre el în ultimul verset al celui de-al șaselea capitol, că „faima sa era trâmbițată în toată țara." Prezint argumentarea, în continuare.

În Iosua XXIV, 31, se spune: „Israel a slujit Domnului în tot timpul vieţii lui Iosua şi *în tot timpul vieţii bătrânilor care au trăit mai mult decât Iosua.*" Acum, în numele bunului simţ, poate fi Iosua cel care relatează ce au făcut oamenii, după moartea sa? Această relatare, nu numai că a fost scrisă de un cronicar care a trăit după Iosua, dar a trăit el însuşi după cei mai bătrâni, care trăiseră mai mult decât Iosua.

Sunt mai multe paragrafe cu caracter general, în ceea ce priveşte timpul, risipite pe tot cuprinsul cărţii lui Iosua, care duc momentul în care a fost scrisă cartea la distanţă faţă de timpul lui Iosua, fără a însemna, însă, un timp anume, ca în pasajul citat mai sus. În acel pasaj, timpul care a trecut de la moartea lui Iosua până la moartea celor mai bătrâni ca el, este exclus în mod descriptiv şi absolut, iar dovada confirmă faptul că această carte nu putea fi scrisă decât după moartea celui din urmă.

Deşi pasajele la care fac trimitere şi pe care le voi cita nu desemnează o perioadă exactă de timp, prin excludere, ele sugerează o perioadă de timp mult mai îndelungată şi mai îndepărtată faţă de vremea lui Iosua decât perioada de timp scursă între moartea lui Iosua şi moartea celor mai bătrâni ca el. De acest fel este paragraful X, 14 în care, după ce se povesteşte că soarele a stat fix pe Ghivon[37] şi luna, în valea Ajalon[38], la porunca lui Iosua (un basm făcut să-i amuze pe copii[39]), se spune: „Şi nu a mai fost o zi ca aceea, nici înainte de ea şi nici după ea, în care Domnul a dat ascultare vocii unui om."

Timpul implicat de expresia *după aceasta*, adică, după ziua respectivă, comparat cu tot timpul care trecuse *înaintea acestei*a, trebuie să însemne, pentru a acorda importanţă expresivă paragrafului, *o mare întindere de timp*. De exemplu, ar fi fost ridicol să spună asta ziua următoare sau luna următoare sau anul următor. Aşadar, pentru a da sens paragrafului, în comparaţie cu minunea relatată şi cu timpul precedent la care se referă, acesta ar trebui să reprezinte secole. Totuşi, mai puţin de unul ar fi neserios şi mai puţin de două ar fi un minim admisibil.

Un timp îndepărtat, dar generic, este exprimat şi în capitolul VIII., unde, după istorisirea cuceririi oraşului Ai, se spune, în versetul al 28-lea: „Şi Iosua a ars oraşul Ai[40] şi l-a făcut morman de dărâmături, o ruină, care se vede *până în ziua de astăzi.*" Din nou, în versetul 29, unde se vorbeşte despre regele din Ai, pe care Iosua l-a spânzurat şi l-a îngropat în colţul porţii, se spune: „Şi a ridicat pe acel loc o grămadă mare de pietre, care a rămas *până în ziua de astăzi*," adică, până în ziua, sau până în timpul, în care autorul cărții lui Iosua trăise. Și iar, în capitolul X, 27 unde, după ce se vorbește despre cei cinci regi, pe care Iosua îi spânzurase de cinci pomi și îi aruncase, apoi, într-o grotă, se spune: „Și el a pus pietre mari la intrarea în cavernă, care rămân până în ziua de astăzi."

În enumerarea diverselor fapte de vitejie ale lui Iosua, ale triburilor și ale locurilor pe care ei le-au cucerit sau au încercat să le cucerească, se spune, în XV, 63: „Cât îi privește pe Iebusiți, locuitorii Ierusalimului, copiii Iudeei[41] nu i-au putut goni; însă Iebusiții locuiesc cu copiii Iudeei, ÎN IERUSALIM, *până în ziua de astăzi.*" Întrebarea, referitoare la acest paragraf, este: În ce timp locuiau Iebusiții și copiii Iudeei, împreună, în Ierusalim? Cum această chestiune reapare în Judecătorii I, îmi voi păstra observațiile până voi ajunge la partea respectivă.

După ce am arătat, chiar din cartea lui Iosua, fără nici un fel de altă probă auxiliară că Iosua nu este autorul cărții și că respectiva carte este anonimă și, în consecință, lipsită de autoritate, voi continua, după cum am menționat mai sus, cu cartea Judecătorii.

Cartea Judecătorii este anonimă, judecând după ceea ce s-a spus și, de aceea, lipsește până și simpla pretenție de a o numi cuvântul lui Dumnezeu. Nu are nici măcar un garant oficial, este complet lipsită de paternitate.

Această carte începe cu expresia cu care începe și cartea lui Iosua. Cartea lui Iosua, capitolul I, 1: *„Acum după moartea lui Moise"*, etc., și aceasta, a Judecătorilor începe: *„Acum după moartea lui Iosua,"* etc. Acest lucru și similaritatea stilului celor două cărți indică faptul că sunt opera aceluiași autor. Cine a fost acesta este însă total necunoscut. Singurul element dovedit de carte este că autorul a trăit la mult timp după Iosua, pentru că, deși începe ca și cum ar continua imediat după moartea acestuia, cel de-al doilea capitol este o epitomă sau un rezumat al întregii cărți, care, potrivit cronologiei Bibliei, își întinde istoria pe durata a 306 ani, adică de la moartea lui Iosua, 1426 î.Hr., până la moartea lui Samson, în 1120 î.Hr și numai cu 25 de ani înainte ca Saul să plece *în căutarea măgarilor tatălui său și să fie făcut rege*. Există, însă, un bun motiv pentru a crede că nu a fost scrisă până cel puțin pe vremea lui David și că nici cartea lui Iosua nu a fost scrisă înainte de aceeași perioadă.

În Judecătorii I, după ce anunță moartea lui Iosua, scriitorul începe să spună ce s-a întâmplat între copiii Iudeei și locuitorii nativi ai ținutului Canaan. În acest enunț, după ce menționează abrupt Ierusalimul în cel de-al șaptelea verset, scriitorul spune imediat după, în cel de-al optulea verset, în chip de explicație: „Acum copiii Iudeei *luptaseră* împotriva Ierusalimului și îl *cuceriseră*". Prin urmare, această carte nu putea fi scrisă înainte de cucerirea Ierusalimului. Cititorul își amintește citatul din Iosua XV, 63 pe care l-am redat puțin mai înainte, în care se spunea că *Iebusiții locuiesc împreună cu copiii Iudeei în Ierusalim, în ziua de astăzi*, adică atunci când a fost scrisă cartea lui Iosua.

Sunt abundente probele pe care le-am adus deja pentru a demonstra că aceste cărți de care m-am ocupat până acum nu au fost scrise de persoanele indicate drept autori ai lor și nici până la mulți ani după moartea acestora, dacă acele persoane chiar au trăit vreodată. Considerând acest număr, îmi pot permite să introduc acest paragraf cu redusă însemnătate, care nu-mi îngăduie să scot prea mult din el. Pentru că, după cum se prezintă lucrurile și după câtă încredere poate primi Biblia, în rol de istorie, orașul Ierusalim nu fusese cucerit până pe vremea lui David. În consecință, cartea lui Iosua și a Judecătorilor nu au fost scrise decât după începerea domniei lui David, care a avut loc la 370 de ani de la moartea lui Iosua.

Numele orașului care avea să se numească Ierusalim fusese, la început, Iebus sau Iebusi și fusese capitala iebusiților. Povestea cuceririi acestui oraș de către David ne este prezentată în 2 Samuel V, 4, etc.; și în 1 Cronici XIV, 4, etc. Nu se menționează în nicio parte a Bibliei că ar fi fost cucerit înainte și nicio relatare nu susține o astfel de opinii. Nu este spus, nici în Samuel și nici în Cronici, că ei „au distrus în totalitate bărbați, femei și copii, că nu au lăsat niciun suflet, în viață", cum se spune despre celelalte cuceriri ale lor. Tăcerea din acest capitol sugerează că orașul a fost cucerit, prin capitularea sa și că iebusiții, locuitori nativi, au continuat să locuiască acolo și după cucerirea orașului. Așadar, istorisirea prezentată în Iosua, cu „Iebusiții locuiesc cu copiii Iudeei" la Ierusalim în ziua aceasta, nu corespunde altui timp, decât aceluia de după cucerirea orașului de către David.

După ce am arătat că fiecare carte din Biblie, de la Geneza, la Judecători, nu este autentică, ajung la cartea lui Ruth, o poveste fără bază și făcută de mântuială, povestită în chip absurd, nimeni nu știe de către cine, despre o fată de la ţară plimbăreaţă, care se furişează nevinovat în patul vărului ei, Boaz. Frumoase bazaconii cu titlul de cuvânt al lui Dumnezeu. Este, totuşi, una dintre cele mai bune cărţi din Biblie, pentru că nu conţine crime şi jafuri.

Voi trece, în continuare, la cele două cărţi ale lui Samuel şi voi arăta că acestea nu au fost scrise de el, că au fost scrise la mult timp după moartea lui Samuel şi că sunt, asemenea tuturor cărţilor precedente, anonime şi lipsite de autoritate.

Pentru a căpăta convingerea că aceste cărţi au fost scrise mult după vremea lui Samuel şi, în consecinţa, nu de acesta, este necesară doar lectura relatării pe care scriitorul o furnizează despre Saul, care se dusese să caute măgarii tatălui său şi a convorbirii sale cu Samuel, la care Saul se dusese să întrebe despre măgarii pierduţi, aşa cum oamenii necugetaţi se duc acum la vrăjitor pentru a întreba despre lucrurile pierdute.

Având în vedere stilul folosit de scriitor în relatarea poveştii lui Saul, Samuel şi a măgarilor, nu este vorba despre un lucru care tocmai se întâmplase, ci *despre o poveste antică, de pe vremea când acesta (Samuel) trăise*. Povestea este redată în limbajul sau cu termenii folosiţi pe vremea când *Samuel* trăise, fapt care îl obligă pe scriitor să explice povestea în termenii sau limbajul folosit în timpul în care el a trăit.

Samuel, în povestea care se referă la el, în prima dintre cele două cărţi, capitolul al IX-lea, este numit *prorocul* şi, folosind acest titlu, Saul întrebă de el, în versetul 11: „Şi cum ei (Saul şi servitorul său) urcau dealul, către oraş, au găsit fecioare tinere, ce se duceau să scoată apă şi le-au spus, *Este aici, prorocul*?" Saul a urmat apoi direcţia care i-a fost indicată de acele fecioare şi l-a întâlnit pe Samuel, fără a-l cunoaşte şi i-a spus, verset 18: „Spune-mi, te rog, unde este *casa prorocului*?" şi Samuel i-a răspuns lui Saul, spunând: *„Eu sunt prorocul."*

Având în vedere că scriitorul cărţii lui Samuel relatează aceste întrebări şi răspunsuri în limbajul sau maniera de adresare folosite pe vremea când ei spun că fuseseră rostite şi având în vedere că respectiva manieră de adresare nu se mai folosea atunci când autorul a scris, acesta a considerat necesar să explice, pentru a clarifica povestea, termenii folosiţi în aceste întrebări şi răspunsuri. O face în cel de-al 9-lea verset, în care spune: „Odinioară, în Israel, când un bărbat se ducea să întrebe de Dumnezeu, grăia astfel, «Vino şi haide să mergem la proroc», pentru că, cel numit acum profet era numit proroc, *odinioară*." Aceasta dovedeşte, după cum am spus mai devreme, că povestea lui Saul, Samuel şi a măgarilor era una antică pe vremea când a fost scrisă cartea lui Samuel. În consecinţă, aceasta nu a fost scrisă de Samuel şi cartea este lipsită de autenticitate.

Dacă avansăm în acele cărţi se înmulţesc dovezile că Samuel nu este scriitorul lor, întrucât relatează lucruri ce nu aveau să se întâmple până la mai mulţi ani după moartea sa. Samuel a murit înaintea lui Saul, pentru că 1 Samuel XXVIII spune că Saul şi vrăjitoarea din Endor au chemat spiritul lui Samuel după ce acesta murise. Totuşi, istoria chestiunilor conţinute în acele cărţi cuprinde partea rămasă din viaţa lui Saul şi ultima parte a vieţii lui David, succesorul lui Saul. Istoria morţii şi înmormântării lui Samuel (lucruri pe care nu le putea scrie el) este relatată în 1 Samuel XXV, iar în baza cronologiei ataşate acestui capitol este vorba despre anul 1060 î.Hr. Totuşi, istoria acestei *prime* cărţi continuă până în 1056 î.Hr., adică anul morţii lui Saul, încă patru ani după moartea lui Samuel.

A doua carte a lui Samuel începe cu descrierea unor lucruri care nu aveau să se întâmple decât la patru ani după moartea lui Samuel, pentru că începe cu domnia lui David, care i-a urmat lui Saul şi continuă până la sfârşitul domniei lui David, care a avut loc la patruzeci şi trei de ani după moartea lui Samuel. Din acest motiv cărţile sunt, în sine, probe că nu au fost scrise de Samuel.

Până acum am trecut prin toate cărţile din prima parte a Bibliei cărora le sunt aplicate nume de persoane, în calitate de autori ai cărţilor respective şi pe care biserica, denumindu-se singură biserica creştină, le-a impus lumii în calitate de scrieri ale lui Moise, Iosua şi Samuel, iar eu am descoperit şi dovedit caracterul fals al acestei imposturi. Voi, preoţi de orice fel, care aţi predicat şi scris împotriva primei părţi a cărţii *Vârsta Raţiunii*, ce aveţi acum de spus? Aveţi aceeaşi siguranţă atunci când păşiţi în amvon şi continuaţi să impuneţi aceste cărţi enoriaşilor voştri în calitate de lucrări ale unor *scribi inspiraţi* şi cuvânt al lui Dumnezeu, în ciuda acestui munte de dovezi clare împotriva voastră? Atâta timp cât are evidenţa pe care demonstraţia o dă adevărului în privinţa faptului că persoanele indicate de voi drept autori, *nu* sunt autorii respectivi şi cât voi nu ştiţi cine sunt autorii. Ce umbră de pretenţie mai aveţi acum de prezentat pentru a continua înşelătoria blasfematoare? Ce mai aveţi de oferit în contrast cu religia deistă, morală şi pură, pentru a vă sprijini sistemul de înşelătorie, idolatrie şi pretinsă revelaţie? Dacă ordinele crude şi criminale care umplu Biblia şi execuţiile fără număr, efectuate după tortură, la care au fost supuşi bărbaţi, femei şi copii, drept urmare a ordinelor respective, repet, dacă ar fi fost atribuite unui prieten a cărui amintire o slăveaţi, aţi fi strălucit de satisfacţie în detectarea falsităţii acuzaţiei şi v-aţi fi făcut glorie din apărarea faimei sale ştirbite. Doar pentru că sunteţi afundaţi în cruzimea superstiţiei, sau pentru că nu simţiţi vreun interes în onorarea Creatorului vostru, ascultaţi poveştile înfiorătoare ale Bibliei, sau le auziţi cu împietrită nepăsare. Probele pe care le-am prezentat şi pe care voi continua să le prezint pe parcursul acestei lucrări pentru a demonstra că Biblia nu are autoritate, chiar dacă vor răni încăpăţânarea unui preot, vor însufleţi şi liniști minţile multora. Îi vor elibera de acele gânduri crude ale Atotputernicului, pe care preoţimea şi Biblia le-au insuflat în minţile lor şi care sunt în veşnică opoziţie faţă de credinţa lor în justiţia morală şi bunăvoinţa Lui.

Am ajuns la cele două cărţi ale Regilor şi cele două cărţi ale Cronicilor. Aceste cărţi sunt, în totalitate, istorice şi se limitează în cea mai mare parte la vieţile şi faptele regilor evrei, care au fost, în general, o bandă de nemernici. Acestea reprezintă, însă, chestiuni care nu ne preocupă mai tare decât împăraţii romani, sau relatarea războiului troian, făcută de Homer. În plus, din moment ce respectivele cărţi sunt anonime şi din moment ce nu ştim nimic despre scriitor, sau despre caracterul acestuia, ne este imposibil de ştiut ce grad de încredere putem conferi chestiunilor relatate în ele. Asemenea tuturor celorlalte istorii antice, ne sunt prezentate ca un amestec de elemente fabuloase şi reale, de lucruri probabile şi improbabile, pe care, însă, distanţa în timp şi spaţiu şi schimbarea condiţiilor din lume le-au făcut învechite şi neinteresante.

Voi compara aceste cărţi între ele, le voi compara cu alte părţi ale Bibliei şi voi arăta confuzia, contradicţia şi cruzimea din acest, pretins, cuvânt al lui Dumnezeu.

Prima carte a Regilor începe cu domnia lui Solomon, care, potrivit cronologiei Bibliei, are loc în 1015 î.Hr., iar a doua carte se termină în 588 î.Hr., puţin după domnia lui Sedechia[42], pe care Nabucodonosor[43] l-a luat prizonier şi l-a dus la Babilon, după ce a cucerit Ierusalimul şi pe evrei. Aceste cărţi acoperă 427 de ani.

Cele două cărți ale Cronicilor reprezintă o istorie a acelorași vremuri și, în general, a acelorași persoane, făcută de alt autor, pentru că ar fi absurd de presupus că același autor a scris istoria de două ori. Prima carte a Cronicilor (după prezentarea genealogiei de la Adam la Saul, care ocupă primele nouă capitole) începe cu domnia lui David. Ultima carte se termină, ca și ultima carte a Împăraților, la scurt timp după sfârșitul domniei lui Sedechia, în jur de 588 î.Hr. Ultimele două versete ale ultimului capitol duc istoria cu 52 de ani înainte, adică până în 536 î.Hr. Însă aceste versete nu aparțin cărții și voi demonstra acest lucru atunci când voi vorbi despre cartea lui Ezra.

Cele două cărți ale Împăraților, pe lângă istoria lui Saul, David și Solomon, care domniseră peste *întreg* Israelul, conțin rezumatul vieților a șaptesprezece regi și a unei regine, denumiți regi ai Iudeei și rezumatul viețililor a nouăsprezece, denumiți regi ai Israelului. Pentru că, imediat după moartea lui Solomon, poporul evreu s-a despărțit în două părți, care și-au ales proprii regi și au purtat între ele războaie extrem de crâncene, în principal de sorginte vindicativă.

Aceste două cărți reprezintă puțin mai mult decât istoria unor asasinate, trădări și războaie. Cruzimile pe care evreii se obișnuiseră să le practice pe Canaaniți, a căror țară invadaseră cu sălbăticie, sub pretenția unui dar de la Dumnezeu, le-au practicat, mai apoi, cu aceeași furie, împotriva lor înșiși. Nici măcar jumătate din regii lor nu au murit de moarte naturală. În unele cazuri, familii întregi au fost distruse pentru a consolida stăpânirea succesorilor, care, în decurs de câțiva ani și, câteodată, doar de câteva luni, sau mai puțin, aveau să împărtășească aceeași soartă. În 2 Împărați X., se povestește despre două coșuri pline cu capete de copiii, șaptezeci la număr, care fuseseră expuse la intrarea în oraș. Fuseseră copiii lui Ahab[44], omorâți la ordinul lui Jehu[45], pe care Elisei[46], pretinsul om al lui Dumnezeu, îl unsese rege peste Israel în scopul comiterii acestei fapte sângeroase și al asasinării predecesorului său. Și, în relatarea domniei lui Menahem[47], unul dintre regii Israelului, care îl ucisese pe Shallum[48] care domnise o singură lună, se spune, 2 Împărați XV, 16, că Menahem a lovit orașul Tipsah[49] pentru că nu i-au deschis orașul *și a spintecat pântecele tuturor femeile însărcinate de acolo*.

Dacă ne-am permite să presupunem că Atotputernicul ar distinge un popor de oameni cu numele de *poporul său ales*, ar trebui să presupunem că acel popor reprezintă un exemplu de pioșenie și omenie pentru tot restul lumii, nu o națiune de nelegiuiți și asasini, așa cum erau vechii evrei, un popor corupt de monștri și copiind monștri și impostori ca Moise, Aaron, Iosua, Samuel, sau David, care se distinsese în rândul celorlalte popoare de pe fața cunoscută a pământului prin barbarie și ticăloșenie. Dacă nu ne-am închide cu încăpățânare ochii și nu ne-am împietri inimile, ne-ar fi imposibil să nu vedem, în ciuda acelei superstiții cu o lungă istorie impusă minții, că apelativul măgulitor de *poporul ales de El* nu este altceva decât o MINCIUNĂ pe care preoții și liderii evreilor au inventat-o pentru a acoperi josnicia propriilor caractere și pe care preoții creștini, uneori la fel de corupți și, adesea, la fel de cruzi, au declarat deschis că o cred.

Cele două cărți ale Cronicilor constituie o repetare a acelorași crime, în care istoria este întreruptă în mai multe locuri de faptul că autorul nu-i introduce pe unii dintre regii respectivi. Aici, ca și în cărțile Împăraților, are loc o frecventă tranziție de la regii Iudeei la regii Israelului și de la regii Israelului la regii Iudeei, iar narațiunea capătă un aspect de neînțeles. În aceeași carte, istoria se contrazice uneori. De exemplu, în 2 Împărați I, 17, ni se spune în termeni ambigui, că după moartea lui Ohozia[50], rege al Israelului, sau Ioram (care era din linia lui Ahab), a domnit în locul lui în *al doilea an* al lui Jehoram, sau Ioram, fiu al lui Iosafat[51], regele Iudeii. Iar în VIII, 16, în aceeași carte, se spune: „În cel de-al *cincilea* an al lui Joram, fiul lui Ahab, rege al Israelului, Iosafat, pe atunci regele Iudeei, Jehoram[52], fiul lui Iosafat regele Iudeei și-a început domnia." Un capitol spune că Ioram din Iudeea și-a început domnia în cel de-al doilea an al lui Ioram din Israel și celălalt capitol spune că Ioram din Israel și-a început domnia în cel de-al cincilea an al lui Ioram din Iudeea.

Mai multe dintre chestiunile extraordinare despre care se relatează într-una din povești că s-ar fi petrecut în timpul domniei regelui cutare, sunt de negăsit în cealaltă, în relatarea domniei aceluiași rege. De exemplu, primii doi regi rivali după moartea lui Solomon au fost Roboam[53] și Ioram, iar în 1 Împărați XII și XIII ni se furnizează o relatare despre Ioram, în timp ce făcea o jertfă constând în arderea de tămâie, când un om, care este numit acolo om al lui Dumnezeu, a strigat către altar (XIII, 2): „Altarule! Altarule! Așa vorbește Domnul: Iată că se va naște un fiu casei lui David; numele lui va fi Iosia; el va înjunghia pe tine pe preoții înălțimilor care ard tămâie pe tine și pe tine se vor arde oseminte omenești!" Versetul 4: „Când a auzit împăratul cuvântul pe care-l strigase omul lui Dumnezeu împotriva altarului din Betel, a întins mâna de pe altar, zicând: «Prindeți-l!» Şi mâna pe care o întinsese Ieroboam împotriva lui s-a uscat și n-a putut s-o întoarcă înapoi."

Cineva ar putea crede că, în măsura în care ar fi fost adevărat, un caz extraordinar ca acesta (despre care se vorbește ca despre o judecată), survenit conducătorului uneia dintre părți tocmai în primul moment al separării israeliților în două națiuni, ar fi fost consemnat în ambele istorii. Deși oamenii în vremurile următoare au crezut *toate cele spuse de către profeți*, se pare însă că respectivii profeți, sau istorici, nu se credeau unii pe ceilalți. Se cunoșteau, prea bine, unii pe ceilalți.

În Împărați este prezentată o lungă istorie despre Ilie[54]. Se întinde pe mai multe capitole și se încheie prin a spune, 2 Împărați II, 11: „Pe când mergeau ei (Ilie și Elisei)[55] vorbind, iată că un *car de foc și niște cai de foc* i-au despărțit pe unul de altul, și Ilie *s-a înălțat la cer într-un vârtej de vânt.*" Hm! Autorul Cronicilor nu menționează acest lucru, pe cât de miraculoasă este povestea, deși îl menționează pe Ilie, pe nume. Acesta nu spune nimic nici despre povestea relatată în al doilea capitol din aceeași carte a Împăraților, vizând o ceată de copii care îl batjocoresc pe Ilie, numindu-l *cap chel* și nici că acest *om al Domnului* (verset 24) „S-a întors și s-a uitat la ei *și i-a blestemat în numele Domnului* și au ieșit două ursoaice, din pădure, și au sfâșiat patruzeci și doi dintre acei copiii." El trece tot în tăcere peste povestea spusă în 2 Împărați XIII, în care este relatată îngroparea unui om în mormântul în care fusese îngropat Elisei. În timp ce trupul neînsuflețit era coborât în mormânt, acesta (verset 21) „A atins oasele lui Elisei, și el (mortul) a fost reanimat și *s-a ridicat pe picioarele sale.*" Povestea nu ne spune dacă l-au îngropat, în ciuda faptului că-și revenise și stătea pe picioare, sau dacă l-au scos afară. Scriitorul Cronicilor păstrează tăcerea în legătură cu aceste povești, așa cum ar face orice scriitor din zilele noastre, care nu dorește să fie acuzat de minciună, sau de romanțare.

Totuși, chiar dacă acești doi istorici diferă în privința poveștilor pe care le relatează, amândoi păstrează tăcerea în ceea ce-i privește pe acei oameni denumiți profeți, ale căror scrieri umplu ultima parte a Bibliei. Isaia[56] care a trăit în timpul regelui Ezechia este menționat în Împărați și în Cronici, acolo unde acești istorici vorbesc despre domnia respectivă. Însă, cu excepția unuia, sau a cel mult două exemple superficiale, nu se vorbește despre nici unul dintre ceilalți și nici măcar nu se face vreo aluzie la existența lor. Totuși, potrivit cronologiei Bibliei, unii dintre ei au trăit în vremurile în care au fost scrise aceste istorii, iar alţii, cu mult înainte. Dacă acei profeți, după cum sunt denumiți, au fost oameni atât de importanți în timpul lor, după cum ni-i prezintă compilatorii Bibliei, preoții și comentatorii, cum este posibil ca nici una dintre aceste istorii să nu spună nimic despre ei? Istoria este adusă, în cărțile Împăraților şi în Cronici, după cum am spus, până în anul 588 î.Hr. Va fi, așadar, nimerit să examinez care dintre aceşti profeți a trăit înainte de acel an.

Prezint, în continuare, un tabel al tuturor profeților cu menţiunea perioadei dinainte de Cristos în care au trăit potrivit cronologiei prezentate în primul capitol al fiecărei cărți profetice. În tabel este menționat și cu cât au trăit înainte de redactarea cărților Împărați şi Cronici.

TABEL al Profeților, cu timpul în care au trăit înainte de Cristos și înainte de redactarea cărților Împărați și Cronici[57]:

Nume	Ani înainte de Cristos	Ani înainte de R. şi C.
Isaia	760	172
Ieremia	629	41
Iezechiel	595	7
Daniel	607	19
Hosea	785	97
Ioel	800	212
Amos	789	199

Nume	Ani înainte de Cristos	Ani înainte de R. şi C.
Obadia	789	199
Iona	862	274
Mica	750	162
Naum	713	125
Habacuc	620	38
Țepania	630	42
Hagai - după anul 588		
Zaharia - după anul 588		
Maleahi - după anul 588		

Acest tabel, fie nu este onorabil pentru istoricii Bibliei, fie nu este onorabil pentru profeții Bibliei. Îi las pe preoți și pe comentatori, care sunt foarte învăţaţi în lucruri mărunte, să aleagă şi să precizeze un motiv pentru faptul că autorii cărților Împărați și Cronici i-au tratat pe acei profeți, pe care eu i-am considerat poeți în prima parte din *Vârsta Rațiunii*, cu aceeași tăcere înjositoare cu care orice istoric al zilelor noastre l-ar trata pe Peter Pindar[58].

Mai am o observație de făcut în ceea ce privește cartea Cronicilor, după care voi trece la analiza restului cărților din Biblie.

În observațiile pe care le-am făcut cu privire la cartea Genezei, am citat un paragraf (XXXVI, 31) care se referă în mod evident la o perioadă de timp situată *după* ce regii își începuseră domnia peste copiii Israelului. Am arătat că din moment ce acest verset redă cuvânt cu cuvânt versetul 43 din 1 Cronici I (care respectă ordinea istorică, spre deosebire de cel din Geneza), versetul din Geneza și mare parte a celui de-al 36-lea capitol au fost luate din Cronici, iar respectiva carte a Genezei, deși este așezată prima în Biblie și îi este atribuită lui Moise, a fost realizată de o persoană necunoscută, după ce a fost scrisă cartea Cronicilor, lucru care nu avea să se întâmple decât la cel puțin opt sute șaizeci de ani după vremea lui Moise.

Proba cu care voi continua pentru a fundamenta acest lucru este cunoscută și conține două etape. În primul rând, după cum am menționat deja, paragraful din Geneza este subordonat, din punct de vedere *temporal*, Cronicilor și în al doilea rând, scrierea cărții Cronicilor, la care se referă acest paragraf, nu avea să *înceapă* decât la cel puțin opt sute șaizeci de ani după vremea lui Moise. Pentru a demonstra acest lucru trebuie doar să ne uităm în 1 Cronici III, 15, unde scriitorul, atunci când prezintă genealogia lui David, îl menționează pe Sedechia. În vremea lui Sedechia, Nabucodonosor cucerise deja Ierusalimul (588 î.Hr.). În consecință, sunt mai mult de 860 de ani după Moise. Aceia care s-au fălit în mod superstițios cu antichitatea Bibliei și în mod deosebit cu aceea a cărților atribuite lui Moise, au făcut-o fără nicio cercetare și fără nicio altă autoritate, în afară de aceea a unui om credul care spune mai departe acest lucru. După cât se poate stabili pe baza dovezilor de ordin istoric și din cronologie, chiar prima carte a Bibliei nu este la fel de veche precum cartea lui Homer. Aceasta este cu mai mult de trei sute de ani mai veche și are aproximativ aceeași vârstă cu Fabulele lui Esop.

Nu încerc să demonstrez cinstea lui Homer. Mai mult, consider pompoasă cartea sa, cu tendința de a inspira noțiuni imorale și dăunătoare în ceea ce privește onoarea. Iar în ceea ce-l privește pe Esop, deși morala este în general justă, fabula este adesea crudă și cruzimea fabulei face mai rău inimii în comparație cu bine adus de morală judecății, mai ales în cazul unui copil.

Acum că am terminat cu Împărați și Cronici, trec la următoarea, anume cartea lui Ezra.

Ca o probă, printre altele pe care le voi prezenta pentru a arăta caracterul îndoielnic în privința autorilor și dezordinea alcătuirii acestui pretins cuvânt al lui Dumnezeu, numit Biblie, trebuie doar să ne uităm la primele trei versete din Ezra și la ultimele două din 2 Cronici. Prin ce fel de tăiere și amestecare s-a ajuns la situația în care primele trei versete din Ezra sunt ultimele două versete din 2 Cronici și ultimele două din 2 Cronici sunt primele trei din Ezra? Fie autorii nu-și cunoșteau propriile lucrări, fie compilatorii nu știau autorii.

Ultimele două versete din Cronici 2. Versetul 22[59].
În cel dintâi an al lui Cirus, împăratul perșilor, ca să se împlinească cuvântul Domnului rostit prin gura lui Ieremia, Domnul a trezit duhul lui Cirus, împăratul perșilor, care a pus să se facă prin viu grai și prin scris această vestire în toată împărăția lui:
23. „Așa vorbește Cirus, împăratul perșilor: 'Domnul, Dumnezeul cerurilor, mi-a dat toate împărățiile pământului și mi-a poruncit să-I zidesc o casă la Ierusalim, în Iuda. Cine dintre voi este din poporul Lui? Domnul, Dumnezeul lui, să fie cu el și să plece!*

Primele trei versete din Ezra. Versetul 1[60].
În cel dintâi an al lui Cirus, împăratul perșilor, ca să se împlinească cuvântul Domnului rostit prin gura lui Ieremia, Domnul a trezit duhul lui Cirus, împăratul perșilor, care a pus să se facă prin viu grai și prin scris vestirea aceasta în toată împărăția lui:
2. Așa vorbește Cirus, împăratul perșilor: „Domnul, Dumnezeul cerurilor, mi-a dat toate împărățiile pământului și mi-a poruncit să-I zidesc o casă la Ierusalim, în Iuda.
3 Cine dintre voi este din poporul Lui? Dumnezeul lui să fie cu el și să se ducă la Ierusalim, în Iuda, și să zidească acolo Casa Domnului, Dumnezeului lui Israel! El este adevăratul Dumnezeu, care locuiește la Ierusalim.

* Ultimul verset din Cronici este întrerupt brusc și se termină în mijlocul frazei, cu cuvântul „acolo", fără a indica în ce loc. Această întrerupere

abruptă şi apariţia aceloraşi versete în cărţi diferite arată, după cum am mai spus, dezordinea şi ignoranţa cu care a fost alcătuită Biblia şi că aceşti compilatori ai ei nu aveau nicio autoritate asupra a ceea ce făceau şi nici vreo autoritate pentru a crede în ceea ce făcuseră.[61]

Singurul lucru care pare cert în cartea lui Ezra, este timpul în care a fost scrisă, adică imediat după întoarcerea evreilor din captivitatea Babiloniană, în jurul lui 536 î.Hr. Ezra (care, potrivit comentatorilor evrei, este aceeaşi persoană cu numitul Esrdas din Apocrife) a fost unul dintre cei care s-au întors şi care a scris, probabil, relatarea chestiunii. Neemia, a cărui carte urmează după Ezdra, a fost un altul dintre cei care s-au întors şi care, de asemenea, este posibil să fi scris relatarea aceleiaşi chestiuni în cartea care îi poartă numele. Însă acele poveşti nu înseamnă nimic pentru noi şi nici pentru alte persoane, cu excepţia evreilor, pentru care reprezintă o parte a istoriei poporului lor. Cărţile respective conţin cam tot atât cuvânt de-al lui Dumnezeu cât oricare dintre istoriile Franţei, istoria Angliei, de Rapin, sau istoria oricărei alte ţări.

Însă, nici măcar în materie de înregistrări istorice nu se poate conta pe niciunul dintre acei scriitori. În Ezra II., scriitorul furnizează o listă a triburilor, familiilor şi al numărului exact al sufletelor fiecărui trib, care se întorseseră de la Babilon la Ierusalim şi această înregistrare a persoanelor întoarse pare să fi fost unul dintre obiectivele principale ale scrierii acestei cărţi. În acest lucru, însă, se găseşte o eroare care distruge intenţia demersului.

Scriitorul îşi începe înregistrarea în următorul fel (II, 3): „Copiii lui Fares, două mii o sută şapte zeci şi patru." Versetul 4: „Copiii lui Şefatia, trei sute şapte zeci şi doi." Şi în acest fel continuă cu toate familiile, iar în cel de-al 64-lea verset, el face totalul şi spune, întreaga adunare avea în total *patru zeci şi două de mii trei sute trei zeci*.

Însă oricine se obosește să adune datele exacte, va găsi un total de doar 29.818, ceea ce indică o eroare de 12.542*. Ce siguranţă poate exista, atunci, în Biblie, în orice privinţă?

Verset		Verset	11577	Verset	15783	Verset	19444
3	2172	13	666	23	128	33	725
4	372	14	2056	24	42	34	345
5	775	15	454	25	743	35	3630
6	2812	16	98	26	621	36	973
7	1254	17	323	27	122	37	1052
8	945	18	112	28	223	38	1247
9	760	19	223	29	52	39	1017
10	642	20	95	30	156	40	74
11	623	21	123	31	1254	41	128
12	1222	22	56	32	320	42	139
						58	392
						60	652
						Total	29818

*T. Paine. Familiile din Ezra II, în amănunt.

Neemia, la rândul lui, furnizează o listă a familiilor reîntoarse și a membrilor fiecărei familii. El începe, ca în Ezra, spunând (VII, 8): „Copiii lui Fares, două mii trei sute șapte zeci și doi" și continuă cu fiecare familie. (Lista diferă în mai multe amănunte față de aceea a lui Ezra.) În Versetul 66, Neemia face totalul și spune, cum spusese Ezra: „Întreaga adunare avea în total patru zeci și două de mii trei sute trei zeci." Însă datele exacte ale acestei liste formează un total de 31.089, așadar, aici eroarea este de 11.217. Acești scriitori se descurcă suficient de bine ca producători de Biblii, însă nu și acolo unde adevărul și exactitatea sunt necesare.

     Următoare carte este cartea Esterei. Dacă doamna Estera s-a gândit că este o onoare să se ofere drept amantă întreținută lui Artaxerxe[62], sau ca rivală Reginei Vasti[63], care refuzase să vină la un rege beat, aflat în compania unor persoane bete, pentru a fi subiect de spectacol (căci povestirea spune că ei beau de șapte zile și erau veseli), să se ocupe Estera și Marhoheu[64] de acest aspect. Nu ne privește, cel puțin, nu mă privește. Dincolo de aceste aspecte, povestea pare să fie una fabuloasă și este anonimă. Trec mai departe, la cartea lui Iov.

Cartea lui Iov are un caracter diferit fată de toate cărțile pe care le-am parcurs până acum. Trădarea și crima nu fac parte din această carte. Reprezintă meditațiile unei minți puternic afectate de vicisitudinile vieții umane, când zdrobită de presiune, când ținând cu greu piept presiunii. Este o compoziție elaborată cu mare migală, între supunerea voluntară și nemulțumirea involuntară și îl arată pe om, așa cum este câteodată, mai înclinat către resemnare decât este capabil să fie. Stăruința reprezintă numai o mică parte a caracterului persoanei despre care vorbește cartea. Dimpotrivă, durerea sa este adesea impetuoasă. Își dă, însă, silința să o țină sub observație și pare convins, în mijlocul năpastelor care se adună, să-și impună cazna consimțământului.

Am vorbit în mod respectuos despre cartea lui Iov în prima parte a cărții *Vârsta Rațiunii*, însă fără a ști, pe atunci, ce am aflat între timp și anume, că potrivit tuturor probelor ce pot fi adunate, cartea lui Iov nu aparține Bibliei.

Cunosc opiniile a doi comentatori evrei, Abenezra[65] și Spinoza[66], pe marginea acestui subiect. Amândoi susțin că această carte a lui Iov nu prezintă nicio probă internă, care să o facă o carte evreiască, că genialitatea compoziției și drama piesei nu sunt ebraice, că a fost tradusă din altă limbă, în ebraică și că autorul cărții a fost un gentil. Personajul prezentat sub numele de Satan (prima și singura dată când acest nume este menționat în Biblie)[67] nu corespunde vreunei idei ebraice. Cele două convocări pe care se presupune că Divinitatea le-a făcut celor pe care poemul îi numește *fii ai lui Dumnezeu* și familiaritatea pe care s-ar părea că o are acest presupus Satan cu Divinitatea sunt în aceeași situație.

Se poate observa, de asemenea, că această carte se prezintă a fi opera unei minți cultivate în știință, domeniu în care evreii, departe de a fi faimoși, erau chiar foarte ignoranți. Aluziile la obiecte ale filosofiei naturale sunt frecvente, puternice și au o nuanță diferită față de orice altceva din cărțile recunoscute a fi ebraice. Denumirile astronomice, Pleiade[68], Orion[69] și Arcturus[70] sunt grecești, nu ebraice și nu reiese de nicăieri, din Biblie, că evreii ar fi avut cunoștințe de astronomie, sau că ar fi studiat astronomia. Ei nu aveau traduceri ale acelor denumiri în limba lor, așa că au preluat denumirile în forma găsită în poem.

Este indubitabil faptul că evreii au tradus în ebraică opere literare ale popoarelor gentile și le-au amestecat cu propriile opere. Proverbele și pildele lui Solomon (XXXI, 1) constituie o probă în acest sens. Se spune acolo: „*Cuvintele împăratului Lemuel[71]. Învăţătura pe care i-o dădea mama sa.*" Acest proverb este prefaţa proverbelor următoare, care nu sunt proverbele lui Solomon, ci ale lui Lemuel, iar acest Lemuel nu a fost unul dintre regii Israelului, nici ai Iudeei, ci al unei alte ţări, gentilă, în consecinţă. Evreii i-au adoptat, totuşi, proverbele. Având în vedere că ei nu pot preciza cine a fost autorul cărţii lui Iov, nici cum a ajuns cartea la ei şi considerând faptul că diferă în caracter faţă de scrierile ebraice şi nu prezintă nicio legătură cu vreo altă carte sau capitol din Biblie, de dinainte sau de după ea, prezintă toate probele pentru a fi, la origine, o carte a gentililor[72].

Producătorii Bibliei şi aceia care au reglementat timpul, sau cei care au stabilit ordinea cronologică a Bibliei, par a nu fi ştiut unde să aşeze şi cum să se debaraseze de cartea lui Iov, pentru că nu conţine niciun element istoric şi nicio aluzie la vreunul care să poată folosi în a i se găsi un loc în Biblie. Nu ar fi servit însă scopului lor să facă publică propria ignoranţă, aşa că au atribuit-o anilor 1520 î.Hr., perioadă în care israeliţii se găseau în Egipt şi pentru care au la fel de multă autoritate câtă aş avea eu pentru a spune că fusese scrisă cu o mie de ani înaintea perioadei respective. Este, totuşi, probabil mai veche decât oricare altă carte din Biblie şi este singura care poate fi citită fără indignare sau dezgust.

Nu ştim nimic despre cum era lumea gentilă antică (după cum este denumită) înainte de vremea evreilor, care s-au ocupat să calomnieze şi să ponegrească spiritul tuturor celorlalte popoare pe care ne-am deprins să le numim păgâne în baza istoriile ebraice. Din câte putem şti, contrar acestei descrieri, erau popoare juste şi morale. Nu erau stăpânite, asemenea evreilor, de cruzime şi răzbunare. Despre credinţa lor nu ştim, însă, nimic. Se pare că ar fi avut obiceiul de a personifica atât virtuţile, cât şi viciile, în statui şi imagini, după cum se practică şi în zilele noastre atât în arta sculpturală cât şi în cea picturală. Din acest lucru nu rezultă, însă, că le venerau mai mult decât noi.

Trec la cartea Psalmilor, referitor la care nu este necesar să fac multe observaţii. Unii dintre ei sunt de natură morală, iar alţii sunt extrem de vindicativi. Se referă, în cea mai mare parte, la anumite circumstanţe locale ale poporului evreu din timpul când au fost scrise, cu care noi nu avem nicio legătură. Este, totuşi, o eroare sau o impostură să fie numiţi Psalmii lui David. Aceştia reprezintă o colecţie, cum ar fi cărţile de cântece, de astăzi, aparţinând diferiţilor autori de cântece care au trăit în alte vremuri. Psalmul al 137-lea nu putea fi scris decât la mai mult de 400 de ani după vremea lui David, pentru că este scris în comemorarea unui eveniment, exilul evreilor în Babilon[73], care nu a avut loc decât la acea distanță, în timp. *"Lângă râurile Babilonului, ne-am așezat; da, am plâns când ne-am amintit de Sion*[74]. *Ne-am agățat harpele în sălciile, din mijlocul acelora; căci acolo ne-au dus, în prizonierat și ne-au cerut un cântec, spunând, cântați-ne unul din cântecele despre Sion."* Așa cum cineva i-ar spune unui american, unui francez, sau unui englez: cântă-ne un cântec american, de-al tău, francez, de-al tău, sau englez, de-al tău. Această remarcă, cu privire la perioada în care acest psalm a fost scris, nu are alt folos decât de a arăta (printre altele, deja menționate) înșelarea generală a lumii, cu privire la autorii Bibliei. Nu a fost acordată nicio considerație timpului, locului, sau împrejurării și au fost atașate numele unor persoane mai multor cărți, pe care ar fi fost imposibil să le scrie, așa cum i-ar fi unui om să meargă în procesiune la propria înmormântare.

Cartea Proverbelor și Pildelor lui Solomon. Acestea, asemenea Psalmilor, sunt o colecție din autori aparținând altor popoare, în afara poporului evreu, după cum am arătat în observațiile la cartea lui Iov. Pe lângă aceasta, unele dintre Pildele atribuite lui Solomon nu au apărut mai devreme de două sute cinci zeci de ani după moartea lui, întrucât, se spune în XXV, 1: *"Acestea sunt și proverbele lui Solomon, pe care oamenii lui Ezechia, rege al Iudeei, le-au copiat."* Ezechia urmează la două sute cinci zeci de ani după vremea lui Solomon. Când cineva este faimos și numele său este pretutindeni, acesta este făcut autorul unor lucruri pe care el nu le-a spus, sau făcut, vreodată și probabil așa a fost și în cazul lui Solomon. Pare să fi fost cutuma perioadei respective, să fie compuse proverbe după cum se fac acum cărți cu vorbe de duh și le sunt atribuite celor ce nu le-au văzut vreodată.

Cartea *Ecclesiastului,* sau *Predicatorului,* îi este atribuită, de asemenea, lui Solomon și aceasta cu multă dreptate, dacă nu chiar cu adevăr. Este scrisă în chip de reflecții solitare ale unui depravat extenuat, așa cum era Solomon, care, privind înapoi, la scene de care nu se mai poate bucura, exclamă *Totul este zadarnic!* Mare parte a metaforei și a sentimentului este ascunsă, cu toată probabilitatea, de traducere, însă rămâne suficient pentru a arăta că acestea erau vădite, în varianta originală[75]. Din ce ni se transmite cu privire la caracterul lui Solomon, acesta a fost mucalit, lăudăros, desfrânat și, în cele din urmă, deprimat. El a dus o viață frivolă și a murit, plictisit de lume, la vârsta de optzeci și cinci de ani.

Șapte sute de neveste și trei sute de concubine sunt mai rele decât niciuna și, oricât de mult ar avea din aparența desfătării exagerate, năruie toată fericirea afecțiunii, nelăsându-i niciun punct de care să se agațe. Dragostea divizată nu este fericită niciodată. Aceasta era și situația lui Solomon și dacă nu a putut, cu toată pretinsa lui înțelepciune, să descopere din vreme, a meritat, fără milă, mortificarea ce avea să îndure. În această optică, predica lui nu este necesară, pentru că, pentru a cunoaște consecințele, este necesar doar să cunoști cauza. Șapte sute de neveste și trei sute de concubine ar fi stat în locul întregii cărți. După asta, era inutil să spui că totul era vanitate și tulburare sufletească, pentru că este imposibil să obținem fericire, însoțindu-ne cu cei pe care îi lipsim de fericire.

Pentru a fi fericiți la bătrânețe este necesar să ne obișnuim cu obiecte care ne pot însoți mintea pe tot parcursul vieții, iar pe restul, la fel de bune, să le luăm în considerare la vremea lor. Omul care aparține plăcerii este nefericit la bătrânețe, iar simpla muncă asiduă în cadrul ocupației profesionale este doar puțin mai bună, pe când filosofia naturală, știința matematică sau mecanică sunt o sursă continuă de plăcere liniștită și, în ciuda dogmelor sumbre ale preoților, studiul acelor lucruri reprezintă studiul adevăratei teologii. Îl învață pe om cum să îl admire pe Creator, pentru că principiile științei se găsesc în creație, sunt de neschimbat și de origine divină.

Aceia care l-au cunoscut pe Benjamin Franklin își vor aminti că mintea lui era mereu tânără, temperamentul său, mereu senin. Știința, care nu încărunțește niciodată i-a fost mereu însoțitoare. Nu era niciodată fără o preocupare, pentru că atunci când încetăm a mai avea o preocupare, devenim asemănători unui invalid, într-un spital, așteptând moartea.

Cântecele lui Solomon sunt senzuale și suficient de nesăbuite, însă fanatismul zbârcit le-a numit divine. Compilatorii Bibliei au așezat aceste cântece după cartea Ecclesiastului, iar cei care au întocmit cronologia le-au atașat perioadei 1014 î.Hr., timp în care Solomon, potrivit aceluiași tabel cronologic, avea vârsta de nouăsprezece ani și își forma seraiul de neveste și concubine. Producătorii Bibliei și cei care i-au întocmit cronologia ar fi trebuit să gospodărească ceva mai bine acest aspect și, ori să nu fi spus nimic, în privința timpului, ori să fi ales un timp mai puțin discordant față de presupusul caracter divin al acelor cântece, pentru că Solomon se găsea pe-atunci în luna de miere a o mie de răsfățuri.

Ar fi trebuit să le treacă prin minte că atunci când el scria, dacă a scris într-adevăr cartea Ecclesiastului, mult după aceste cântece în care exclamă că totul este vanitate și tulburare sufletească, el includea acele cântece în descrierea respectivă. Este cu atât mai probabil, având în vedere că el spune, sau cineva spune în locul lui (Ecclesiastul II, 8): „*Mi-am făcut rost de cântăreți și cântărețe* (cu toată probabilitatea, pentru a cânta acele cântece) *și instrumente muzicale de toate felurile*; și iată (Versetul al 11-lea): „Totul era vanitate și tulburare sufletească." Compilatorii, totuși, și-au făcut treaba. Însă pe jumătate, pentru că, având în vedere că ne-au dat cântece, ar fi trebuit să ne dea și muzica, să le putem cânta.

Cărțile denumite cărțile Profeților umplu toată partea restantă a Bibliei. Sunt șaisprezece la număr, începând cu Isaia și terminând cu Maleahi[76], iar lista lor am furnizat-o în observațiile făcute Cronicilor. Cu excepția ultimilor trei, toți au trăit în timpul în care au fost scrise cărțile Regilor și Cronicilor. Doar doi dintre acești șaisprezece profeți, Isaia și Ieremia, sunt menționați în istoria acelor cărți. Voi începe cu aceștia, păstrând ce am de spus, despre caracterul general al bărbaților denumiți profeți, pentru o altă parte a lucrării.

Oricine își va da osteneala să lectureze cartea atribuită lui Isaia, va găsi una dintre cele mai sălbatice și dezordonate alcătuiri realizate vreodată. Nu are nici început, nici mijloc, nici încheiere. Cu excepția unei scurte părți istorice și a câtorva fragmente de istorie în primele două, sau trei capitole, este o declamație continuă, incoerentă și bombastică, plină de metafore extravagante, fără aplicabilitate și sărace în înțeles. Cu greu i s-ar găsi scuză unui școlar dacă ar scrie astfel de bazaconii. Este (cel puțin în traducere) genul acela de compoziție și falsă finețe, numită, la propriu, proză smintită.

Partea istorică începe cu capitolul al XXXVI-lea și continuă până la sfârșitul capitolului al XXXIX-lea. Relatează unele chestiuni despre care se spune că s-au întâmplat în timpul domniei lui Ezechia, rege al Iudeei, în timpul căruia a trăit Isaia. Acest fragment de istorie începe și se termină în mod abrupt, nu are nici cea mai mică legătură cu capitolul care îl precedă, nici cu acela care îl urmează, nici cu oricare altul din carte. Este posibil ca

Isaia să fi scris el însuși acest fragment, pentru că el participă la evenimentele tratate în carte, însă, cu excepția acestei părți, abia dacă două capitole mai au legătură unul cu celălalt. Unul este intitulat, la începutul primului verset, povara Babilonului. Un altul, povara lui Moab. Un altul, povara Damascului. Un altul, povara Egiptului. Un altul, povara Pustiului Mării. Un altul, povara Văii Vedeniei. Cum s-ar spune: povestea Cavalerului Muntelui în Flăcări, povestea Cenușăresei, sau a pantofului de sticlă, povestea Frumoasei din Pădurea Adormită, etc., etc..

Am arătat deja, în exemplul ultimelor două versete din 2 Cronici și a primelor 3 din Ezra, că acei compilatori ai Bibliei au amestecat și încurcat între ele scrierile diferitor autori. Numai acest lucru, chiar fără a mai fi și altceva, este suficient pentru a distruge autenticitatea oricărei compilații, pentru că reprezintă o probă mai mult decât prezumptivă în ceea ce privește ignoranța compilatorilor relativ la cine fuseseră autorii. Un exemplu evident a acestui fapt se găsește în cartea atribuită lui Isaia, în ultima parte a celui de-al XLIV-lea capitol și începutul celui de-al XLV-lea. Atât de departe de a fi fost scrise de Isaia, acestea puteau doar să fie scrise de către o persoană care a trăit cel puțin la o sută cincizeci de ani după moartea lui Isaia.

Aceste capitole sunt un omagiu adus lui Cirus[77], care le-a permis evreilor să se întoarcă la Ierusalim din exilul babilonian, pentru a reconstrui Ierusalimul și templul, după cum este menționat în Ezra. Ultimul verset al celui de-al XLIV-lea capitol și începutul celui de-al XLV-lea (Isaia) conțin următoarele cuvinte *(XLIV, 28): „Eu zic despre Cirus: «El este păstorul Meu și el va împlini toată voia Mea»; el va zice despre Ierusalim: «Să fie zidit iarăși!» Și despre Templu: «Să i se pună temeliile.»" (XLV, 1): „Așa vorbește Domnul către unsul Său, către Cirus, pe care-l ține de mână ca să doboare neamurile înaintea lui și să dezlege brâul împăraților, să-i deschidă porțile, ca să nu se mai închidă,"* etc.

Ce îndrăzneală din partea bisericii și ce ignoranță preoțească să impui lumii această carte, drept scrisă de Isaia, când Isaia, în baza cronologiei lor, murise imediat după moartea lui Ezechia, care fusese în anul 698 î.Hr.. În vreme ce decretul lui Cirus, care a favorizat întoarcerea evreilor la Ierusalim, a fost, potrivit aceleiași cronologii, în anul 536 î.Hr., adică la 162 de ani. Nu presupun că respectivii compilatori ai Bibliei au făcut aceste cărți ci, mai degrabă, că au cules niște eseuri separate și anonime și le-au pus împreună, sub numele acelor autori care se potriveau cel mai bine scopului lor. Au încurajat impostura, ceea ce este la doar un pas de a fi inventat-o. Pentru că era imposibil să nu o fi observat. Când vedem șiretenia studiată a producătorilor scripturilor în alcătuirea fiecărei părți a acestei cărți romanțioase generate de elocvența unui școlar în așa fel încât să se preteze ideii monstruoase a Fiului lui Dumnezeu, zămislit de un spirit, în trupul unei virgine, nu există nicio impostură de care nu i-am putea bănui în mod justificat. Fiecare expresie și întâmplare este însemnată de mâna barbară a torturii superstițioase și forțată către înțelesuri pe care era imposibil să le fi avut. Titlul fiecărui capitol și partea de sus a fiecărei pagini poartă blazonul numelor lui Cristos și al Bisericii, așa încât cititorul neavizat să fie făcut să-și însușească eroarea înainte de a începe să citească.

Iată, o virgină va zămisli și va da naștere unui fiu (Isaia VII, 14), a fost interpretat a desemna persoana numită Isus Cristos și pe mama acestuia, Maria. Acest lucru a fost purtat, ca un ecou, prin creștinătate, pentru mai mult de o mie de ani. Iar consecința directă a furiei acestei opinii a fost că aproape nici un locșor din ea nu a rămas nepătat de sânge și neînsemnat de dezolare. Nu este intenția mea să intru în controverse pe marginea unor astfel de subiecte. Doresc să mă limitez la a arăta că Biblia este nelegitimă și, îndepărtând fundația, să dau jos întreaga structură a superstiției ridicată pe ea. Mă voi opri, totuși, un moment pentru a da în vileag aplicarea falacioasă a acestui paragraf.

Nu mă privește dacă Isaia voia să-i joace un renghi lui Ahaz[78], regele Iudeii, cel căruia îi este adresat acest paragraf. Vreau numai să arăt aplicarea greșită a acestui paragraf și faptul că nu se referă la Cristos și la mama sa mai mult decât se referă la mine și la mama mea. Simplu spus, povestea este aceasta:

Regele Siriei și regele Israelului (am menționat deja că Israelul era împărțit în două regate: Iudeea, cu capitala la Ierusalim și Israel) au pornit război, împreună, împotriva lui Ahaz, regele Iudeei și și-au dus armatele către Ierusalim. Ahaz și oamenii săi s-au alarmat, iar povestea spune (Isaia VII, 2): *„Inimile lor erau agitate, cum agită vântul pomii, în pădure."*

Astfel stând lucrurile, Isaia i se adresează lui Ahaz și îi spune, *în numele Domnului* (argoul tuturor profeților) că acești doi regi nu vor avea succes împotriva lui și pentru a-l asigura pe Ahaz că așa se va întâmpla, îi spune acestuia să ceară un semn. Ahaz, ne spune povestea, a refuzat să facă asta motivând că nu-l va tenta pe Domnul, moment în care Isaia spune, Versetul al 14-lea: „Aşadar Domnul, însuşi, îţi va da un semn; *iată, o virgină va zămisli şi va da naştere unui fiu,*" iar versetul al 16-lea spune: *„Şi înainte ca acest copil să ştie să refuze răul şi să aleagă binele, pământul* pe care îl deteşti sau de care îţi este groază (însemnând Siria şi regatul Israelului) va fi părăsit de cei doi regi ai săi." Aşadar, aici fusese semnul şi timpul limită pentru îndeplinirea lucrului în privinţa căruia fusese asigurat sau care îi fusese promis, adică, înainte ca acest copil să ştie să refuze răul şi să aleagă binele.

Pentru Isaia, având în vedere că-şi asumase o obligaţie, devenea necesar să ia măsuri pentru a face să apară acest semn, pentru a nu i se imputa că este un fals profet şi consecinţele acestui fapt. În nicio epocă nu a fost, cu siguranţă, dificil să se găsească o fată însărcinată sau să se facă în aşa fel încât să fie însărcinată. Este posibil ca Isaia să fi cunoscut una dinainte, întrucât presupun că profeţii din acea vreme nu erau, în această privinţă, mai de încredere decât preoţii. Fie cum o fi, el spune în capitolul următor, versetul 2: „Şi mi-am luat martori credincioşi pe Urie[79], preotul şi pe Zaharia, fiul lui Ieberechia, şi m-am dus la prorociţă şi a zămislit şi născut un fiu."

Deci aceasta este întreaga poveste, pe cât de absurdă, a acestui copil şi a acestei virgine. Pe denaturarea neruşinată a acestei poveşti, cartea lui Matei, lipsa de ruşine şi interesul sordid al preoţilor de mai târziu au fondat o teorie pe care o numesc evanghelie. Au folosit această poveste pentru a indica persoana pe care ei o numesc Isus Cristos, zămislită, spun ei, de un duh, pe care îl numesc sfânt, în trupul unei femei, logodită şi apoi, măritată, pe care ei o numesc virgină, la şapte sute de ani de la prima sa consemnare. O teorie pe care, vorbind pentru mine, nu preget să o cred, cum s-ar spune, la fel de fabuloasă şi falsă pe cât este Dumnezeu de adevărat[80].

Pentru a arăta, însă, impostura şi neadevărul din Isaia, trebuie doar să urmărim continuarea poveştii. Peste această continuare se trece în linişte în cartea lui Isaia, pentru a fi relatată în 2 Cronici XXVIII după cum urmează: cei doi regi, în loc să eşueze în încercarea lor împotriva lui Ahaz, rege al Iudeei, după cum Isaia pretinsese a profeţi în numele Domnului, *reuşesc.* Ahaz este învins şi distrus, o sută douăzeci de mii dintre oamenii lui sunt măcelăriţi, Ierusalimul este prădat şi două sute de mii de femei şi copii sunt luaţi în robie. Cam atât despre Isaia, acest profet mincinos și impostor și despre cartea neadevărurilor care îi poartă numele. Trec mai departe, la cartea lui *Ieremia*.

Acest profet, după cum este numit, a trăit în perioada în care Nabucodonosor a asediat Ierusalimul, în timpul domniei lui Sedechia, ultimul rege al Iudeei. În jurul său plana bănuiala că ar fi fost un trădător și că ar fi servit interesele lui Nabucodonosor. Toate lucrurile care au legătură cu Ieremia îl prezintă drept un bărbat cu caracter îndoielnic. În metafora sa, aceea cu olarul și lutul, (Ieremia XVIII) el își măsoară prognosticările cu atâta șiretenie, încât de fiecare dată își lasă o portiță de scăpare în caz că evenimentul nu ar fi împlinit prognosticul. În cel de-al 7-lea și cel de-al 8-lea Verset, el îl face pe Atotputernic să spună: „Deodată zic despre un neam, despre o împărăție, că-l voi smulge, că-l voi surpa și că-l voi nimici, dar, dacă neamul acesta despre care am vorbit astfel se întoarce de la răutatea lui, atunci și Mie Îmi pare rău de răul pe care Îmi pusesem în gând să i-l fac." Aceasta a fost clauza care asigura o eventualitate a cazului. Acum, pentru cealaltă. Versetele 9 și 10: „Tot așa însă, deodată zic despre un neam, sau despre o împărăție, că-l voi zidi sau că-l voi sădi. Dar, dacă neamul acesta face ce este rău înaintea Mea și n-ascultă glasul Meu, atunci Îmi pare rău și de binele pe care aveam de gând să i-l fac." Aceasta a fost clauza asiguratoare, în caz contrar. Potrivit acestui plan de profeție, un profet nu s-ar fi putut înșela niciodată, oricât de tare s-ar fi înșelat Atotputernicul. Acest tip de subterfugiu absurd și această manieră de a vorbi despre Atotputernic, în același mod în care cineva ar vorbi despre un om, nu concordă decât cu stupiditatea Bibliei.

În ceea ce privește autenticitatea acestei cărți, este suficient să fie citită pentru a putea stabili cu convingere că, deși este posibil ca unele paragrafe consemnate în ea să fi fost rostite de Ieremia, acesta nu este autorul cărții. Părțile istorice, dacă pot fi numite astfel, sunt extrem de încâlcite, aceleași întâmplări sunt repetate de mai multe ori în manieră diferită și, câteodată, în mod contradictoriu, iar această dezordine continuă chiar până la ultimul capitol, în care povestea care ocupase cea mai mare parte a cărții, începe de la început și se termină brusc. Cartea are aspectul unui amestec miscelaneu de istorioare fără legătură între ele, privind persoane și lucruri din perioada respectivă, reunite în aceeași manieră aspră în care, în zilele noastre, ar putea fi compilate (dintr-un maldăr de ziare) numeroase povestiri contradictorii, privind persoane și lucruri din prezent, fără dată, ordine sau motivație. Voi furniza două sau trei exemple de acest fel.

Din povestirea de la capitolul al XXXVII-lea, reiese că armata lui Nabucodonosor, care este numită armata Caldeenilor, asedia Ierusalimul de ceva vreme. Când au auzit că armata faraonului Egiptului era în marș către ei, au ridicat asediul și s-au retras pentru un timp. Este bine de menționat pentru a înțelege această poveste confuză, că Nabucodonosor asediase și cucerise Ierusalimul în timpul domniei lui Ioachim[81], predecesorul lui Sedechia, că Nabucodonosor l-a numit rege, sau, mai degrabă vice-rege, pe Sedechia și că acest al doilea asediu despre care vorbește cartea lui Ieremia a fost o consecință a revoltei lui Sedechia împotriva lui Nabucodonosor. Aceasta va lămuri, oarecum, bănuiala (care planează asupra lui Ieremia) de trădare în interesul lui Nabucodonosor, pe care Ieremia îl numește (XLIII, 10), *robul lui Dumnezeu*.

Capitolul XXXVII, 11-14 spune: „Pe când se depărtase oastea Caldeenilor[82] de Ierusalim de frica oștii lui Faraon, Ieremia a vrut să iasă din Ierusalim, ca să se ducă în țara lui Beniamin și să scape din mijlocul poporului. Când a ajuns însă la poarta lui Beniamin, căpitanul străjerilor, numit Ireia, ... era acolo și a pus mâna pe prorocul Ieremia, zicând: *Tu vrei să treci la Caldeeni*! Și Ieremia a spus, *Nu este adevărat! Nu vreau să fug la Caldeeni.*" După ce a fost oprit, acuzat și interogat, a fost dus la închisoare, fiind bănuit de trădare și a rămas închis, după cum este menționat în ultimul verset al acestui capitol.

Însă următorul capitol ne furnizează o relatare a detenției lui Ieremia care nu are nicio legătură cu *această* poveste. Aici reținerea sa este pusă pe seama altor întâmplări, pentru care trebuie să ne întoarcem la capitolul al XXI-lea. Se spune acolo, în versetul 1, că Sedechia l-a trimis pe Pașhurr[83], fiul lui Malachia[84], și pe Sofoni[85], fiul preotului Maaseia[86], la Ieremia să-l întrebe despre Nabucodonosor, a cărui armată era, atunci, în fața Ierusalimului și Ieremia le-a spus, versetul 8: „Așa vorbește Domnul: Iată că vă pun înainte calea vieții și calea morții. Cine va rămâne în cetatea aceasta va muri ucis de sabie, de foamete sau de ciumă, *dar cine va ieși să se ducă la Caldeenii care vă împresoară va scăpa cu viață, care va fi singura lui pradă.*"

Întâlnirea și discuția se termină brusc la sfârșitul celui de-al 10-lea verset al capitolului al XXI-lea, iar dezordinea aceste cărți este atât de mare încât trebuie să mai traversăm zece capitole, pe diferite subiecte, pentru a ajunge la continuarea întâmplărilor din această discuție. Aceasta ne aduce la primul verset al capitolului al XXXVIII-lea, după cum am menționat. Capitolul se deschide, spunând: „Apoi Șefatia[87], fiul lui Matan[88], Ghedalia[89], fiul lui Pashor și Iucal (Iucal, puternic), fiul lui Șelemia[90] și Pașhurr, fiul lui Malachia, (aici sunt menționate mai multe persoane decât în capitolul al XXI-lea) au auzit cuvintele lui Ieremia, spuse tuturor, zicând, «Așa vorbește Domnul: Cine va rămâne în cetatea aceasta va muri ucis de sabie, de foamete sau de ciumă, dar cine va ieși și se va duce la Caldeeni, va scăpa cu viață, va avea ca pradă viața lui și va trăi»; (care sunt cuvintele din discuție) așadar, (îi spun ei lui Sedechia) „Te conjurăm, omul acesta ar trebui omorât! Căci moaie inima oamenilor de război care au mai rămas în cetatea aceasta și a întregului popor, ținându-le asemenea cuvântări; omul acesta nu urmărește binele poporului acestuia și nu-i vrea decât nenorocirea." Și, în al șaselea Verset, se spune: „Atunci, ei au luat pe Ieremia și l-au aruncat în groapa lui Malachia."

Aceste două relatări sunt diferite și contradictorii. Una pune întemnițarea lui pe seama încercării sale *de a fugi din oraș*, cealaltă, pe seama *predicilor și a profețiilor, rostite în oraș*; una, pe seama capturării acestuia de către gardă, la poarta orașului, cealaltă, pe seama faptului că a fost acuzat în fața lui Sedechia de către participanții la discuție[91].

În capitolul următor (Ieremia XXXIX) avem un alt exemplu în ceea ce privește dezordinea din această carte. Deși faptul că Nabucodonosor asediase orașul fusese subiectul mai multor capitole precedente (în mod deosebit, XXXVII și XXXVIII), capitolul al XXXIX-lea începe de parcă niciun cuvânt nu ar fi fost spus despre acest subiect și de parcă cititorul urma să primească toate detaliile în această privința. Începe spunând, în versetul 1: „În cel de-al nouălea an al lui Sedechia, rege al Iudeei, în cea de-a zecea lună, au venit Nabucodonosor, rege al Babilonului și toată armata sa, împotriva Ierusalimului și l-au asediat," etc.

Însă întâmplarea din ultimul capitol (LII) este mai bătătoare la ochi. Deși povestea fusese spusă și repetată, acest capitol încă presupune că cititorul nu știe nimic despre aceasta și începe spunând în Versetul 1: „Sedechia avea douăzeci și unu de ani când și-a început domnia și a domnit timp de unsprezece ani în Ierusalim și numele mamei sale era Hamutal, fiica lui Ieremia, din Libna (Libna, oraș din regatul Iudeei; s-a revoltat în timpul Regelui Ieroham, din Iudeea, pentru că acesta abandonase Dumnezeul părinților)", (versetul 4): „În al nouălea an al

domniei lui Zedechia, în a zecea lună, a venit Nabucodonosor, împăratul
Babilonului, cu toată oştirea lui împotriva Ierusalimului; au ridicat tabără
înaintea lui şi au construit fortificaţii de jur împrejurul lui," etc..

Nu este posibil ca un singur om, mai cu seamă Ieremia, să fi fost
autorul acestei cărţi. Erorile sunt de o aşa natură încât nu puteau fi făcute
de nicio persoană care s-ar fi apucat să compună o lucrare. Dacă eu, sau
oricine altcineva, am scrie într-o manieră atât de dezordonată, nimeni nu
ne-ar citi scrierile şi toţi ar presupune că autorul este un nebun. Aşadar,
singurul mod în care se poate justifica dezordinea respectivă îl reprezintă
presupunerea că lucrarea constituie un amestec de poveşti anonime, fără
legătură între ele, reunite de un compilator stupid sub numele de
Ieremia, pentru că multe dintre ele se referă la el şi la întâmplări din
perioada în care a trăit.

Cât priveşte caracterul duplicitar, sau prezicerile false ale lui
Ieremia, voi menţiona două exemple şi apoi voi continua cu analiza
Bibliei.

Din capitolul al XXXVIII-lea reiese că atunci când Ieremia era
întemniţat, Sedechia a trimis după el şi că, în cadrul respectivei
întrevederi, cu caracter privat, Ieremia făcuse presiuni puternice asupra
lui Sedechia pentru a se preda inamicului. „Dacă, spune el, (versetul 17)
te vei supune căpeteniilor împăratului Babilonului, vei scăpa cu viaţă,"
etc.. Sedechia se temea că întâmplările din cadrul întrevederii vor fi
aflate, aşa că îi spune lui Ieremia (versetul 25): „Dar, dacă vor auzi
căpeteniile (Iudeei) că ţi-am vorbit şi dacă vor veni şi-ţi vor zice: «Spune-
ne ce ai spus împăratului şi ce ţi-a spus împăratul; nu ne ascunde nimic, şi
nu te vom omorî»; şi, de asemenea, ce ţi-a spus împăratul, ţie; atunci, tu
să le spui, L-am implorat pe împărat să nu facă să mă reîntorc în casa lui
Ionatan[92], să mor acolo. Apoi, toate căpeteniile s-au dus la Ieremia şi l-au
întrebat şi el le-a spus aşa cum regele poruncise." Aşadar, acest om al lui
Dumnezeu, după cum este numit, putea să mintă, sau să ocolească
puternic adevărul când se gândea că acest lucru ar putea servi propriului
scop, pentru că el nu s-a dus la Sedechia să prezinte această rugă şi nici
nu a prezentat-o. S-a dus fiindcă fusese chemat şi a folosit acea
oportunitate pentru a-l sfătui pe Sedechia să i se predea lui
Nabucodonosor.

În capitolul al XXXIV-lea, 2-5 este prezentată o profeţie a lui
Ieremia, către Sedechia, în următoarele cuvinte:

„Așa vorbește Domnul: Iată, dau cetatea aceasta în mâinile împăratului Babilonului și o va arde cu foc. Și tu nu vei scăpa din mâinile lui, ci vei fi luat și dat în mâna lui, vei da ochi cu împăratul Babilonului, el îți va vorbi gură către gură și vei merge la Babilon. Numai, ascultă Cuvântul Domnului, Sedechia, împăratul lui Iuda!" Așa vorbește Domnul despre tine: „Nu vei muri ucis de sabie, ci vei muri în pace și, cum au ars miresme pentru părinții tăi, vechii împărați, care au fost înaintea ta, tot așa vor arde și pentru tine și te vor jeli, zicând: Vai, Doamne! Căci Eu am rostit cuvântul acesta", zice Domnul.

Acum, în loc să-l privească Sedechia în ochi pe regele Babilonului, să-i vorbească, nemijlocit, să moară în pace și să-i fie arse miresme ca la înmormântările strămoșilor săi (așa cum Ieremia declarase că Domnul, însuși, pronunțase), s-a întâmplat exact opusul, potrivit capitolului al LII-lea, 10-11. Se spune acolo că regele Babilonului i-a omorât pe fiii lui Sedechia, sub ochii acestuia, apoi i-a scos ochii lui Sedechia, l-a pus în lanțuri, l-a dus la Babilon și l-a întemnițat până în ziua morții.

Ce putem spune, atunci, despre acești profeți, dacă nu că erau impostori și mincinoși?

Cât despre Ieremia, el nu a pățit astfel de rele. El a fost luat sub ocrotirea lui Nabucodonosor, care l-a dat în grija căpitanului gărzii (XXXIX, 12): „Ia-l, a spus el și ai grijă multă de el și nu-i face nici un rău, ci fă ce-ți va cere." În continuare, Ieremia s-a alăturat lui Nabucodonosor și a început să profețească pentru acesta, împotriva Egiptenilor, care veniseră, spre liniștea Israelului, în timp ce acesta era asediat. Cam atât despre un altul dintre profeții mincinoși și cartea ce-i poartă numele.

Am intrat în detalii în ceea ce privește cărțile atribuite lui Isaia și Ieremia pentru că acestea două sunt menționate adesea în cărțile Regilor și în Cronici, pe când celelalte nu. Nu mă voi ocupa prea mult de restul cărților atribuite celor ce sunt numiți profeți, le voi avea în vedere, ca grup, în cadrul observațiilor pe care le voi face cu privire la caracterul bărbaților denumiți profeți.

În prima parte a cărții *Vârsta Rațiunii* am spus că denumirea de profet era denumirea folosită în Biblie pentru poet și că avânturile și metaforele poeților evrei au fost ridicate, în mod nesăbuit, la rangul de profeții, după cum sunt numite acum. Această opinie are o justificare suficientă, nu doar pentru că acele cărți, denumite profetice, sunt scrise în limbaj poetic, ci și pentru că niciun cuvânt din Biblie, cu excepția cuvântului profet, nu descrie ceea ce noi înțelegem prin poet. Am menționat, de asemenea, că acest cuvânt indica un artist care folosea instrumente muzicale și am dat și unele exemple, cum a fost acela al companiei de profeți, care profetizau cu psalterioane, cu tobe mici, cu fluiere, cu harpe, etc., cu care profetiza și Saul (1 Samuel X, 5). Din acest pasaj reiese, ca și din alte părți ale cărții lui Samuel, că acest cuvânt, profet, se limita să indice poezia și muzica, pentru că persoana despre care se presupunea că are o cunoaștere vizionară a lucrurilor ascunse nu era numită profet, ci clar-văzător[93] (1 Samuel IX, 9). Numai după ce cuvântul clar-văzător a ieșit din uz (probabil atunci când Saul i-a izgonit pe cei pe care îi numea vrăjitori) profesia de clar-văzător, sau arta clar-văzătorului, a fost încorporată în cuvântul profet.

Potrivit semnificațiilor *moderne* ale cuvintelor *profet* și *a profetiza*, acestea înseamnă prezicerea unor evenimente la mare distanță în timp și devenise necesar pentru inventatorii evangheliei să-i ofere acest larg înțeles, pentru a folosi, sau a întinde ceea ce ei numeau profețiile Vechiului Testament, în timpul Noului Testament. Potrivit Vechiului Testament, însă, profețiile clar-văzătorului și, după aceea, ale profetului, în funcție de cât din semnificația cuvântului clar-văzător fusese încorporat în cuvântul profet, se refereau doar la întâmplări din timpurile sale, sau strâns legate de acele timpuri, cum ar fi fost o luptă pe care aveau de gând să o ducă, o călătorie, sau orice alt lucru pe care aveau de gând să-l întreprindă, o situație, aflată în desfășurare atunci, sau orice dificultate în care s-ar fi putut găsi, atunci. Tot ce avea referință imediată la ei (ca în cazul, deja menționat, cu Ahaz și Isaia, în ceea ce privește expresia, *Iată, o virgină va zămisli și va da naștere unui fiu*,) și nu la un viitor îndepărtat. Era genul de profetizare care corespunde cu ceea ce noi numim ghicit, realizarea unui horoscop, prezicerea de bogății, mariaje fericite, sau nefericite, farmece pentru recuperarea lucrurilor pierdute, etc.. Frauda bisericii creștine, nu aceea a evreilor și ignoranța și superstiția timpurilor moderne, nu aceea a timpurilor antice, au ridicat membrii acelei mici nobilimi itinerante, poetice, muzicale, visătoare, la rangul pe care l-au avut încă de pe atunci.

Însă, pe lângă acest caracter general al tuturor profeților, aceștia aveau și un caracter particular. Erau împărțiți în facțiuni și profetizau pro sau contra, în funcție de partea pe care o susțineau, așa cum, în prezent, scriitorii artistici sau politici scriu în apărarea părții cu care se asociază și împotriva celeilalte.

După ce evreii au fost împărțiți în două regate, cel al Iudeei și cel al Israelului, fiecare parte a avut profeții săi, care se insultau și se acuzau unii pe ceilalți de a fi falși profeți, profeți mincinoși, impostori, etc..

Profeții facțiunii din Iudeea profetizau împotriva profeților facțiunii din Israel, iar aceia ai facțiunii din Israel, împotriva celor ai Iudeei. Această profetizare, pe facțiuni, s-a manifestat imediat după separare sub primii doi regi rivali, Roboam[94] și Ieroboam[95]. Profetul care blestema sau profetiza altarul pe care Ieroboam îl construise în Betel*, aparținea facțiunii din Iudeea, unde Roboam era rege. Pe când se întorcea o dată acasă, acesta a fost pândit și acostat de un profet al facțiunii din Israel, care i-a spus (1 Împărați XIII, 14): „Tu ești omul Domnului care vine din Iudeea? Și el a spus, Eu sunt." Apoi, profetul facțiunii din Israel i-a spus: „Și eu sunt profet, la fel ca tine (însemnând al Iudeei) și un înger mi-a vestit cuvântul Domului și mi-a spus, Adu-l înapoi, cu tine, în casa ta, ca să mănânce pâine și să bea apă, însă, (spune Versetul al 18-lea) îl mințea." Întâmplarea, așadar, conform poveștii, este că profetul din Iudeea nu s-a mai întors vreodată în Iudeea, pentru că a fost găsit mort, pe drum, victimă a vicleniei profetului din Israel, care era numit, fără îndoială, profet adevărat, de către facțiunea sa, iar profetul din Iudeea, profet mincinos.

În 2 Împărați III este relatată o poveste despre profetizare sau invocarea spiritelor care arată prin unele detalii, caracterul unui profet. Iosafat, rege al Iudeei și Ioram, rege al Israelului, încetaseră momentan animozitatea dintre facțiuni și formaseră o alianță și împreună cu regele din Edom porniseră război împotriva regelui din Moab. După ce și-au reunit și pornit armatele, continuă povestea, au rămas fără apă și Iosafat a spus (2 Împărați III, 11): „Nu este aici niciun proroc al Domnului, prin care să putem întreba pe Domnul? Unul din slujitorii împăratului lui Israel a răspuns: Este aici Elisei (Elisei era din facțiunea Iudeei)... Și Iosafat, regele Iudeei, a spus, Cuvântul Domnului este cu el." Povestea spune, apoi, că acești trei regi s-au dus la Elisei și atunci când Elisei (care, după cum am spus, era un profet al Iudeei) l-a văzut pe Regele Israelului, i-a spus: „Ce am eu a face cu tine? Du-te la prorocii tatălui tău și la prorocii

*Betel, Casa lui El sau Casa lui Dumnezeu; oraş de frontieră, localizat între Veniamin si Efraim.

mamei tale." Şi împăratul lui Israel i-a zis: „Nu, căci Domnul a chemat pe aceşti trei împăraţi ca să-i dea în mâinile Moabului (din cauza lipsei apei)!" Elisei a zis: „Viu este Domnul oştirilor, al cărui slujitor sunt, că, dacă n-aş avea în vedere pe Iosafat, împăratul lui Iuda, pe tine nu te-aş băga de loc în seamă şi nici nu m-aş uita la tine." Aici este tot veninul şi vulgaritatea unui profet de facţiune. Vom vedea, acum, reprezentaţia, sau maniera de a profetiza.

Versetul 15. „Adu-mi (a spus Elisei) un menestrel; şi s-a întâmplat, atunci când menestrelul cânta, că a fost atins de mâna Domnului." Şi aici este farsa solomonarului. Acum, profeţia: „Şi Elisei a spus, (cântând cel mai probabil, pe melodia pe care o interpreta instrumental) Astfel grăieşte Domnul, Să-mi umpleţi valea asta cu şanţuri," adică, exact ceea ce le-ar fi spus orice om al locului, fără scripcă, sau farsă, că, de vrei apă, trebuie să sapi după ea.

Dar, cum fiecare solomonar nu e la fel de talentat în toate lucrurile, nici profeţii nu sunt. Deşi toţi, sau cel puţin cei despre care am vorbit, erau faimoşi pentru minciună, unii dintre ei excelau în blesteme. Elisei, pe care l-am pomenit deja, era un maestru în această ramură a profetizatului. El îi blestemase, în numele Domnului, pe cei patruzeci şi doi de copii pe care cele două ursoaice veniseră şi-i sfâşiaseră. Trebuie să presupunem că respectivii copii erau din partea Israelului. Însă, după cum cei ce blestemă vor şi minţi, trebuie să se dea aceeaşi crezare acestei poveşti, a ursoaicelor lui Elisei, câtă trebuie dată aceleia a Dragonului lui Wantley[96], despre care se spune:

Bieţi copii, trei devora,
Ce nu putuseră cu el lupta;
La o cină îi servea,
Ca un măr, altcineva.

Mai exista o categorie a bărbaţilor numiţi profeţi. Categoria celor care se amuzau cu vise şi viziuni. Nu ştim, însă, dacă pe timp de noapte, sau zi. Aceştia erau doar puţin dăunători, chiar dacă nu tocmai inofensivi.

Din această categorie fac parte Ezechiel şi Daniel. Prima întrebare, în privinţa acestor cărţi, ca şi în privinţa tuturor celorlalte, este: Sunt autentice? Adică, au fost scrise de Ezechiel[97] şi de Daniel[98]?

În această privință nu există nicio dovadă. Personal, înclin mai tare să cred că sunt, decât că nu sunt. Motivele care îmi fundamentează această opinie sunt următoarele. În primul rând, aceste cărți nu conțin elemente interne care să indice că nu au fost scrise de Ezechiel sau de Daniel, spre deosebire de cărțile atribuite lui Moise, Iosua, Samuel, etc. (bogate în elemente care arată că nu au fost scrise de Moise, Iosua, Samuel, etc.).

În al doilea rând, pentru că ele nu au fost scrise decât după începutul robiei în Babilon și sunt motive întemeiate pentru a crede că nicio carte din Biblie nu a fost scrisă înainte de perioada respectivă. Cel puțin, se poate demonstra pornind de la cărți, după cum am arătat, că nu au fost scrise decât după începutul monarhiei ebraice (1050 î.Hr.).

În al treilea rând, pentru că maniera în care sunt scrise aceste cărți atribuite lui Ezechiel și lui Daniel corespunde situației în care se găseau aceștia în momentul în care le-au scris.

Dacă numeroșii comentatori și preoți care și-au irosit timpul cu pretenția de a explica sau de a descifra acele cărți, ar fi fost luați în captivitate, așa cum pățiseră Ezechiel și Daniel, ar fi înțeles motivul acelui mod de a scrie (un adevărat salt intelectual pentru ei) și ar fi fost scutiți de neajunsul stoarcerii născocirii lor în van. Ar fi descoperit că erau obligați să scrie ceea ce scriau (în privința problemelor personale, ale prietenilor, sau ale țării) în chip disimulat, cum fuseseră și acei oameni.

Aceste două cărți diferă de tot restul pentru că numai ele sunt pline cu povestiri despre vise și viziuni. Această diferență a izvorât din condiția de prizonieri de război, sau de deținuți politici într-o țară străină în care se găseau autorii lor. Această situație i-a obligat să-și comunice până și cea mai banală informație, alături de toate opiniile și proiectele politice, în termeni obscuri sau metaforici. Ei pretind că au avut vise și viziuni pentru că nu era sigur pentru ei să discute lucruri concrete în limbaj comun. Totuși, ar trebui să presupunem că persoanele cărora le-au scris înțelegeau sensul pe care nimeni altcineva nu trebuia să-l înțeleagă. Însă acești harnici comentatori și preoți și-au frământat spiritele pentru a descoperi ceea ce nu îi privea și nu trebuiau să descopere.

Ezechiel și Daniel au fost luați prizonieri și duși la Babilon atunci când a avut loc prima înrobire, pe vremea lui Ioachim, cu nouă ani înainte de cea de-a doua înrobire, pe vremea lui Sedechia. Evreii erau încă numeroși în acele vremuri și aveau o putere considerabilă la Ierusalim.

După cum este natural de presupus, oamenii în situația lui Ezechiel și Daniel plănuiau recucerirea țării și propria salvarea. În baza unei presupuneri rezonabile, relatările de vise și viziuni care umplu aceste cărți nu sunt altceva decât un mod ascuns de a coresponda pentru a facilita atingerea acelor scopuri și erau folosite drept cod de comunicare sau alfabet secret. Dacă nu reprezintă acest lucru, atunci sunt născociri, visuri și lucruri fără-de-sens, o cale fantezistă de a înlătura din monotonia captivității. Ipoteza de bază rămâne însă prima.

Ezechiel își începe cartea vorbind despre o viziune a unor *heruvimi*[99] și a unei *roți în interiorul altei roți*, pe care spune că a avut-o lângă râul Chebar[100], în teritoriul în care era captiv. Nu ar fi rezonabil de presupus că, prin heruvimi făcea referire la templul din Ierusalim, unde erau reprezentate figuri de heruvimi? Și prin roata din interiorul altei roți, (figură care a indicat mereu mașinații politice) proiectul sau mijloacele de recucerire a Ierusalimului? În ultima parte a acestei cărți, el se închipuie transportat la Ierusalim, în templu și se referă iar la viziunea de lângă râul Chebar și spune (XLIII, 3) că aceasta fusese ca viziunea de lângă râul Chebar, fapt care arată că pretinsele vise și viziuni aveau ca obiect recucerirea Ierusalimului și nimic mai mult.

În ceea ce privește interpretările romanțioase și aplicările fanteziste încercate de comentatori și preoți în raport cu acele cărți, acestea sunt de fantasticul viselor și viziunilor pe care încearcă să le explice. Ideea de a le transforma în ceea ce ei numesc profeții și a le face să se aplice unor timpuri și circumstanțe care ajung până în perioade cu departarea zilelor noastre arată anvergura fraudei sau absurditatea până la care poate ajunge credulitatea sau șiretenia preoților.

Nimic mai absurd decât presupunerea că oameni în poziția lui Ezechiel și lui Daniel, a căror țară fusese cotropită și se găsea în mâinile dușmanului, ai căror prieteni sau neamuri erau, după caz, sclavi acasă, captivi peste hotare, masacrați, sau în pericol constant de a fi masacrați, nimic, spun, mai absurd decât să presupui că astfel de oameni nu ar găsi nimic de mai bun de făcut decât să-și ocupe timpul și gândurile cu ce aveau să pățească alte popoare la o mie sau la două mii de ani după moartea lor. În același timp, nimic mai natural decât faptul că ei meditau la recucerirea Ierusalimului și la propria salvare, în calitate de unic motiv al scrierilor obscure și aparent frenetice din cărțile respective.

În acest sens, scrierea folosită în cele două cărți, sub imperiul necesității și nu liber aleasă, nu este irațională. Dacă ar fi, totuși, să folosim cărțile ca profeții, ele ar fi false. În Ezechiel XXIX, 11 se spune, cu privire la Egipt: „Picior de om nu va trece prin el și nici picior de animal; și nici nu va fi locuit, timp de patruzeci de ani." Așa ceva nu s-a întâmplat niciodată și în consecință, este fals, așa cum sunt toate cărțile pe care le-am analizat deja. Închid aici această parte a subiectului.

În prima parte a cărții *Vârsta Rațiunii* am vorbit despre Iona și despre povestea sa cu balena. O poveste demnă de ridicol, dacă a fost scrisă pentru a fi crezută, sau de râs, dacă intenționa să testeze capacitatea credulității, pentru că, dacă putea să-l înghită pe Iona și balena, atunci putea înghiți orice.

Însă, după cum am menționat în observațiile făcute despre cartea lui Iov și Proverbe, nu este mereu sigur care din cărțile Bibliei sunt ebraice, la origine și care sunt doar traduceri în ebraică ale unor cărți ale gentililor. Cartea lui Iona este departe de a trata problemele evreilor. Nici măcar nu menționează subiectul. În aceasta se discută despre gentili. Având în vedere aceste aspecte, este mai probabil să fie o carte a gentililor, decât una a evreilor, o fabulă scrisă pentru a arăta nonsensul și a satiriza caracterul corupt și ticălos al unui profet biblic, sau al unui preot prorocitor.

Iona este reprezentat, la început, ca un profet nesupus care fuge de sarcina lui și se refugiază la bordul unei nave a gentililor care mergea de la Jaffa[101] la Tarsis[102], ca și cum ar fi presupus, plin de ignoranță, că printr-o astfel de născocire meschină s-ar fi putut ascunde acolo unde Dumnezeu nu l-ar fi găsit. Nava este prinsă de o furtună pe mare, iar marinarii, toți gentili, crezând că este o pedeapsă divină îndreptată împotriva cuiva de la bord care comisese o crimă, se înțeleg să tragă la sorți pentru a descoperi vinovatul. Tragerea la sorți l-a desemnat pe Iona. Înainte de aceasta, însă, ei aruncaseră toate mărfurile peste bord pentru a ușura nava, în timp ce Iona dormea dus în cală, ca un prostănac.
După ce soarta l-a indicat pe Iona drept vinovat, ei l-au întrebat cine și ce era. Iar el le-a spus că *era evreu* și povestea insinuează că el și-a mărturisit vinovăția. Însă acei gentili, în loc să-l sacrifice imediat, fără milă sau îndurare, cum ar fi făcut un grup de profeți-biblici sau preoți cu un gentil, în aceeași situație, după cum se relatează că s-a comportat Samuel cu Agag[n.t.: 1 Samuel XV, 33] și Moise cu femeile și copiii[n.t.: Numeri XXXI, 17], aceștia au

încercat să-l salveze cu riscul propriilor vieți, pentru că povestea spune: „Totuși (adică, deși Iona era evreu, străin, cauza ghinionului lor și a pierderii încărcăturii) oamenii au vâslit din greu ca să ducă barca la țărm, dar nu au putut, pentru că marea era agitată și-i întâmpina cu furtună." Cu toate acestea, ei încă ezitau să pună în aplicare rezultatul tragerii la sorți și strigau către Domnul, spunând[n.t.: Iona I, 14]: „Doamne, nu ne pierde din pricina vieții omului acestuia și nu ne împovăra cu sânge nevinovat! Căci Tu, Doamne, faci ce vrei!" Înțelegând, prin asta, că ei nu au vrut să-l declare vinovat pe Iona având în vedere că putea fi nevinovat, dar considerau rezultatul tragerii la sorți drept un decret al lui Dumnezeu, sau *cum poftise Dumnezeu*. Adresarea acestei rugăciuni arată că gentilii venerau o *Ființă Supremă* și că nu erau idolatri, așa cum îi prezentau evreii. Însă, cum furtuna continua și pericolul creștea, ei au pus în aplicare rezultatul tragerii la sorți și l-au aruncat pe Iona în mare, unde, potrivit poveștii, a fost înghițit de un pește mare și a rămas întreg și sănătos.

    Acum trebuie să ne gândim că Iona a fost înmagazinat în burta peștelui, în siguranță față de furtună,. Ni se spune că el s-a rugat, acolo înăuntru, însă rugăciunea este una inventată, luată din diferite părți din Psalmi, fără legătură și adaptată la naufragiu, însă, în niciun chip, condițiilor în care se găsea Iona. Este genul de rugăciune pe care ar putea să o copieze pentru folos personal un gentil care știe câte ceva despre Psalmi. Doar această întâmplare, dacă nu ar mai fi și altele, este suficientă pentru a arăta că este o poveste inventată în întregime. Se presupune, totuși, că rugăciunea a răspuns scopului și povestea continuă (parodiind, în același timp, jargonul unui profet biblic), spunând: „Domnul a vorbit peștelui și acesta l-a vomitat pe Iona, pe uscat."

    Iona a primit, apoi, o a doua misiune, la Ninive, în îndeplinirea căreia a pornit. Acum trebuie să ne gândim la el ca la un predicator. Naufragiul prin care se spune că a trecut, amintirea propriei nesupuneri în chip de cauză și scăparea miraculoasă de care se presupune că a avut parte, erau suficiente, cineva s-ar putea gândi, să-i dea milă și compasiune în îndeplinirea misiunii sale. Acest lucru nu se întâmplă și el intră în oraș cu denunțul și blestemul pe buze, strigând: „Mai sunt patruzeci de zile și Ninive va fi nimicit."

    Trebuie să ne gândim acum la acest presupus misionar, în ultimul act al misiunii sale. Aici spiritul răuvoitor al profetului biblic, sau al preotului prorocitor apare în toată întunecimea de caracter pe care oamenii i-o atribuie ființei pe care o numesc diavol. După ce și-a făcut publice prezicerile el s-a retras, spune povestea, în partea de est a orașului. Dar de ce? Nu pentru a contempla în izolare milostenia Creatorului său, către el și către alții, ci pentru a aștepta cu nerăbdare ticăloasă distrugerea orașului Ninive. Totuși, după cum ne spune povestea, Ninive s-a îndreptat și Dumnezeu, potrivit frazei biblice, s-a căit de răul pe care spusese că-l va face lor și nu l-a mai făcut. Acest lucru, spune primul vers al ultimului capitol, *l-a nemulțumit grozav pe Iona și acesta s-a mâniat tare*. Inima lui împietrită ar fi preferat ca tot orașul Ninive să fie distrus și fiecare suflet, tânăr și bătrân, să piară în ruinele sale, numai să i se împlinească prezicerea. Pentru a demasca, în continuare, caracterul unui profet, o tărtăcuță este făcută să crească în locul în care se retrăsese, în timpul nopții, promițând un refugiu binevenit de căldura soarelui. Numai că aceasta se usucă dimineața următoare.

Aici, mânia profetului capătă proporții exagerate și el este gata să se distrugă singur. „Este mai bine, a spus el, să mor, decât să trăiesc." [n.t.: Iona IV, 8-9] Acest fapt îi aduce profetului o presupusă dojană din partea Atotputernicului, care spune: „Bine faci tu de te mânii din pricina curcubetelui?' Și Iona a spus: „Da, bine fac că mă mânii, chiar până la moarte." Apoi, a spus Domnul: „Ție îți este milă de curcubetele acesta, care nu te-a costat nicio trudă și pe care nu tu l-ai făcut să crească, ci într-o noapte s-a născut și într-o noapte a pierit; iar eu nu ar trebui să cruț marele oraș Ninive, în care sunt mai mult de șaizeci de mii de persoane, care nu-și pot deosebii mâna dreaptă de cea stângă?"

Acesta este și sfârșitul satirei și morala fabulei. În calitate de satiră, lovește în caracterul tuturor profeților biblici și în judecățile nediscriminate în privința bărbaților, femeilor și copiilor, cu care această carte mincinoasă, Biblia, este ticsită. De pildă, potopul lui Noe, distrugerea orașelor Sodoma și Gomora, stârpirea canaaniților, chiar și a copiilor sugari și a femeilor gravide. Pentru că aceeași cugetare[n.t.: Iona IV, 11]: „în care se află mai mult de o sută douăzeci de mii de oameni, care nu știu să deosebească dreapta de stânga lor," însemnând copii mici, se aplică în toate cazurile. Satirizează, de asemenea, presupusa parțialitate a Creatorului, pentru o națiune mai mult decât pentru alta.

În chip de morală, predică împotriva spiritului pizmaş al prezicerii, pentru că, la fel de sigur cum un om prezice năpasta, el capătă o înclinaţie să o dorească. Mândria de a i se fi împlinit judecata îi întăreşte inima, până când, în cele din urmă, el priveşte cu satisfacţie, sau urmăreşte cu dezamăgire, împlinirea sau neîmplinirea propriilor predicţii. Această carte se încheie cu acelaşi tip de argument puternic şi care nu greşeşte, împotriva profeţilor, profeţiilor şi judecăţilor nediscriminate, precum capitolul pe care Benjamin Franklin („Viata si principiile morale ale lui Isus din Nazaret", 1820) l-a făcut din Biblie despre Avraam şi străini, care se încheie împotriva spiritului lipsit de toleranţă al persecutărilor religioase. Cam atât despre cartea lui Iona.

Despre părţile poetice ale Bibliei care sunt numite profeţii am vorbit în prima parte a cărţii *Vârsta Raţiunii*, în care am precizat că respectivul cuvânt, *profet*, este cuvântul pe care Biblia îl foloseşte pentru *poet*, iar exuberanţa şi metaforele acelor poeţi, multe dintre care au devenit obscure cu trecerea timpului şi cu schimbarea contextului, au fost, în mod ridicol, înălţate la rangul de profeţii şi aplicate în scopuri la care cei ce le-au scris nu s-au gândit vreodată. Când un preot citează oricare dintre acele paragrafe, el le interpretează în acord cu propriile vederi şi impune explicaţia respectivă credincioşilor, drept înţelesul pe care i-l conferea scriitorul. Desfrânata Babilonului a fost desfrânata comună a tuturor preoţilor şi fiecare l-a acuzat pe celălalt că o întreţinea pe femeia stricată. Atât de bine li se potrivesc interpretările.

Mai rămân, acum, doar câteva cărţi pe care ei le numesc cărţi ale profeţilor minori. După cum am arătat deja, cei mai mari sunt impostori. În consecinţă, ar fi o dovadă de laşitate să deranjez odihna celor mici. Să-i lăsăm, atunci, să doarmă, în braţele infirmierelor lor, preoţii şi ambele categorii să fie uitate împreună.

Am parcurs Biblia, aşa cum un bărbat ar merge prin pădure cu toporul pe umăr şi ar doborî arbori. Iată-i cum zac şi preoţii să-i planteze la loc, dacă pot. Ar putea, probabil, să-i înfigă în pământ, dar nu-i vor face să crească niciodată. Merg mai departe, la cărţile Noului Testament.

CAPITOLUL 2
Noul Testament

Noul Testament, ni se spune, se întemeiază pe profețiile celui Vechi. Dacă așa stau lucrurile, atunci trebuie să urmeze soarta temeiului său. Având în vedere că nu reprezintă ceva extraordinar ca o femeie să rămână gravidă înainte de a se mărita, iar fiul pe care aceasta ar urma să îl nască, să fie executat, chiar și în mod nedrept, nu văd niciun motiv pentru a nu crede că au existat niște bărbați asemenea lui Iosif și Isus și o femeie asemenea Mariei. Simpla lor existență este o chestiune indiferentă, în legătură cu care nu există motiv de a crede, sau de a nu crede și care intră sub titlul comun de: Poate fi așa, și ce dacă? Este, totuși, probabil să fi existat aceste persoane, sau cel puțin, unele care le-au semănat în unele amănunte, pentru că aproape toate poveștile au fost inspirate de niște întâmplări reale, după cum aventurile lui Robinson Crusoe, din care nici măcar un singur cuvânt nu este adevărat, au fost inspirate de cazul lui Alexander Selkirk[103].

Nu mă preocupă existența sau non-existența persoanelor, mă preocupă fabula lui Isus Cristos, așa cum este spusă în Noul Testament și doctrinele fanteziste și vizionare ridicate pe baza acesteia. Povestea, luând-o așa cum este spusă, este lipsită de rușine în chip blasfemator. Prezintă povestea unei tinere femei logodite care, în timpul logodnei, a fost, ca să vorbim clar, sedusă de un duh sub pretextul lipsit de pietate (Luca I, 35) că *„Duhul Sfânt Se va coborî peste tine și puterea Celui Preaînalt te va umbri."* Fără a ține seama de acest lucru, Iosif o ia de soție, conviețuiește cu ea, în calitate de soț și rivalizează la rândul lui cu duhul. Asta înseamnă să pui povestea în limbaj inteligibil și niciunui preot nu ar trebui să nu-i fie rușine să și-o însușească[104] atunci când este spusă în acest fel. Caracterul profan în chestiunile care țin de credință, oricum ar fi prezentat, este mereu un semn al fabulei și al imposturii, întrucât credinței noastre serioase în Dumnezeu îi este necesar să nu fie legată de povești care duc, așa cum duce aceasta, la interpretări ridicole. Această poveste este de același tip, la prima vedere, cu aceea a lui Jupiter și Leda, sau a lui Jupiter și Europa, sau a oricăror alte aventuri amoroase ale lui Jupiter. Arată, după cum a fost deja menționat în precedenta parte a cărții *Vârsta Rațiunii*, că religia creștină este construită pe Mitologia păgână.

Având în vedere că părțile istorice ale Noului Testament, în ceea ce îl privește pe Isus Cristos, sunt limitate la o perioadă foarte scurtă de timp, mai puțin de doi ani de zile și că se desfășoară toate în aceeași țară și, aproape, în același loc, discordanțele de timp, loc, sau situație, care expun falsitatea cărților Vechiului Testament și le dovedesc impostura, nu pot fi găsite aici cu aceeași frecvență. Noul Testament, comparat cu cel Vechi, este ca o farsă într-un singur act, în care nu este loc pentru prea multe violări ale unităților. Există, totuși, unele contradicții evidente, care, excluzând aberațiile pretinselor profeții, sunt suficiente pentru a arăta că povestea lui Isus Cristos este falsă. Cu valoare de puncte de vedere ce nu pot fi tăgăduite, enunț în primul rând principiul conform căruia acordul tuturor părților unei povești *nu arată că povestea este adevărată*, pentru că părțile pot concorda și întregul poate fi fals și, în al doilea rând, principiul conform căruia dezacordul părților unei povești *arată că întregul nu poate fi adevărat*. Acordul nu indică adevărul, însă, dezacordul indică falsitatea.

Istoria lui Isus Cristos se găsește în cele patru cărți atribuite lui Matei, Marcu, Luca și Ioan. Primul capitol din Matei începe prin a prezenta o genealogie a lui Isus Cristos. Și în cel de-al treilea capitol din Luca ne este prezentată o genealogie a lui Isus Cristos. Dacă acestea două ar fi în acord, nu ar dovedi că genealogia este adevărată, pentru că ar putea, cu toate acestea, reprezenta o contrafacere. Având, însă, în vedere că ele se contrazic în toate detaliile, falsul este dovedit în mod absolut. Dacă Matei spune adevărul, Luca spune un neadevăr, iar dacă Luca spune adevărul, Matei spune un neadevăr. Având în vedere că nu există autoritate pentru a-l crede pe unul mai mult decât pe celălalt, nu există autoritate pentru a-l crede pe niciunul dintre ei, iar dacă ei nu pot fi crezuți, nici măcar în privința primului lucru pe care îl spun și în demonstrarea căruia pornesc, nu au dreptul să fie crezuți în nimic din ceea ce spun în continuare. Adevărul este un lucru uniform. Dacă ar fi să admitem inspirația și revelația, este imposibil să presupunem că ar fi contradictorii. Ori bărbații numiți apostoli au fost niște impostori, ori cărțile care le sunt atribuite au fost scrise de alte persoane și trecute în paternitatea lor, cum s-a întâmplat în Vechiul Testament.

Cartea lui Matei prezintă (I, 6) o genealogie după nume, pornind de la David şi ajungând până la Isus, prin Iosif, soţul Mariei. Sunt menţionate *28* de generaţii. Cartea lui Luca prezintă, de asemenea, o genealogie după nume, de la Cristos, prin Iosif, soţul Mariei, până la David şi menţionează *43* de generaţii. În plus, numai cele două nume, ale lui David şi Iosif, sunt aceleaşi în cele două liste. Introduc, aici, ambele liste genealogice. De dragul clarităţii şi al comparaţiei le pun pe ambele în aceeaşi direcţie, adică, de la Iosif, în jos, până la David.

	Genealogia după Matei Cristos		Genealogia după Luca Cristos		Genealogia după Luca (cont.)
2	Iosif	2	Iosif	30	Elezer
3	Iacob	3	Eli	31	Lorim
4	Matan	4	Matat	32	Matat
5	Eleazar	5	Levi	33	Levi
6	Eliud	6	Melhi	34	Simeon
7	Achim	7	Ianai	35	Iuda
8	Sadoc	8	Iosif	36	Iosif
9	Azor	9	Matatia	37	Ionam
10	Eliachim	10	Amos	38	Eliachim
11	Abiud	11	Naum	39	Menea
12	Zorobabel	12	Esli	40	Mena
13	Salatiel	13	Nagai	41	Matata
14	Iehonia	14		42	Natan
15	Iosia	15	Matatia	43	David
16	Amon	16	Semein		
17	Manase	17	Ioseh		
18	Iezechia	18	Ioda		
19	Ahaz	19	Ioanan		
20	Ioatam	20	Resa		
21	Ozia	21	Zorobabel		
22	Ioram	22	Salatiel		
23	Iosafat	23	Neri		
24	Asa	24	Melhi		
25	Abia	25	Adi		
26	Roboam	26	Cosam		
27	Solomon	27	Elmadam		
28	David *	28	Er		
		29	Iosua		

*T. Paine: De la naşterea lui David, până la naşterea lui Cristos, sunt mai mult de 1080 de ani şi, având în vedere că timpul vieţii lui Cristos nu este inclus, sunt doar 27 de generaţii. Pentru a găsi vârsta medie a fiecăreia dintre persoanele menționate în listă atunci când i se născuse primul fiu, trebuie numai să fie împărțit 1080 la 27 și rezultă 40 de ani pentru fiecare persoană. Cum viața omului avea, pe atunci, cam aceeași durată pe care o are și acum, ar fi absurd de presupus că 27 de generații succesive sunt toate formate din holtei bătrâni, care se însoară târziu, cu atât mai mult, când ni se spune că Solomon, următorul după David, avea casa plină de neveste și concubine, înainte să fi împlinit vârsta de 21 de ani. Această genealogie, departe de a fi adevărul solemn, nu este nici măcar o minciună rezonabilă. Lista lui Luca dă aproximativ douăzeci și șase de ani ca vârstă medie și este prea mult.

Acum, dacă acești oameni, Matei și Luca, au pornit cu un fals între ei (după cum arată aceste două istorisiri că au făcut) chiar de la începutul istoriei lui Isus Cristos, despre acesta și ce era acesta, ce autoritate (cum am mai întrebat și mai devreme) mai rămâne pentru a crede lucrurile extraordinare pe care ni le spun, ulterior? Dacă ei nu pot fi crezuți în relatarea genealogiei sale, cum putem să-i credem când ne spun că el era fiul lui Dumnezeu, zămislit de un duh și că un înger a anunțat acest lucru, în secret, mamei Lui? Dacă au mințit într-o genealogie, de ce ar trebui să-i credem în cealaltă? Dacă genealogia Lui a fost fabricată și a fost, cu siguranță, de ce să nu presupunem că genealogia lui cerească este fabricată de asemenea și că totul este fabulos? Poate un om care reflectă cu seriozitate să-și riște fericirea viitoare în baza credinței într-o poveste imposibilă în mod natural, care contravine oricărei idei decente și care este relatată de persoane la care a fost descoperit, deja, neadevărul? Nu este mai sigur să ne oprim la credința simplă, pură și nealterată într-un singur Dumnezeu, la deism, decât să ne implicăm într-un ocean al improbabilului, iraționalului, indecentului și născocirilor contradictorii?

În orice ca, prima întrebare cu privire la cărțile Noului Testament și la cărțile Vechiului Testament, este: Sunt autentice? Au fost scrise de persoanele cărora le sunt atribuite? Pentru că lucrurile extraordinare relatate acolo au fost crezute numai pe această bază. Pornind de la acest considerent, *nu există nicio probă directă, pentru sau împotrivă*. Acest lucru ne arată doar *caracterul îndoielnic* al unei situații și caracterul îndoielnic este opusul credinței. Așadar, ipostaza în care se găsesc aceste cărți constituie o probă împotriva lor, pentru cât poate conta o astfel de probă.

Excluzând, însă, acest fapt, prezumția este că acele cărți numite Evanghelii și atribuite lui Matei, Marcu, Luca și Ioan nu au fost scrise de Matei, Marcu, Luca și Ioan și că ele reprezintă imposturi. Dezordinea din istoria acestor cărți, tăcerea unei cărți asupra unor lucruri, care sunt însă relatate în cealaltă și dezacordul dintre ele, indică faptul că ele sunt lucrările unor indivizi irelevanți (care au construit fiecare legenda în versiune proprie), făcute la mulți ani de la evenimentele pe care pretind a le relata și că nu sunt scrierile unor bărbați trăind în strânsă apropiere, cum se presupune că trăiau bărbații denumiți apostoli. Pe scurt, că au fost inventate, așa cum au fost și cărțile Vechiului Testament, de persoane diferite față de acelea ale căror nume le poartă.

Povestea îngerului care a anunțat ceea ce biserica denumește *concepția imaculată* nu este nici măcar pomenită în cărțile atribuite lui Marcu și Ioan și este relatată în mod diferit în Matei și Luca. Cel dintâi spune că îngerul i-a apărut lui Iosif și cel din urmă spune că i-a apărut Mariei. Iosif, sau Maria reprezintă, însă, mărturiile cel mai nesatisfăcătoare la care se puteau gândi pentru că alții ar fi trebuit să fie martori *pentru ei* și nu ei, tot pentru ei. Dacă o fată care este gravidă ar spune, sau chiar ar jura, că a rămas gravidă cu ajutorul unui duh și că un înger i-a spus acest lucru, ar fi crezută? Nu, cu siguranță. Atunci, de ce să credem același lucru despre o altă fată pe care nu am văzut-o niciodată, considerând în plus că nimeni nu știe cine a relatat acest lucru, nici când sau unde a făcut-o? Cât de ciudat și lipsit de consistență este că aceleași întâmplări care ar slăbi încrederea chiar într-o poveste probabilă, sunt date ca motiv pentru a crede această poveste, care poartă la suprafață toate semnele imposibilității absolute și imposturii.

Povestea lui Irod care ordonă omorârea tuturor copiilor sub vârsta de doi ani se găsește numai în cartea lui Matei și nici măcar una din tot restul cărților nu mai pomenește nimic de ea. Dacă o astfel de întâmplare ar fi fost adevărată, caracterul ei universal trebuia să o fi făcut cunoscută tuturor scriitorilor, iar lucrul ar fi fost prea izbitor ca să fie omis de vreunul dintre aceștia. Acest scriitor ne spune că Isus a scăpat de acest masacru pentru că Iosif și Maria au fost avertizați de un înger, care le-a spus să fugă în Egipt, dar a uitat să se ocupe de Ioan (Botezătorul), care avea, pe atunci, sub doi ani. Totuși, Ioan, care nu a fugit nicăieri, a fost la fel de bine ca Isus, care a fugit și, de aceea, povestea se contrazice singură în amănunte.

Nici măcar doi dintre ei nu sunt în acord atunci când relatează, *reproducând cu aceleași cuvinte* ce era scris, sau cum suna inscripția, scurtă, cum era, despre care ei pretind că a fost pusă deasupra lui Cristos, când a fost crucificat. În plus de asta, Marcu spune că El a fost crucificat în cea de-a treia oră (nouă dimineața), iar Ioan spune că era a șasea oră (ora douăsprezece ziua.*)

*T. Paine: Potrivit lui Ioan (XIX, 14), sentința nu a fost emisă înainte de a șasea oră (la prânz), aproximativ, deci, execuția nu ar fi putut avea loc decât după prânz, dar Marcu (XV, 25) spune în mod expres că el a fost crucificat în ora a treia (nouă dimineața).

Inscripția este reprodusă astfel în cărțile respective:
Matei – *Acesta este Isus regele evreilor.*
Marcu – *Regele evreilor.*
Luca   - *Acesta este regele evreilor.*
Ioan   - *Isus din Nazaret regele evreilor.*

Putem deduce din aceste amănunte, pe cât de triviale, că acei scriitori, oricine ar fi fost ei și în orice timp ar fi trăit, nu au fost prezenți la fața locului. Singurul dintre bărbații numiți apostoli care se pare că fost acolo este Petru, care a reacționat atunci când a fost acuzat că este unul dintre discipolii lui Isus (Matei XXVI, 74): *„Atunci Petru a început să blesteme și să se jure, spunând: «Nu îl cunosc pe acel om.»"* Și, totuși, noi suntem chemați acum să-l credem pe același Petru, condamnat, potrivit relatării lor, de jurământ fals. În baza cărui motiv, sau cărei autorități, ar trebui să facem asta?

Relatările care ni se furnizează cu privire la întâmplările din timpul crucificării sunt prezentate în mod diferit în cele patru cărți.

Cartea atribuită lui Matei spune că *a fost întunecime peste tot pământul, de la a șasea oră , până la cea de-a noua;* (Matei XXVII, 51-53) „perdeaua dinăuntrul Templului s-a rupt în două, de sus până jos, pământul s-a cutremurat, stâncile s-au despicat, mormintele s-au deschis și multe trupuri ale sfinților care muriseră au înviat. Ei au ieșit din morminte, după învierea Lui, au intrat în sfânta cetate și s-au arătat multora." Aceasta este relatarea pe care o furnizează acest scriitor energic al cărții lui Matei, dar în privința ei nu este susținut de scriitorii celorlalte cărți.

Scriitorul cărții atribuite lui Marcu nu menționează atunci când descrie crucificarea vreun cutremur, crăparea pietrelor, deschiderea mormintelor, sau ieşirea morţilor din acestea. Scriitorul cărţii lui Luca păstrează tăcerea asupra aceloraşi puncte. Cât îl priveşte pe scriitorul cărţii lui Ioan, deşi consemnează toate întâmplările, de la crucificare până la îngroparea lui Cristos, nu spune nimic despre întuneric, perdeaua templului, cutremur, pietre, morminte, sau despre morţi.

Dacă aceste lucruri s-ar fi întâmplat cu adevărat, dacă scriitorii acelor cărţi trăiau pe vremea când s-au întâmplat şi dacă erau persoanele care spuneau că sunt, adică, cei patru bărbaţi numiţi apostoli, Matei, Marcu, Luca şi Ioan, le-ar fi fost imposibil să nu le înregistreze în calitate de istorici adevăraţi (chiar în absenţa inspiraţiei divine). Lucrurile, presupunându-le fapte reale, aveau prea multă notorietate pentru a nu fi cunoscute şi aveau prea multă importanţă pentru a nu fi relatate. Toţi aceşti presupuşi apostoli trebuia să fi fost martori la cutremur, dacă ar fi fost vreunul, pentru că ar fi fost imposibil de ratat. Deschiderea mormintelor, învierea morţilor şi prezenţa acestora în oraş sunt mai însemnate decât cutremurul. Un cutremur este mereu posibil, este natural şi nu demonstrează nimic. Deschiderea mormintelor este supranaturală şi cu o relevanţă directă pentru doctrina, cauza şi apostolatul lor. Dacă ar fi fost adevărat, ar fi umplut capitole întregi din cărţile respective. Ar fi fost tema aleasă şi tratată, în cor, de toţi scriitorii. În schimb, lucruri mărunte şi triviale, conversaţii de genul *el a zis aşa, ea a zis asta*, sunt adesea detaliate în mod anost, în vreme ce lucrul cel mai important dintre toate, dacă a fost adevărat, este relatat cu nepăsare în câteva cuvinte de un singur scriitor şi nu este nici măcar insinuat de restul.

Este uşor de spus o minciună. Este, însă , dificil de întreţinut o minciună după ce a fost spusă. Scriitorul cărţii lui Matei trebuia să menţioneze cine erau sfinţii care au înviat şi s-au dus în oraş, ce s-a întâmplat cu ei mai târziu şi cine i-a văzut, pentru că nu a fost suficient de temerar să spună că i-a văzut el. Trebuia să precizeze dacă au ieşit afară goi, până la pielea lor, firească, de sfinţi şi sfinte, sau dacă au ieşit îmbrăcaţi, iar dacă erau îmbrăcaţi, de unde şi-au luat hainele. Să ne spună dacă s-au dus la vechile lor locuinţe şi şi-au recuperat soţiile, soţii şi avutul şi cum au fost primiţi, dacă au întreprins evacuări pentru recuperarea avutului, sau dacă i-au dat în judecată pentru adulter pe rivalii intruşi. Să ne spună dacă au rămas pe pământ şi şi-au continuat vechile îndeletniciri propovăduitoare, sau vechile ocupații. Să ne spună dacă au murit din nou, sau s-au întors vii în morminte și s-au îngropat singuri.

    Cu adevărat straniu ca o armată de sfinți să revină la viață și nimeni să nu știe cine au fost, sau cine i-a văzut. Straniu că niciun cuvânt nu a fost rostit pe marginea acestui subiect și că nici măcar sfinții nu au avut nimic să ne spună! Dacă ar fi fost profeții care (după cum ni se spune) predicaseră în prealabil aceste lucruri, *ei* ar fi trebuit să aibă foarte multe de spus. Ne-ar fi putut spune tot și noi am fi avut parte de profeții postume, cu note și comentarii la cele dinainte, cel puțin ceva mai bune decât ce avem acum. Dacă ar fi fost Moise și Aaron și Iosua și Samuel și David, n-ar mai fi rămas niciun evreu neconvertit în tot Ierusalimul. Dacă ar fi fost Ioan Botezătorul și sfinții vremurilor de atunci, toți i-ar fi cunoscut, iar ei i-ar fi depășit în predici și faimă pe toți ceilalți apostoli. În loc de asta, însă, acești sfinți sunt făcuți să răsară, precum curcubeta lui Iona, în timpul nopții, cu absolut niciun scop în afară de a se veșteji dimineața. Atât despre această parte a poveștii.

    Relatarea învierii o urmează pe aceea a crucificării. Și aici, la fel ca înainte, scriitorii, oricine ar fi fost ei, sunt în suficient dezacord pentru a face evident faptul că niciunul dintre ei nu a fost acolo.

    Cartea lui Matei menționează că atunci când Isus Cristos a fost pus în mormânt, evreii au făcut apel la Pilat pentru a pune pază, sau un corp de gardă la mormânt, pentru a împiedica discipolii să fure corpul. În urma cererii respective, mormântul *a pus în siguranță prin sigilarea pietrei* care îi acoperea intrarea și fixarea unei santinele. Celelalte cărți, însă, nu pomenesc acest lucru și nici nu menționează nimic despre sigilare, despre corpul de gardă, sau despre santinelă. Nimic din toate acestea potrivit lor. Matei, totuși, continuă această parte a poveștii corpului de gardă sau supravegherii cu o a doua parte, la care mă voi referi în încheiere, întrucât folosește la detectarea falsității acelor cărți.

    Cartea lui Matei își continuă relatarea și spune (XXVIII, 1) că la sfârșitul Sabatului, când se *crăpa de ziuă*, spre prima zi a săptămânii, au venit *Maria Magdalena* și *cealaltă Maria* să vadă mormântul. Marcu spune că era la răsăritul soarelui, iar Ioan spune că era întuneric. Luca spune că Maria Magdalena, Ioana, *Maria, mama* lui Iacob și alte femei, au venit la mormânt. Ioan spune că Maria Magdalena a venit singură. Sunt în perfect acord cu privire la prima lor dovadă! Cu toții, totuși, par a ști cel mai mult despre Maria Magdalena. Ea era o femeie larg cunoscută și nu ar fi o bănuială aspră ca ea să fi fost în preumblare (probabil cea din Luca VII, titlul capitolului).

Cartea lui Matei continuă, spunând (XXVIII, 2): „Şi iată că a fost un cutremur de pământ, căci un înger al Domnului s-a coborât din cer, a venit şi a prăvălit piatra de la uşa mormântului şi a şezut pe ea." Celelalte cărţi, însă, nu spun nimic de vreun cutremur şi nici despre vreun înger care rostogolise piatra şi *stătea pe ea*. Potrivit relatării lor, nu era vreun înger era aşezat acolo. Marcu spune că îngerul* era în *interiorul mormântului, aşezat* în partea dreaptă. Luca spune că erau doi şi că amândoi stăteau în picioare, iar Ioan spune că amândoi stăteau jos, unul la cap şi celălalt la picioare.

Matei menţionează că îngerul care stătea pe piatră, în exteriorul mormântului, le-a spus celor două Marii că Isus Cristos înviase şi că femeile s-au *îndepărtat* în grabă. Marcu spune că femeile, când au văzut piatra prăvălită, mirate de acest lucru, au intrat *în* mormânt, că acolo era îngerul, *aşezat* în partea dreaptă şi că le-a dat vestea. Luca spune că erau doi îngeri, în picioare. Ioan spune că Isus, însuşi, i-a dat vestea Mariei Magdalena şi că ea nu a intrat în mormânt, dar s-a aplecat şi s-a uitat înăuntru.

Dacă scriitorii acestor patru cărţi s-ar fi dus la tribunal să susţină un *alibi*, (pentru că este de natura unui alibi ce se încearcă a demonstra aici, adică, absenţa unui corp fără viaţă, prin mijloace supranaturale) şi dacă toţi şi-ar fi prezentat probele în aceeaşi manieră contradictorie redată aici, ar fi fost în pericol de a-şi vedea urechile tăiate pentru sperjur şi ar fi meritat acest lucru pe bună dreptate. Totuşi, aceasta este dovada şi acestea sunt cărţile care au fost impuse lumii, drept rodul inspiraţiei divine şi al cuvântului imuabil al lui Dumnezeu.

După ce prezintă această relatare, scriitorul cărţii lui Matei spune o poveste care nu se poate găsi în celelalte cărţi. Este vorba de aceea la

---

*Marcu spune că „un tânăr", iar Luca spune „doi bărbaţi".
care am făcut aluzie mai devreme. „Acum," spune el (adică, după conversaţia pe care femeile o avuseseră cu îngerul aşezat pe piatră), „priviţi, unii din membrii corpului de gardă" (adică, din corpul de gardă, despre care afirmase că fusese pus la mormânt) „au venit în oraş şi au arătat capilor preoţilor toate lucrurile care fuseseră făcute şi după ce s-au întrunit cu bătrânii şi s-au sfătuit, le-au dat mulţi bani soldaţilor, spunând:

«Să spuneți că discipolii lui au venit, în timpul nopții și l-au furat, în timp ce noi dormeam și de va ajunge la urechile guvernatorului, îl vom convinge noi și veți fi în siguranță.»" Așa că au luat banii și au făcut cum fuseseră instruiți, iar această poveste (că l-au furat discipolii săi) este relatată printre evrei, până în zilele noastre.

Expresia *până în zilele noastre* este o dovadă că această carte, atribuită lui Matei, nu a fost scrisă de Matei și că a fost fabricată mult după timpurile și întâmplările pe care pretinde să le relateze, întrucât expresia indică faptul că trecuse mult timp. Ar fi lipsit de sens să vorbim astfel despre lucruri care se întâmplă în vremurile noastre. Pentru a da, totuși, un sens inteligibil expresiei, trebuie să presupunem cel puțin trecerea câtorva generații, căci această manieră de exprimare ne duce cu mintea la vremurile antice.

Trebuie remarcat, de asemenea, absurdul poveștii. Acesta arată că scriitorul cărții lui Matei a fost un om extraordinar de slab și necugetat. El spune o poveste care se contrazice singură în privința posibilității. Deși membrii corpului de gardă (dacă fusese vreunul) puteau fi făcuți să spună că trupul fusese luat în timp ce ei *dormeau* și putea prezenta acest fapt ca motiv pentru non-intervenția lor, tot somnul i-ar fi împiedicat să știe cum și de cine fusese furat. Sunt făcuți totuși să spună că fusese opera ucenicilor. Dacă un om ar depune mărturie, menționând un lucru, cum și de cine a fost înfăptuit, în timp ce el dormea și nu putea ști nimic despre toate acestea, mărturia respectivă nu ar putea fi acceptată. Poate fi suficient de bună pentru o dovadă din Testament. Nu, oricând este vizat adevărul.

Am ajuns la partea cu dovezile presupusei apariții ale lui Cristos, după pretinsa înviere.

Scriitorul cărții lui Matei relatează că îngerul care stătea pe piatra de la gura mormântului le-a spus celor două Marii (XXVIII, 7): „Iată că El merge înaintea voastră în Galileea; acolo Îl veți vedea. Iată că v-am spus lucrul acesta." Și același scriitor, în următoarele două versete (8, 9), îl face pe Cristos însuși să le spună același lucru acestor femeilor, imediat după ce îl spusese îngerul. Ele au fugit, apoi, să-l spună discipolilor. Și (versetul 16): *„Cei unsprezece discipoli s-au dus în Galileea*, pe un munte, care le fusese indicat de Isus și, când l-au văzut, I s-au închinat."

Scriitorul cărții lui Ioan, însă, redă o poveste complet diferită de aceasta, pentru că spune (XX, 19): „În seara aceleiași zile, cea dintâi a săptămânii (adică, aceeaşi zi în care se spune că a înviat Cristos), pe când uşile locului unde erau adunaţi ucenicii erau încuiate de frica iudeilor, a venit Isus şi a stat în mijlocul lor."

Potrivit lui Matei, cei unsprezece mergeau în Galileea să-l întâlnească pe Cristos pe un munte indicat de Acesta. În acelaşi timp, potrivit lui Ioan, ei erau strânşi în alt parte (care nu este indicată), în secret, de frica evreilor.

Scriitorul cărţii lui Luca (XXIV, 13; 33-36) îl contrazice pe cel al cărţii lui Matei mai ceva decât o făcuse Ioan. Acesta spune, în mod expres, că întâlnirea era în Ierusalim, în seara aceleiaşi zile în care El (Cristos) se ridicase din mormânt, cei *unsprezece fiind acolo*.

Dacă nu le recunoaştem acestor presupuşi discipoli dreptul la minciuna deliberată, scriitorii acestor cărţi nu pot face parte dintre cele unsprezece persoane numite discipoli. Dacă, potrivit lui Matei, cei unsprezece s-au dus în Galileea sa-l întâlnească pe Isus pe un munte desemnat de acesta, în aceeaşi zi în care se spune că s-a ridicat din mormânt, Luca şi Ioan trebuiau să fie doi dintre acei unsprezece . Totuşi, scriitorul cărţii lui Luca spune, în mod expres, în timp ce Ioan sugerează acelaşi lucru, că întâlnirea era în aceeaşi zi într-o casă din Ierusalim. Pe cealaltă parte, dacă, potrivit lui Luca şi Ioan, cei unsprezece erau strânşi într-o casă din Ierusalim, Matei trebuia să fie unul dintre cei unsprezece. Totuşi Matei spune că întâlnirea era pe munte, în Galileea. Prin urmare , dovezile prezentate în aceste cărţi se distrug unele pe celelalte.

Scriitorul cărţii lui Marcu nu spune nimic despre vreo întâlnire în Galileea. El spune, însă, (XVI, 12) că Isus Cristos, după înviere, le-a apărut, sub o *altă formă*, la doi dintre ei şi că aceştia doi au spus acest lucru celorlalţi care nu au vrut să-i creadă. Şi Luca spune o poveste, în care îl ţine ocupat pe Cristos toată ziua pretinsei învieri (până seara), care invalidează în totalitate relatarea privind deplasarea la muntele din Galileea. El spune că doi dintre ei, fără a preciza care, s-au dus în aceeaşi zi într-un sat numit Emaus, la şaizeci de optimi de milă (şapte mile şi jumătate) de Ierusalim şi că Isus Cristos, deghizat, a mers cu ei, a fost cu ei până seara, a luat cina cu ei şi apoi a dispărut de sub ochii lor, ca să reapară în seara aceeaşi zile la întâlnirea celor unsprezece, în Ierusalim.

Aceasta este maniera contradictorie în care sunt formulate probele acestei pretinse re-apariţii a lui Cristos. Singurul element asupra căruia scriitorii sunt de acord este caracterul intim şi ascuns al acelei reapariții pentru că, fie dacă a avut loc într-un loc retras, pe un munte din Galileea, fie într-o casă zăvorâtă din Ierusalim, a avut loc pe ascuns. Cărui fapt ar trebui să-i atribuim acest caracter ascuns? Pe de o parte, este în mod evident incompatibil cu presupusul sau pretinsul scop, acela de a convinge lumea că Isus Cristos înviase. Pe de cealaltă parte, dacă ar fi fost susținut caracterul public, scriitorii acelor cărți ar fi fost supuși observației publicului. S-au găsit, de aceea, sub necesitatea de a o păstra o chestiune privată.

    Cât privește relatarea că Isus Cristos ar fi fost văzut de mai mult de cinci sute de oameni, în același timp, aceasta este susținută doar Paul, nu și cei cinci sute, fiecare în parte. Este, așadar, doar mărturia unui singur om și aceea a unuia care, potrivit aceleiași relatări, nu a crezut nici el, atunci când se spune că s-ar fi petrecut. Mărturia sa, presupunând că el a scris 1 Corintieni XV, în care este relatată această povestire, este ca mărturia unui om care se duce la tribunal să jure că jurământul (său) anterior era fals. Un om poate considera înțelept să-și schimbe opinia și are mereu dreptul de a face acest lucru, însă această libertate nu privește și realitatea.

    Ajung, acum, la ultima scenă, aceea a înălțării la cer. În această privință, toate temerile erau excluse. Era ceea ce, dacă ar fi fost adevărat, ar fi confirmat tot. Și în baza acestui fapt misiunea discipolilor și-ar fi găsit dovada fondatoare. Cuvintele, fie ele declarații, sau promisiuni, care au circulat în privat, într-un loc retras de pe un munte din Galileea, sau într-o casă zăvorâtă din Ierusalim, chiar presupunând că au fost rostite, nu puteau constitui o probă pentru public. Era necesar, așadar, ca această ultimă scenă să excludă posibilitatea negării și controversa. Trebuia să fie, după cum am menționat în prima parte a cărții *Vârsta Rațiunii*, publică și vizibilă, asemenea soarelui la amiază. Cel puțin trebuia să fie publică, așa cum se spune că a fost crucificarea. Dar, să revin la subiect.

    În primul rând, scriitorul cărții lui Matei nu rostește nicio silabă despre acest lucru. Nici scriitorul cărții lui Ioan. Astfel stând lucrurile, putem oare presupune că scriitorii respectivi, care dau dovadă de minuțiozitate în alte chestiuni, nu ar fi menționat acest fapt, dacă ar fi fost adevărat? Scriitorul cărții lui Marcu trece peste acest fapt cu nepăsare, cu o singură linie din condei, de parcă ar fi fost obosit să mai romanțeze, sau povestea l-ar fi rușinat. Așa face și scriitorul cărții lui Luca.

Nici chiar între aceştia doi nu există acord în privinţa locului în care se spune că a avut loc această ultimă despărţire.

    Cartea lui Marcu spune că Isus Cristos le-a apărut celor unsprezece, care erau la masă, făcând aluzie la întâlnirea din Ierusalim. Redă apoi conversaţia, despre care spune că a avut loc la acea întrunire şi, imediat după, spune (aşa cum un şcolar ar încheia o poveste monotonă): „Aşadar, după ce Domnul le-a vorbit, El a fost primit sus, în ceruri şi aşezat în dreapta lui Dumnezeu." Însă, scriitorul cărţii lui Luca spune că înălţarea a fost din Betania, că *el* (Cristos) *i-a condus departe, în Betania. Acolo a fost despărţit de ei şi a fost luat sus, în ceruri*. Aşa a fost şi cu Mahomed. În ceea ce îl priveşte pe Moise, apostolul Iuda Tadeul spune (Iuda I, 9): *„Că Mihail şi diavolul se luptau pentru trupul lui."* Cât timp credem fabule ca acestea, sau pe oricare dintre ele, credem, în mod nedemn, despre Atotputernic.

    Am examinat, până acum, cele patru cărţi atribuite lui Matei, Marcu, Luca şi Ioan. Considerând faptul că de la crucificare până la înălţare trecuseră câteva zile, aparent, nu mai mult de trei, sau patru, şi că toate întâmplările s-au petrecut aproape în acelaşi loc, adică în Ierusalim, cred că este imposibil de găsit într-o altă povestire renumită la fel de multe nonsensuri evidente, contradicţii şi falsuri, ca în acele cărţi. Sunt mai numeroase şi mai izbitoare decât mă aşteptam să găsesc atunci când am început acest studiu şi mai ceva decât mă gândeam atunci când am scris prima parte a cărţii *Vârsta Raţiunii*. Pe atunci nu aveam nici Biblia şi nici Testamentul la care să fac referire şi nici nu îmi puteam procura vreun exemplar. Împrejurările în care mă găseam şi chiar existenţa mea, deveneau zi de zi tot mai precare. Având în vedere că îmi doream să las ceva în urma mea privind acest subiect, am fost obligat să fiu rapid şi concis. Citatele pe care le-am folosit veneau din memorie, însă sunt corecte. Opiniile pe care le-am avansat, în acea lucrare, sunt rodul celei mai clare şi de mult formate convingeri, aceea că Biblia şi Testamentul sunt imposturi adresate lumii. Decăderea omului, povestea lui Isus Cristos, fiul lui Dumnezeu, a morţii sale pentru a împăciui mânia lui Dumnezeu şi a mântuirii prin acele mijloace stranii, sunt toate invenţii fabuloase, dezonorante pentru înţelepciunea şi puterea Atotputernicului. Singura religie adevărată este deismul, prin care înţelegeam atunci şi înţeleg şi acum, credinţa într-un singur Dumnezeu şi imitarea moralei Sale, sau practicarea virtuţilor morale. Numai pe acest lucru (cât priveşte religia) îmi fondam toate speranțele pentru fericirea din viața de apoi. Așa spun acum și așa să-mi ajute Dumnezeu.

Să revin, însă, la subiect. Deși este imposibil, atât de departe în timp, să se stabilească cu exactitate cine au fost scriitorii celor patru cărți (fapt suficient pentru a le pune la îndoială, iar atunci când ne îndoim, nu credem), nu este dificil să determinăm că nu au fost scrise de persoanele cărora le sunt atribuite. Contradicțiile din acele cărți demonstrează două lucruri.

În primul rând, că scriitorii nu puteau să fi văzut și auzit personal chestiunile relatate. În acest caz nu le-ar fi relatat cu toate acele contradicții. În consecință, cărțile nu puteau fi scrise de persoanele numite apostoli, despre care se presupune că au fost martori oculari.

În al doilea rând, că scriitorii, oricine ar fi fost ei, nu au comis impostura în mod concertat. Fiecare a acționat în mod individual și fără a ști despre ceilalți.

Aceeași probă care dovedește unul dintre cazuri, le dovedește și pe amândouă. Acele cărți nu au fost scrise de bărbații numiți apostoli, iar ele nu reprezintă o impostură concertată. Cât privește inspirația, aceasta este exclusă în totalitate. Putem la fel de bine să unim adevărul și falsul, inspirația și afirmația contradictorie.

Dacă patru bărbați sunt martori la o scenă, atunci vor fi de acord în privința timpului și locului în care a avut loc scena respectivă, fără a aranja acest lucru. Cunoașterea individuală a *lucrului*, pe care fiecare îl știe personal, face concertarea total nenecesară. Unul nu va spune, pe un munte, la țară și altul, într-o casă, în oraș. Unul nu va spune că era răsăritul soarelui și celălalt că era noapte. Pentru că, în orice loc ar fi fost și la orice oră, cunoașterea lor despre evenimentul respectiv este aceeași.

Pe de altă parte, dacă patru bărbați se înțeleg în privința unei povești, ei își vor pune de acord și corobora relatările lor separate ale poveștii respective, în așa fel încât versiunile să susțină întregul. Înțelegerea respectivă suplinește lipsa întâmplării reale într-unul din cazuri, iar cunoașterea întâmplării reale suplinește, în celălalt caz, necesitatea înțelegerii concertate. Aceleași contradicții, așadar, care dovedesc că nu a fost vorba despre nicio înțelegere, dovedesc, de asemenea, că raportorii nu cunoșteau întâmplarea (sau, mai degrabă, ceea ce ei relatează drept întâmplare reală) și descoperă falsul relatărilor lor. Prin urmare, acele cărți nu au fost scrise nici de bărbații numiți apostoli, nici de impostori, acționând în mod concertat. Atunci, cum au fost scrise?

Nu fac parte dintre aceia cărora le place să creadă că există multă așa-zisă minciună intenționată, sau minciună originală, cu excepția cazului bărbaților care se pregătesc să se facă profeți, ca în Vechiul Testament, pentru că profețitul reprezintă mițitul cu caracter de profesie. În aproape toate celelalte cazuri, nu este dificil de descoperit progresia prin care, chiar și simpla supoziție poate ajunge minciună cu ajutorul credulității, pentru a fi spusă în cele din urmă drept adevăr și, ori de câte ori putem găsi un temei caritabil pentru un lucru de acest gen, nu ar trebui să căutăm unul serios.

Povestea lui Isus Cristos apărută după moartea sa este aceea a unei epifanii, atât cât imaginațiile timide pot crea în materie de viziuni și cât poate crede naivitatea. Povești de acest gen fuseseră spuse în ceea ce privește asasinarea lui Iulius Cesar nu cu mulți ani înainte. Își au originea, în general, în morți violente sau în execuțiile persoanelor inocente. În astfel de cazuri, compasiunea își aduce aportul și întinde cu bunăvoință povestea. Merge încet, încet, mai departe, până când devine *adevărul cel mai adevărat*. Se pornește o nălucă, iar credulitatea îi completează povestea vieții și determină cauza apariției sale. Cineva o spune într-un fel, altcineva, în alt fel, până când sunt tot atâtea povești despre nălucă și proprietarul acesteia, câte sunt despre Isus Cristos în aceste patru cărți.

Povestea apariției lui Isus Cristos este spusă cu acel amestec straniu de natural și imposibil, care separă basmul legendar de adevăr. El este reprezentat intrând pe neașteptate și ieșind, în sunet de uși care se închid, dispărând vederii și reapărând, cum s-ar întâmpla cu o arătare eterică. Ni se spune apoi că îi este foame, că se așază la masă și servește supeul. Dar, cum cei ce spun astfel de povești nu acoperă niciodată toate posibilitățile, la fel și aici: ne spuseseră că, atunci când el se ridicase, își lăsase giulgiul în urmă. Au uitat, însă, să-i dea haine în care să apară, ulterior, sau să ne spună ce a făcut cu acestea când s-a înălțat. Dacă s-a dezbrăcat de tot, sau s-a înălțat îmbrăcat. În cazul lui Elisei, fuseseră suficient de atenți și îl făcuseră să arunce mantia. Cum s-a făcut că nu a ars în carul de foc, nu ne-au spus, de asemenea. Cum imaginația suplinește toate neajunsurile de acest fel, putem presupune, dacă dorim, că era din azbest.

Aceia care nu cunosc istorie ecleziastică, pot presupune că această carte, numită Noul Testament, a existat încă din vremea lui Isus Cristos, după cum presupun că acele cărți atribuite lui Moise, există încă de pe vremea lui Moise. Realitatea istorică este, însă, diferită. Cartea numită Noul Testament nu a existat până la mai mult de trei sute de ani după timpul în care se spune că a trăit Cristos.

Nu se știe în ce perioadă au început să apară cărțile atribuite lui Matei, Marcu, Luca și Ioan. Nu există nicio umbră de probă referitor la cine sunt persoanele care le-au scris și la perioada în care au fost scrise. Puteau la fel de bine să poarte numele oricărui alt, presupus, apostol. Variantele originale nu se află în posesia niciuneia dintre bisericile creștine existente, după cum, nici cele două table de piatră, scrise, pretind ei, de degetul lui Dumnezeu pe muntele Sinai și date lui Moise, nu se află în posesia evreilor. Chiar dacă s-ar afla, nu există nicio posibilitate de autentificare a caligrafiei, în niciunul dintre cazuri. Pe vremea când au fost scrise aceste cărți nu fusese inventat tiparul. Prin urmare, nu exista alt fel de publicare, în afara copiilor scrise de mână, pe care oricine le putea face sau modifica după bunul plac și le putea numi originale. Putem considera compatibil cu înțelepciunea Atotputernicului faptul că și-a asumat o obligație față de om folosind mijloace nesigure? Este, oare, logic să ne fixăm credința în astfel de elemente cu caracter îndoielnic? Nu putem crea, schimba, sau măcar imita, nici măcar un fir de iarbă pe care El l-a făcut și, totuși, putem crea sau schimba *cuvinte de-ale lui Dumnezeu*, la fel de ușor cum le schimbăm pe ale omului*.

*T. Paine: Prima parte a cărții *Vârsta Rațiunii* nu a fost publicată nici de doi ani și conține, deja, o expresie care nu este a mea. Expresia este: *Cartea lui Luca a fost aprobată de o majoritate compusă din, doar, o singură voce.* Poate fi adevărat, însă nu eu am spus-o. Vreo persoană care s-a întâmplat să cunoască amănuntul respectiv a adăugat-o, la finalul paginii vreunei ediții tipărite în Anglia, sau în America și tipografii, după aceea, au inclus-o în corpul lucrării, făcându-mă autorul său. Dacă așa ceva s-a întâmplat în atât de puțin timp, în pofida ajutorului reprezentat de tipar, care împiedică modificarea copiilor, în mod individual, ce nu s-ar fi putut întâmpla într-o perioadă mult mai lungă de timp, când tiparul nu exista și când orice om, care știa să scrie, ar fi putut face o copie scrisă și ar fi putut să o prezinte drept un original de Matei, Marcu, Luca, sau Ioan?

La aproximativ trei sute cincizeci de ani după timpul în care se spune că a trăit Cristos, mai multe scrieri de tipul celor la care mă refer erau împrăştiate în mâinile a diverşi indivizi. Având în vedere că biserica începea să se ierarhizeze şi se instituia cârmuirea sa, cu puteri temporale, aceasta s-a apucat să le strângă, pentru a forma un cod religios şi a produs ceea ce acum se găseşte sub denumirea de Noul Testament. Au decis prin vot, după cum am spus, deja, în precedenta parte a cărţii *Vârsta Raţiunii*, care dintre acele scrieri, din colecţia pe care o formaseră, ar fi nimerit să reprezinte *cuvântul lui Dumnezeu* şi, care nu. Înainte, rabinii evreilor deciseseră, prin vot, în privinţa cărţilor Bibliei.

Cum scopurile bisericii, urmărite prin instituirea tuturor bisericilor naţionale, erau puterea şi câştigul, iar mijlocul folosit era teroarea, are sens presupunerea că şanse cele mai bune de a fi votate le aveau cele mai miraculoase şi extraordinare dintre scrierile pe care le colecţionaseră. Cât priveşte autenticitatea cărţilor, *aceasta a fost înlocuită de vot*. Pentru că nu există autoritate mai înaltă.

Totuşi, între oamenii care se intitulau creştini, circulau controverse nu doar în privinţa elementelor doctrinei, dar şi în privinţa autenticităţii cărţilor. În disputa dintre persoanele numite Sf. Augustin[105] şi Faustus[106], în jurul anului 400, Faustus spune: „Cărţile numite Evanghelii au fost compuse mult după timpul apostolilor, de nişte bărbaţi necunoscuţi, care, temându-se că lumea nu ar fi dat crezare relatărilor lor, privind chestiuni despre care ei nu puteau deţine informaţii, le-au publicat sub numele apostolilor. Cărţile sunt întesate cu aiureli de tipul celor produse de consumul de alcool şi cu relatări distonante, lucruri care fac să nu existe între ele acord şi nici legătură."

Cu altă ocazie, adresându-se celor care susţineau cărţile respective în calitate de cuvânt al lui Dumnezeu, el spune: „Predecesorii voştri au introdus, astfel, în scripturile Domnului nostru, multe lucruri care, deşi îi poartă numele, nu sunt în acord cu doctrina sa." Nu este surprinzător, având în vedere că am dovedit în multe instanţe faptul că acele lucruri nu fuseseră scrise de El însuşi, nici de apostolii săi, ci se bazau în cea mai mare parte pe poveşti, pe comunicări vagi, foarte puţin concordante şi reunite de nişte semi-izraeliţi necunoscuţi. Totuşi, aceştia le-au publicat sub numele apostolilor Domnului nostru şi le-au atribuit, astfel, *propriile erori şi minciuni*.*"

* T. Paine: Am luat aceste două fragmente din *Viața lui Paul*, de Boulanger, versiunea în limba franceză. Boulanger le-a citat din scrierile lui Augustin contra lui Faustus, la care se referă.

  Cititorul va înțelege, în baza acestor fragmente, că autenticitatea cărților Noului Testament era negată și că acele cărți erau considerate povești, falsuri și minciuni, în perioada când au fost votate drept cuvânt al lui Dumnezeu. Însă, interesul bisericii și unitatea acesteia au înfrânt opoziția și au suprimat în cele din urmă toate investigațiile. Miracole urmau altor miracole, dacă ar fi să-i credem și oamenii erau învățați să spună că ei credeau, indiferent dacă da, sau nu. Dar (ca să introduc o idee) Revoluția franceză a excomunicat puterea bisericii de a înfăptui miracole. De la începutul revoluției nu a mai putut să facă nici măcar un miracol cu ajutorul tuturor sfinților săi. Și, având în vedere că niciodată nu a avut nevoie mai mult ca acum, putem conchide, fără ajutorul divinației, că precedentele sale miracole, sunt trucuri și minciuni*.

* T. Paine: Boulanger, în cartea sa *Viața lui Paul*, a strâns din mai multe povești ecleziastice și scrieri ale părinților, după cum sunt denumite, mai multe elemente care arată opiniile prevalente în sânul diferitelor secte creștine, în timpul în care Testamentul, așa cum îl știm noi acum, a fost votat pentru a reprezenta cuvântul lui Dumnezeu. Următoarele pasaje aparțin celui de-al doilea capitol al operei respective. Marcioniștii[107] (o sectă creștină) au afirmat că evangheliștii sunt plini de elemente false. Maniheiștii[108], care au format numeroase secte la începuturile creștinismului, au *respins, sub acuzația de fals, tot Noul Testament* și au prezentat alte scrieri, total diferite, pe care ei le considerau autentice. Cerintienii[109], asemenea marcioniștilor, nu recunoșteau Faptele Apostolilor. Encraiții[110] și sevenienii nu recunoșteau nici Faptele Apostolilor și nici Epistolele lui Pavel. Chrysostom[111], într-o omilie făcută în legătură cu Faptele Apostolilor, spune că pe vremea lui, în jurul anului 400, mulți oameni nu știau nimic, nici despre autor, nici despre carte. Sf. Irene, care trăise anterior perioadei, spune că valentinienii[112], ca și alții din sectele creștine, acuzau Scripturile că sunt pline cu imperfecțiuni, erori și contradicții. Ebioniții[113], sau nazarinenii[114], care au fost primii creștini, respingeau Epistolele lui Pavel și îl considerau un impostor. Ei spun, printre altele, că el fusese un păgân la origine, că venise la Ierusalim, unde trăise o perioadă și că, urmărind să se căsătorească cu fata marelui preot, se lăsase circumcis. Dar, fiindcă nu a reușit, s-a certat cu evreii și a scris împotriva circumciziei, împotriva respectării Sabatului și împotriva tuturor ritualurilor impuse prin lege.

Atunci când ne gândim la intervalul de mai mult de trei sute de ani, între timpul în care se spune că a trăit Cristos și timpul în care Noul Testament a ajuns să formeze o carte, trebuie să observăm, chiar și fără asistența evidențelor istorice, nesiguranța excesivă cu privire la autenticitatea sa. Autenticitatea cărții lui Homer, în ceea ce privește autorul, este stabilită mult mai bine decât în cazul Noului Testament, cu toate că Homer este mai bătrân cu o mie de ani. Numai un poet extraordinar putea scrie cartea lui Homer și, de aceea, puțini oameni puteau încerca acest lucru, iar un om capabil de a scrie astfel nu și-ar fi irosit propria faimă, dând opera altcuiva. În același fel, puțini ar fi putut compune *Elementele lui Euclid*, pentru că doar un specialist în geometrie ar fi putut fi autorul acelei lucrări.

În ceea ce privește cărțile Noului Testament, în special părțile care ne spun despre învierea și înălțarea lui Cristos, orice persoană care ar fi putut reda povestea unei epifanii sau *a deplasării unui om*, putea produce astfel de cărți, pentru că povestea este relatată absolut deplorabil. Așadar, posibilitatea falsificării Testamentului este de milioane de ori mai mare decât în cazul lui Homer sau Euclid. Dintre numeroșii preoți și pastori, episcopi și tot restul din prezent, fiecare poate alcătui o predică, sau poate traduce un fragment în latină, mai ales dacă a fost tradus de mii de ori înainte. Este, însă, vreunul printre ei, care poate scrie poezie ca Homer, sau despre știință, ca Euclid? Întreaga cunoaștere a pastorilor, cu foarte puține excepții, este *a, b, ab*, și *hic, haec, hoc*[115], iar cunoașterea lor, în materie de știință, *este trei ori unu, egal trei* și este mai mult decât suficient pentru a le fi permis, dacă ar fi trăit pe vremea respectivă, să scrie toate cărțile Noului Testament.

Cum oportunitățile pentru fals erau mai mari, așa era și stimulentul. Un om nu ar fi câștigat nimic, scriind în numele lui Homer sau Euclid. Dacă ar fi putut scrie pe măsura lor, ar fi fost mai bine dacă ar fi scris în nume propriu. Dacă nu, nu ar fi reușit. Mândria l-ar împiedica pe primul și imposibilitatea pe al doilea. Însă, în ceea ce privește cărțile care alcătuiesc Noul Testament, toate stimulentele erau pentru realizarea falsului. Cea mai bună istorie imaginară care putea fi făcută, la două, trei sute de ani, după timpul respectiv, nu ar fi trecut drept original sub numele autorului ei real. Singura șansă de reușită se găsea în falsificare, pentru că biserica voia simulacru în noua sa doctrină, iar adevărul şi aptitudinile ieşeau din discuţie.

Însă, cum nu este neobişnuit (după cum a fost observat anterior) să fie relatate poveşti despre persoane care merg, după ce au murit şi despre fantome şi apariţii ale unor persoane dispărute prin mijloace violente sau neobişnuite, iar oamenii din acea vreme credeau astfel de lucruri şi mai credeau şi în apariţiile de îngeri şi diavoli, în pătrunderea acestora în interiorul oamenilor (care erau agitaţi ca de friguri) şi în eliminarea lor, de tip emetic (cartea lui Marcu ne spune că Maria Magdalena vărsase şapte draci, sau că aceasta dăduse naştere la şapte draci), nu era nimic neobişnuit ca o astfel de poveste, despre persoana numită Isus Cristos, să fie răspândită şi să devină baza a patru cărţi, atribuite lui Matei, Marcu, Luca şi Ioan. Fiecare scriitor a spus povestea aşa cum a auzit-o, sau cam aşa ceva şi a dat cărţii sale numele sfântului sau apostolului pe care tradiţia îl dădea drept martor ocular. Numai pe această bază pot fi justificate contradicţiile din acele cărţi. Dacă nu este vorba despre acest lucru, atunci sunt de-a dreptul imposturi, minciuni şi falsuri şi nu au nici măcar scuza credulităţii.

Se vede că au fost scrise de un fel de semi-evrei, după cum amintesc citatele precedente. Referirile frecvente la Moise, acel asasin-şef şi impostor şi la bărbaţii numiţi profeţi, demonstrează acest lucru. La urma urmei, biserica a salutat frauda, admiţând faptul că Biblia şi Testamentul îşi răspund reciproc. Între creştinii-evrei şi creştinii-gentili, lucrul numit profeţie şi lucrul despre care se profeţea, modelul şi lucrul reprezentat, semnul şi lucrul semnificat, au fost răscolite cu asiduitate şi potrivite împreună, ca încuietorile vechi şi cheile false. Povestea despre Eva şi şarpe, spusă în mod suficient de ridicol şi cu suficient înţeles, având în vedere antipatia dintre oameni şi şerpi (pentru că şarpele muşcă, întotdeauna, în zona *călcâiului*, fiindcă nu poate ajunge mai sus, iar omul loveşte mereu şarpele în zona *capului*, în chipul cel mai eficient pentru a-l împiedica să muşte* (* T Paine: Geneza III, 15: „Îţi va strivi *capul* şi tu îi vei zgâria *călcâiul*."), această poveste ridicolă, spun, a fost transformată în profeţie, model şi promisiune din capul locului. Iar impostura lui Isaia, către Ahaz, *Că o virgină va concepe şi naşte un fiu*, ca un semn că Ahaz va învinge, când, în realitate, a fost învins (după cum a fost deja notat, în observaţiile la cartea lui Isaia), a fost interpretată greşit şi făcută să folosească drept încheiere.

Iona și balena sunt transformați în semn și model. Iona este Isus și balena este mormântul, pentru că se spune (și ei l-au făcut pe Cristos să o spună, despre el însuși (Matei XII, 40): *"Pentru că, așa cum Iona a fost în burta balenei, timp de trei zile și trei nopți, tot astfel și Fiul omului, va fi trei zile și trei nopți, în inima pământului."* Dar s-a întâmplat că Isus Cristos, în mod destul de nepotrivit, a fost în mormânt, conform relatării lor, timp de o singură zi și două nopți. Aproximativ 36 de ore, în loc de 72. Adică, noaptea de vineri, ziua de sâmbătă și noaptea de duminică, pentru că ei spun că s-a ridicat în dimineața zilei de duminică, la răsărit, sau înainte de aceasta. Dar, având în vedere că se potrivește la fel de bine ca *mușcătura* și *lovitura de picior*, din Geneza, sau *virgina* și *fiul* său, din Isaia, va trece în masa lucrurilor *ortodoxe*. Cam atât despre partea istorică a Testamentului și dovezile sale.

Epistolele lui Pavel. Epistolele atribuite lui Pavel, paisprezece la număr, ocupă aproape în totalitate ultima parte a Testamentului. Dacă acele epistole au fost scrise de persoana căreia îi sunt atribuite, nu reprezintă o chestiune de prea mare importanță, din moment ce scriitorul, oricine ar fi fost acesta, încearcă să-și demonstreze doctrina prin argumente. El nu pretinde să fi fost martor la scenele menționate, cu ocazia învierii și înălțării, și declară că nu a crezut în ele.

Povestea doborârii sale la pământ, pe când călătorea spre Damasc, nu conținea nimic miraculos sau extraordinar. A scăpat teafăr și aceasta reprezintă mai mult față de alții care fuseseră loviți de fulger. Iar faptul că și-ar fi pierdut vederea, pentru trei zile, și că nu ar fi putut mânca sau bea, în acel răstimp, nu reprezintă mai mult decât ceea ce se întâmplă, în astfel de condiții. Cei care îl însoțeau nu par să fi fost afectați în același fel, pentru că ei au fost capabili să-l ajute să își continue călătoria și nu au pretins, la rândul lor, să fi avut vreo viziune.

Caracterul individului numit Pavel, potrivit relatărilor care îl privesc, conține foarte multă violență și fanatism. El a persecutat cu tot atâta ardoare cu câtă a predicat, ulterior. Străfulgerarea pe care a primit-o i-a schimbat modul de a gândi, fără să-i fi schimbat constituția și, evreu, ori creștin, rămăsese același zelot. Astfel de oameni nu sunt, niciodată, exemple de moralitate, indiferent de doctrina pe care o predică. Ei sunt mereu la extreme, atât în privința acțiunii, cât și a credinței.

Doctrina pe care el se angajează să o demonstreze cu argumente este reînvierea aceluiași corp și el avansează acest lucru ca probă a nemuririi. Oamenii, însă, diferă atât de mult în modalitatea de gândire şi în concluziile la care ajung pornind de la aceleaşi premise, încât această doctrină a reînvierii aceluiaşi corp, departe de a fi o dovadă a nemuririi, mie îmi apare drept o dovadă împotriva acesteia. Dacă am murit, deja, în acest corp şi sunt ridicat, din nou, în acelaşi corp, în care am murit, este o dovadă prezumptivă a faptului că voi muri din nou. Că învierea nu mă asigură mai mult împotriva repetării morţii, decât mă asigură trecerea unei crize de friguri împotriva alteia. Aşadar, pentru a crede în nemurire trebuie să am o idee mai elevată decât aceea conţinută în lugubra idee a reînvierii.

De altfel, dacă aş putea alege şi sper să pot face acest lucru, mi-ar plăcea un corp mai bun şi o formă mai potrivită decât cea actuală. Fiecare animal, din creaţie, excelează în ceva. Insectele cu aripi, fără a mai vorbi despre porumbei sau vulturi, pot traversa mai mult spaţiu cu mai multă uşurinţă în câteva minute, decât poate un om să traverseze într-o oră. Alunecarea celui mai mic peşte, raportată la mărimea acestuia, ne depăşeşte capacitatea de mişcare, dincolo, aproape, de orice comparaţie. Unde mai pui că are loc şi fără oboseală. Chiar şi încetul melc poate urca din fundul unei temniţe, în care un bărbat ar pieri, lipsindu-i abilitatea respectivă. În timp ce un păianjen se poate arunca din susul ei, în joacă. Puterile personale ale omului sunt limitate, iar alcătuirea sa greoaie nu este construită pentru plăcerea excesivă şi nimic nu ne poate induce să sperăm că opinia lui Pavel este adevărată. Este prea mică pentru importanţa scenei, prea meschină pentru sublimul subiectului.

Însă, dincolo de toate argumentele, *conştiinţa existenţei* este singura idee imaginabilă pe care o putem avea despre o altă viaţă şi continuitatea acestei conştiinţe reprezintă nemurirea. Conştiinţa existenţei, sau faptul că ştim că existăm, nu este limitată, cu necesitate, la aceeaşi formă, sau la aceeaşi materie, nici în această viaţă.

Nu avem, în toate cazurile, aceeaşi formă, în niciun caz, aceeaşi materie care ne compunea corpurile cu douăzeci sau treizeci de ani în urmă şi totuşi suntem conştienţi că suntem aceleaşi persoane. Chiar picioarele şi braţele, care constituie aproape jumătate din alcătuirea omului, nu sunt necesare pentru conştiinţa existenţei. Pot fi pierdute sau înlăturate şi conştiinţa deplină a existenţei poate rămâne, iar dacă locul acestora ar fi luat de aripi, sau alte anexe, nu putem concepe că ne-ar putea modifica propria conştiinţă a existenţei. Pe scurt, nu ştim cât de mult, sau mai curând, cât de puțin din alcătuirea noastră și cât de fin este acel puțin, care creează în noi conștiința existenței și tot ce este dincolo de acel lucru, este ca pulpa unei piersici, deosebită și separată de particula vegetativă din sâmbure.

Cine poate spune prin ce acțiune extrem de subtilă a materiei fine ajunge să se producă un gând, în ceea ce noi numim minte? Totuși, ori de câte ori este produs un gând, așa cum se întâmplă acum cu gândul pe care îl scriu, acesta este capabil să devină nemuritor și este singura producție umană care are această capacitate.

Statuile de bronz și marmură vor pieri, iar statuile făcute în imitarea lor nu sunt aceleași statui și nu prezintă aceeași măiestrie, după cum copia unei imagini nu este acea imagine. Însă, tipărește și retipărește un gând, de o mie de ori și folosind orice fel de material, cioplește-l în lemn, sau gravează-l în piatră și gândul este de fiecare dată identic aceluiași gând. Are capacitatea unei existențe neștirbite, neafectate de schimbarea materiei, are o esență distinctă și o natură diferită față de orice alt lucru pe care îl cunoaștem, sau pe care îl putem concepe. Atunci, dacă lucrul produs are, în sine, capacitatea de a fi nemuritor, este mai mult decât un indiciu al faptului că puterea care l-a produs, care este una cu conștiința existenței, poate fi, de asemenea, nemuritoare și cu aceeași independență față de materia de care a fost legată la început, pe care o are gândul față de forma tipărită sau scrierea în care a apărut, inițial. O idee nu este mai greu de crezut decât cealaltă și putem vedea că una este adevărată.

Conștiința existenței nu este dependentă de aceeași formă sau de aceeași materie, după cum întreaga creație ne-o demonstrează simțurilor, pe cât sunt simțurile capabile să cuprindă această demonstrație. O parte foarte numeroasă a creației animale ne predică, mult mai bine decât Pavel, credința în lumea cealaltă. Scurta lor viață seamănă unui pământ și unui paradis, unei stări prezente și uneia viitoare și conține, dacă poate fi astfel exprimată, nemurirea în miniatură.

Cele mai frumoase părți ale creației, care ni se arată ochilor, sunt insectele înaripate și ele nu sunt așa, la început. Adoptă forma și acea strălucire de neimitat a culorii prin schimbări progresive. Omida, care astăzi se târăște încet, în câteva zile se schimbă într-o formă amorțită și trece într-o stare asemănătoare morții iar, la următoarea sa schimbare, iese la iveală, în toată splendoarea miniaturală a vieții, un fluture minunat. Nu rămâne nici o asemănare cu creatura anterioară. Totul s-a schimbat, toate puterile sale sunt noi şi viaţa este altceva, pentru el. Nu putem concepe că în această stare a animalului, conştiinţa existenţei nu mai este ca mai înainte. De ce ar trebui, atunci, să cred că învierea aceluiaşi corp este necesară, ca să îmi continue conştiinţa existenţei, în viaţa de după?

În prima parte a cărţii *Vârsta Raţiunii*, am denumit creaţia, adevăratul şi singurul cuvânt real al lui Dumnezeu şi acest exemplu, sau acest text, din cartea creaţiei, nu numai că ne arată că acest lucru poate fi astfel, dar chiar este astfel, iar credinţa într-o stare viitoare este o *credinţă raţională*, fondată pe elemente vizibile în cadrul creaţiei. Pentru că nu este mai dificil de crezut că vom exista, în viaţa de după, în stare şi formă mai bune decât cele din prezent, decât că un vierme va deveni fluture şi va părăsi grămada de gunoi, în favoarea atmosferei, dacă nu am şti că este o realitate.

Cât priveşte argoul incert, atribuit lui Pavel în 1 Corinteni XV 39, care face parte din slujba de înmormântare a unor secte creştine, acesta este lipsit de sens, asemenea bătăii de clopot de la înmormântare. Nu explică nimic înţelegerii, nu ilustrează nimic imaginaţiei, dar îl lasă pe cititor să găsească vreo semnificaţie, dacă poate. „Nu orice trup", spune el, "este la fel, ci altul este trupul oamenilor, altul este trupul dobitoacelor, altul este trupul păsărilor, altul al peştilor." Şi, ce-i cu asta? Nimic. Şi un bucătar putea spune asta. „Tot aşa sunt", spune el, " trupuri cereşti şi trupuri pământeşti, dar alta este strălucirea trupurilor cereşti şi alta a trupurilor pământeşti." Şi, ce-i cu asta? Nimic. Şi care este diferenţa? Nimic din ce a spus. „Alta este", spune el, "strălucirea soarelui, alta strălucirea lunii şi alta este strălucirea stelelor." Şi, ce-i cu asta? Nimic; cu excepţia faptului că spune că *o stea diferă de o altă stea, în strălucire, în loc de distanţă* şi ar fi putut să ne spună şi că luna nu străluceşte la fel de tare ca soarele. Toate acestea nu sunt cu nimic peste argoul unui solomonar care alege fraze pe care nu le înţelege, pentru a încurca lumea credulă, care s-a dus, pentru a i se ghici viitorul. Preoţii şi solomonarii sunt din aceeaşi breaslă.

Câteodată, Pavel simulează naturalistul şi pare să dovedească sistemul lui de înviere, din principiile vegetaţiei. „Nesăbuitule", spune el, "ceea ce semeni, nu învie dacă nu moare mai întâi." La care, cineva ar răspunde, tot în limbajul lui, spunând, Nesăbuitule Pavel, ceea ce semeni învie, dacă *nu* moare, pentru că bobul de grâu care moare în pământ, nu vegetează niciodată şi nici nu poate vegeta. Doar grăunţele vii produc viitoarea recoltă. Metafora, însă, din orice punct de vedere, nu este comparaţie. Este o succesiune şi (nu) reînviere. Progresia unui animal de la o stare fizică la o alta, de tipul, de la vierme la fluture, se aplică în acest caz. Însă, aceea a unui bob, nu se aplică şi arată că Pavel era, aşa cum spunea despre alţii, *un nesăbuit*.

Dacă cele paisprezece epistole atribuite lui Pavel au fost sau nu scrise de el, reprezintă o chestiune indiferentă. Ele sunt fie de tip argumentativ, fie dogmatice şi argumentarea prezintă deficienţe, iar partea dogmatică este doar ipotetică şi nu îl indică pe cel care le-a scris. Acelaşi lucru poate fi spus şi despre celelalte părţile, care mai rămân din Testament. Teoria bisericii, care se numeşte singură, Biserica Creştină, nu este fondată pe Epistole, ci pe ceea ce este numit Evanghelie şi este cuprins în cele patru cărţi, atribuite lui Matei, Marcu, Luca şi Ioan şi pe pretinsele profeţii. Epistolele depind de acelea şi trebuie să le urmeze soarta pentru că, dacă povestea lui Isus Cristos este fabuloasă, tot raţionamentul fondat pe aceasta, ca pretins adevăr, trebuie să cadă o dată cu ea.

Ştim din istorie că unul dintre principalii conducători ai acestei biserici, Atanasie[116], a trăit în vremea în care a fost format Noul Testament şi cunoaştem, de asemenea, din argoul absurd pe care ni l-a lăsat, sub numele de crez, caracterul bărbaţilor care au format Noul Testament. Şi mai ştim, din aceeaşi istorie, că autenticitatea cărţilor din care este compus fusese negată, în acea perioadă. Prin votul unora ca Atanasie, Testamentul a fost decretat să fie cuvântul lui Dumnezeu şi nimic nu ne poate apărea o idee mai ciudată, decât aceea a decretării cuvântului lui Dumnezeu prin vot. Aceia care îşi bazează credinţa pe o astfel de autoritate, îl pun pe om în locul lui Dumnezeu şi nu au o bază autentică pentru fericirea viitoare. Credulitatea, totuşi, nu este o crimă. Devine, însă, criminală atunci când nu se lasă convinsă. Reprezintă o strangulare, în pântecul conştiinţei, a eforturilor pe care aceasta le face pentru a stabili adevărul. Nu ar trebui să ne impunem niciodată credinţa, în niciun lucru.

Închid, aici, subiectul privind Vechiul şi Noul Testament. Probele pe care le-am prezentat pentru a dovedi că sunt falsuri sunt extrase tocmai din cărţile respective şi servesc, asemenea unei săbii cu două tăişuri, în ambele sensuri. Dacă probele sunt respinse, autenticitatea Scripturilor este negată împreună cu ele, pentru că sunt probe din Scriptură, iar dacă probele sunt admise, este respinsă autenticitatea cărţilor. Imposibilităţile contradictorii cuprinse în Vechiul Testament şi în cel Nou le pun în situaţia unui om care jură şi pentru şi împotrivă. Oricare dintre mărturii îl face vinovat de sperjur şi îi distruge, în egală măsură, reputaţia.

   Dacă Biblia şi Testamentul vor cădea, în viitor, nu eu voi fi făcut acest lucru. Nu am făcut mai mult decât să extrag probele din masa confuză a chestiunilor cu care erau amestecate şi să le pun într-o lumină care să le facă vizibile, clare şi uşor de înţeles. Acum, că am făcut-o, îl las pe cititor să judece singur, cum singur am judecat şi eu.

CAPITOLUL 3
Încheiere

În prima parte a cărții *Vârsta Rațiunii* am vorbit despre cele trei înșelătorii, *mister, miracol* și *profeție*. Având în vedere că nu am văzut nimic care să tulbure câtuși de puțin ce am spus acolo despre aceste subiecte, în niciunul din răspunsurile la lucrarea respectivă, nu voi împovăra partea a doua cu completări care nu sunt necesare.

Am vorbit, în cadrul lucrării respective, despre așa-numita revelație și am arătat aplicarea greșită a acelui termen, în cărțile din Vechiul Testament și în acelea, din cel Nou. Revelația iese, cu siguranță, din discuție atunci când este relatat un lucru căruia un om i-a fost actor sau martor. Ceea ce omul a făcut, sau văzut, nu necesită o revelație care să-i spună că a făcut, sau a văzut, pentru că el știe deja; și nici o revelație care să-i permită să povestească, sau să scrie despre acel lucru. Folosirea termenului *revelație*, în astfel de cazuri, reprezintă o dovadă de ignoranță, sau de impostură. Totuși, Biblia și Testamentul sunt clasificate sub descrierea înșelătoare de *revelație*.

Revelația, atunci, în măsura în care se aplică raportului dintre Dumnezeu și om, privește numai acea parte a Voinței lui Dumnezeu care este dezvăluită omului. Capacitatea Atotputernicului de a face astfel de comunicări este admisă necesarmente, pentru că acelei puteri toate îi sunt posibile. Însă revelația (dacă a existat vreuna și care, în treacăt fie spus, este imposibil de dovedit) constituie o revelație *numai pentru persoana căreia îi este făcută*. Când el o povestește altuia, nu este revelație și oricine are încredere în acea relatare, are încredere în omul de la care provine relatarea (iar acesta poate fi înșelat la rândul lui, poate să povestească un simplu vis, sau poate fi un impostor și un mincinos). Nu există criteriu după care să fie judecat adevărul din spusele sale, pentru că nici măcar moralitatea acestora nu reprezintă o dovadă a revelației. În toate cazurile de acest fel, răspunsul potrivit ar trebui să fie: „Când îmi va fi revelată mie, voi crede că este o revelație. Dar nu este și nu poate fi de datoria mea să cred că este o revelație, în alte condiții și nu se cuvine să iau cuvântul omului drept cuvântul lui Dumnezeu și să-l pun pe om în locul lui Dumnezeu." Așa am vorbit despre revelație în prima parte a cărții *Vârsta Rațiunii*. Maniera în care m-am referit la revelație împiedică impostura unui om, la adresa altuia şi nu le permite celor răi să folosească pretinsa revelaţie (chiar dacă admite reverenţios posibilitatea revelaţiei, pentru că, după cum a fost menţionat, Atotputernicului toate îi sunt posibile).

    Cu toate acestea, vorbind pentru mine, deşi admit posibilitatea revelaţiei, nu cred că Atotputernicul a comunicat vreodată ceva omului, prin orice tip de limbaj, viziune, fenomen, sau prin orice alte mijloace care pot fi percepute de simţurile noastre. Cred că Atotputernicul comunică cu omul doar prin expunerea Sa universală în actele creaţiei şi prin aversiunea lăuntrică pe care o simţim pentru faptele rele şi înclinaţia, pentru cele bune.

    Cele mai odioase ticăloşii, cele mai groaznice barbarii şi cele mai mari nenorociri care au năpăstuit rasa umană şi-au avut originea în ceea ce se este numit revelaţie, sau religie revelată. A fost cea mai dezonorantă credinţă la adresa caracterului divinităţii, cea mai dăunătoare la adresa moralei, păcii şi fericirii omului, care a fost răspândită de când omul a început să existe. Ar fi mai bine, mult mai bine, să permitem, dacă ar fi posibil, unei legiuni de diavoli să rătăcească în voie şi să predice, în public, doctrina diavolilor, dacă ar exista aşa ceva, decât să permitem unui singur astfel de impostor şi monstru, ca Moise, Iosua, Samuel, sau alţi profeţi Biblici, să vină cu pretinsul cuvânt al lui Dumnezeu pe buze şi să aibă trecere, în rândul nostru.

    De unde s-au ivit acele asasinate groaznice ale unor întregi popoare formate din bărbaţi, femei şi copii, care umplu Biblia? De unde s-au ivit persecuţiile sângeroase, torurile aducătoare de moarte şi războaiele religioase care, încă din acea vreme, au lăsat Europa în sânge şi cenuşă, dacă nu din acest lucru lipsit de pietate, denumit religie revelată şi din această credinţă monstruoasă că Dumnezeu i-a vorbit omului? Minciunile din Biblie au fost cauza unora şi minciunile din Testament, cauza celorlalte.

    Unii Creştini pretind că religia creştină nu a fost instituită prin sabie. Oare despre ce perioadă vorbesc? A fost imposibil ca douăsprezece bărbaţi să înceapă cu sabia pentru că ei nu aveau puterea necesară. Însă, de cum experţii creştinismului au devenit suficient de puternici pentru a folosi sabia, au folosit-o, alături de rug şi lemnele aferente. Iar Mahomed a făcut imediat acelaşi lucru. În aceeaşi venă, în care Petru a tăiat urechea slugii marelui preot (dacă povestea este adevărată), i-ar fi tăiat şi capul.

Ar fi tăiat şi capul maestrului său, dacă ar fi putut. În plus de asta, Creştinismul se bazează, la origine, pe Biblie (biblia evreilor), iar Biblia a fost instituită, doar, prin sabia folosită în modul cel mai rău posibil, nu pentru a speria, ci pentru a extirpa. Evreii nu converteau, îi măcelăreau pe toţi. Biblia este străbunul Testamentului (celui nou) şi amândouă sunt denumite *cuvântul lui Dumnezeu*. Creştinii au citit ambele cărţi. Preoţii prezbiterieni şi ai altor dizidenţi predică din ambele cărţi şi lucrul acesta, numit Creştinism, este făcut din amândouă. Este fals, atunci, să spui că religia creştină nu a fost stabilită prin sabie.

Singura sectă care nu a persecutat a fost aceea a Quaker-ilor[117] şi singurul motiv pentru acest lucru este acela că sunt mai mult deişti decât creştini. Ei nu cred prea mult în Isus Cristos şi numesc scripturile, literă moartă. Dacă le-ar fi dat un nume mai rău, ar fi fost mai aproape de adevăr.

Este de datoria fiecărui om care respectă caracterul Creatorului, care doreşte să reducă lista suferinţelor artificiale şi să înlăture cauza care a provocat persecuţii incredibile în rândul omenirii, să înlăture toate ideile despre o religia relevată, drept erezii periculoase şi fraudă ireverenţioasă. Ce am deprins din acest lucru, numit religie relevată? Nimic care să fie folositor omului şi tot ce este dezonorant pentru Creatorul acestuia. Ce ne învaţă Biblia? Jaf, cruzime şi omor. Ce ne învaţă Testamentul? Să credem că Atotputernicul a înfăptuit un act de desfrâu cu o femeie logodită. Iar încrederea în acest act desfrânat este numită credinţă.

În ceea ce priveşte fragmentele morale, care sunt împrăştiate fără regularitate şi în mod neconvingător, prin acele cărţi, ele nu fac parte din ceea ce se numeşte religie revelată. Ele reprezintă ceea ce conştiinţa dictează în mod natural şi legăturile care ţin unită societatea, fără de care aceasta nu poate exista şi care sunt aproape aceleaşi, în toate societăţile. Testamentul nu predă nimic nou în această materie, iar acolo unde doreşte să se întreacă, devine meschin şi ridicol. Doctrina non-răzbunării este exprimată mult mai bine în *Proverbe* (care reprezintă o culegere, atât de la gentili, cât şi de la evrei) decât în Testament. Se spune acolo (XXV, 21): „Dacă duşmanului tău îi este foame, dă-i să mănânce pâinea ta şi dacă îi este sete, dă-i să bea apă."*

*T. Paine: Conform aşa numitei predici a lui Cristos de pe munte, din cartea lui Matei, în care, printre alte lucruri bune, este introdusă foarte multă moralitate simulată, se spune că doctrina reţinerii, sau a nerăzbunării ofenselor, *nu făcea parte din doctrina evreilor*. Având în vedere că această doctrină se găsește în *Proverbe* și că această atitudine nu făcea parte din doctrina evreilor, trebuie să fi fost copiată de la gentili, de la care Cristos o învățase. Acei oameni pe care idolatrii evrei și creștini îi numeau în mod abuziv păgâni, aveau idei mult mai bune și mai clare despre justiție și morală, decât cele ce pot fi găsite în Vechiul Testament, în părțile strict evreiești, sau în Noul Testament. Răspunsul lui Solon la întrebarea: „Care este cel mai bun guvernământ de tip popular," nu a fost niciodată depășit, de niciun om, încă din acel timp, în conținutul în moralitate politică al acelei maxime. „Pentru că", spune el, "cel mai mic rău, făcut celui mai nenorocit individ, este considerat o insultă pentru întreaga structură." Solon a trăit cu aproximativ 500 de ani înaintea lui Cristos.

Dar, când se spune, în Testament: „Dacă un om te lovește peste obrazul drept, oferă-i și celălalt obraz," acest lucru reprezintă asasinarea demnității stăpânirii de sine și afundarea omului în servilism.

Iubirea dușmanilor este o altă dogmă de o moralitate simulată care, în plus, nu are niciun sens. Este de datoria omului, a persoanei morale, să nu răzbune o nedreptate și este la fel de bine, în sensul politicii urmate, pentru că răzbunarea nu are încheiere. Fiecare se răzbună pe celălalt și numește asta justiție. A iubi, însă, proporțional cu ofensa suferită, dacă ar exista așa ceva, ar însemna acordarea unui premiu, pentru o ticăloșie. În plus, cuvântul „dușmani" este prea vag și general pentru a fi folosit într-o maximă morală, care ar trebui să fie mereu clară și definită, asemenea unui proverb. Dacă un om este dușmanul altuia din greșeală și prejudecată, cum se întâmplă în cazul opiniilor religioase și, câteodată, în materie de politică, el este un altfel de dușman, în comparație cu un inamic, cu intenție criminală în străfundul sufletului. Este de datoria noastră și contribuie, de asemenea, la liniștea noastră să realizăm cea mai bună construcție, pe baza care o poate susține. Însă, chiar și acest motiv greșit, al lui, nu creează prilej de iubire pentru cealaltă parte și este moral și fizic, imposibil, să spui că putem iubi în mod voluntar și fără motiv.

Moralitatea are de suferit atunci când îi sunt prescrise sarcini care, în primul rând, sunt imposibil de realizat, iar dacă ar putea fi, ar produce răul sau, cum a fost spus mai devreme, recompense pentru ticăloșie. Maxima *să facem, cum am vrea să ni se facă* nu include doctrina ciudată a iubirii duşmanilor, pentru că niciun om nu se aşteaptă să fie iubit pentru crima pe care a comis-o sau pentru ostilitatea sa.

Aceia care predică doctrina iubirii duşmanilor sunt, în general, cei mai mari prigonitori. Ei persecută pentru că doctrina este ipocrită şi este natural ca ipocrizia să facă invers decât predică. Cât despre mine, dezavuez doctrina şi o consider o moralitate pretinsă şi fabuloasă. Cu toate acestea, nu există om care să poată spună că l-am persecutat; nici om, nici grup de oameni, nici în Revoluţia Americană, nici în Revoluţia Franceză; şi nu poate spune nici că am răspuns, vreodată, cu rău, la rău. Nu este de datoria omului să răsplătească o faptă rea cu una bună, sau să răspundă cu o faptă bună la una rea. Ori de câte ori se întâmplă acest lucru, este vorba despre un act voluntar şi nu despre o datorie. Presupunerea că o astfel de doctrină poate face parte dintr-o religie revelată este, de asemenea, absurdă. Imităm caracterul moral al Creatorului, fiind îngăduitori unii cu ceilalţi, căci el este îngăduitor cu noi toţi. Însă această doctrină insinuează că El îl iubeşte pe om, nu după cât de bun, ci după cât a fost de rău.

Dacă ne gândim la condiţia noastră de aici, trebuie să vedem că nu există prilej pentru ceva ca *religia revelată*. Ce vrem să ştim? Nu ne predică, oare, creaţia sau universul pe care îl observăm despre o existenţa Atotputernică, care guvernează şi reglementează tot? Şi nu este, oare, proba pe care această creaţie ne-o oferă simţurilor, infinit mai puternică decât orice lucru pe care l-am putea citi într-o carte, pe care orice impostor l-ar putea face şi numi cuvântul lui Dumnezeu? Cât priveşte moralitatea, cunoaşterea despre aceasta există în conştiinţa fiecărui om.

Şi am ajuns! Existenţa unei autorităţi Atotputernice ne este demonstrată suficient, deşi nu ne putem închipui, pentru că este imposibil să ne putem închipui, natura şi felul existenţei sale. Nu ne putem închipui cum am ajuns aici şi, totuşi, ştim cu siguranţă că suntem aici. Trebuie să ştim, de asemenea, că puterea care ne-a dat fiinţă, poate, în măsura în care doreşte acest lucru şi atunci când îl doreşte, să ne tragă la socoteală pentru modul în care am trăit aici. De aceea, fără a căuta alte motive pentru a crede acest lucru, este raţional să considerăm că o va face, pentru că ştim, dinainte, că poate. Probabilitatea, sau măcar posibilitatea acestui lucru, reprezintă tot ce trebuie să ştim. Dacă am şti cu siguranţă, am fi simpli sclavi, supuşi terorii, credinţa noastră nu ar avea niciun merit şi cele mai bune fapte, nicio virtute.

Deismul ne învață, fără posibilitatea de a fi înșelați, tot ceea ce este necesar și cuvenit să fie știut. Creația este Biblia deistului. Acesta citește acolo, scris în caligrafia Creatorului, certitudinea existenței Sale și imuabilitatea puterii Sale, iar orice alte biblii și testamente reprezintă falsuri pentru el. Probabilitatea de fi trași la răspundere, pe lumea cealaltă, va avea pentru mințile care meditează, autoritatea unei credințe. Nu credința noastră face adevărul, iar lipsa credinței noastre nu îl schimbă. Cum aceasta este condiția în care ne aflăm și în care este potrivit să ne aflăm, ca agenți liberi, doar neghiobul, nu filosoful și nici omul cu judecată, va trăi ca și cum Dumnezeu nu există.

    Credința în Dumnezeu este, însă, slăbită (prin amestecarea sa cu fabula stranie reprezentată de crezul creștin, cu aventurile sălbatice, relatate în Biblie, cu obscuritatea și nonsensul obscen al Testamentului), iar mintea omului este zăpăcită de învăluirea ca de ceață. Văzând mulțimea confuză a acestor lucruri, omul confundă realitatea cu fabula și, cum nu poate crede tot, se simte dispus să respingă tot. Dar credința în Dumnezeu este o credință diferită de toate celelalte lucruri și nu ar trebui confundată cu niciun alt lucru. Noțiunea unei Trinități de Dumnezei a slăbit credința în *un* Dumnezeu. O multiplicare a credințelor acționează ca o divizare a credinței, iar în proporția în care ceva este divizat, acel ceva este slăbit.

    Prin astfel de mijloace religia devine un element de formă, nu un adevăr. Devine noțiune, în loc de principiu. Moralitatea este alungată pentru a face loc unui lucru imaginar, denumit credință, iar această credință își are originea într-o presupusă neînfrânare. Este predicat un om, în locul lui Dumnezeu. O execuție este obiect de gratitudine. Predicatorii se mânjesc cu sânge, ca o bandă de asasini și pretind să admire strălucirea pe care le-o dă. Rostesc o predică monotonă, despre meritele execuției, îl slăvesc pe Isus Cristos, pentru că a fost executat și îi condamnă pe Evrei, pentru că au făcut-o.

    Un om, auzind acest nonsens cumulat și predicat laolaltă, îl confundă pe Dumnezeul Creației cu Dumnezeul imaginar al Creștinilor și trăiește ca și cum nu ar exista nici unul.

Dintre toate sistemele religioase care au fost inventate vreodată, nu există unul mai derogator la adresa Atotputernicului, mai lipsit de edificare pentru om, mai respingător rațiunii și mai contradictoriu, în sine, decât acest lucru denumit Creștinism. Prea absurd pentru credință, prea improbabil pentru a convinge și mult prea neconsecvent în baza practicii, amorțește inima, sau produce numai atei și fanatici. Ca motor al puterii, el servește doar scopul despotismului și ca mijloc de îmbogățire, avariția preoților. În ceea ce privește, însă, binele omului, în general, nu conduce la nimic, aici sau în cealaltă viață.

Singura religie care nu a fost inventată și care conține toate semnele caracterului divin este purul și simplul deism. Trebuie să fi fost primul în care omul a crezut și va fi ultimul în care va crede. Însă deismul pur și simplu nu răspunde obiectivului cârmuirilor despotice. Nu pot pune stăpânire pe religie, pentru a o folosi ca motor, decât dacă o amestecă cu invenții umane și dacă autoritatea lor devine parte din ea. Nu răspunde avariției preoților decât dacă-i încorporează pe ei și funcțiile lor și devine, asemenea cârmuirii, o parte a sistemului. Se formează, altfel, misterioasa legătură dintre biserică și stat. Biserica, umană și statul, tiranic.

Dacă un om ar fi impresionat, în deplinătatea și cu puterea cu care ar trebui să fie, de credința în Dumnezeu, viața lui morală ar fi reglementată de puterea credinței. Ar simți o teamă îmbinată cu respect față de Dumnezeu și de el însuși și nu ar face ceea ce nu poate fi ascuns de niciunul. Pentru a face o forță din această credință, este necesar să acționeze singur. Acesta este deismul.

Însă atunci când, potrivit schemei Trinității creștine, o parte din Dumnezeu este reprezentată de un om pe moarte și altă parte, numită Duhul Sfânt, de un porumbel în zbor, credinței îi este imposibil să se atașeze de astfel de idei fantastice*.

* T.Paine: În cartea lui Matei se spune (III, 16,) că *Duhul Sfânt s-a pogorât sub forma unui porumbel*. Putea, la fel de bine, să spună, *sub formă de gâscă*. Cele două creaturi sunt la fel de neprimejdioase, ambele reprezintă o minciună lipsită de sens. În Faptele Apostolilor (II, 2-3), se spune că a coborât pe o *rafală de vânt foarte puternică*, în forma unor *limbi despicate*: poate că era vorba despre copite despicate. Un material atât de absurd este potrivit pentru poveștile cu vrăjitoare și vrăjitori.

Planul bisericii creștine și al tuturor celorlalte sisteme religioase inventate a fost să-l țină pe om în necunoașterea Creatorului, după cum planul guvernului este să-l țină în necunoașterea drepturilor sale. Sistemele uneia sunt false, asemenea sistemelor celuilalt și sunt calculate pentru susținere reciprocă. Studiul teologiei, așa cum continuă în bisericile creștine, nu studiază nimic, este fondat pe nimic, nu se bazează pe principii, acționează fără autoritate, nu are date, nu poate demonstra nimic și nu permite vreo concluzie. Niciun lucru nu poate fi observat științific dacă nu cunoaștem principiile pe care se bazează. Cum nu este cazul, în privința teologiei creștine, aceasta reprezintă, prin urmare, studiul a nimic.

În loc de studiul teologiei, așa cum este realizat în prezent, pe baza Bibliei și Testamentului, cărți cu înțelesuri controversate și cărora li s-a dovedit lipsa autenticității, este necesar să ne referim la Biblia creației. Principiile pe care le descoperim acolo sunt eterne și de origine divină. Reprezintă baza tuturor științelor care există în lume și trebuie să reprezinte baza teologiei.

Îl putem cunoaște pe Dumnezeu numai prin operele sale. Nu putem concepe nicio însușire dacă nu urmăm un principiu care conduce la ea. Avem doar o idee imprecisă cu privire la puterea Sa, dacă nu avem mijloacele să înțelegem ceva din imensitatea acesteia. Nu-i putem cunoaște înțelepciunea, decât cunoscând modul în care funcționează. Principiile științei conduc la această cunoaștere, întrucât Creatorul omului este Creatorul științei și, pe această cale, omul îl poate vedea pe Dumnezeu, față în față, ca să spun așa.

Dacă omul ar fi dotat cu o facultate a vederii care i-ar permite să vadă și să contemple structura universului, să distingă mișcarea planetelor, cauza schimbării aspectului acestora, ordinea, ca de ceasornic, în care gravitează, până la cea mai îndepărtată cometă, conexiunea dintre ele și dependența lor reciprocă și să știe sistemul de legi, stabilit de Creator, care guvernează și reglementează întregul, atunci ar putea concepe, mult peste ceea ce l-ar putea învăța teologia oricărei biserici, puterea, înțelepciunea, vastitatea, munificența Creatorului. Ar înțelege, atunci, că toată cunoașterea omului în materie de știință și toate artele mecanice, prin care își creează confort aici, derivă din acea sursă. Mintea sa, exaltată de scenă și convinsă de realitate, ar spori în gratitudine pe măsura sporului cunoașterii. Religia lui, sau ceea ce venerează, ar fi unite de dezvoltarea lui, ca om. Orice activitate ar întreprinde, care ar avea legătură cu principiile creației, cum se întâmplă cu tot ceea ce ține de agricultură, știință și arte mecanice, l-ar învăța mai mult despre Dumnezeu și despre gratitudinea pe care i-o datorează, decât orice predică a teologiei creștine pe care o aude în prezent. Țelurile mărețe inspiră gânduri mărețe. Munificența excepțională induce gratitudine excepțională. Poveștile abjecte din Biblie și Testament pot, doar, să provoace dispreț.

Deși omul nu poate ajunge, cel puțin în această viață, la scena pe care am descris-o, el o poate demonstra, pentru că el cunoaște principiile pe baza cărora este construită creația. Știm că cele mai însemnate opere pot fi reprezentate la scară și că universul poate fi reprezentat în aceleași fel. Aceleași principii pe baza cărora măsurăm un centimetru sau un pogon de pământ vor măsura și mărimi de milioane. Un cerc cu diametrul de un centimetru are aceleași proprietăți geometrice ca un cerc ce ar circumscrie întreg universul. Aceleași proprietăți ale triunghiului, care vor arăta pe hârtie direcția unei nave, vor face acest lucru și pe ocean. Iar atunci când sunt aplicate în mișcarea corpurilor cerești, vor stabili cu exactitate producerea unei eclipse, deși acele corpuri se află la distanțe de milioane de kilometri de noi. Această știință are origine divină și omul a învățat-o din Biblia creației, nu din Biblia stupidă a bisericii, care nu-l învață nimic pe om*. * Autor. Producătorii Bibliei au încercat să ne prezinte, în primul capitol al Bibliei, o poveste a creației. Prin acest lucru, nu au demonstrat nimic, în afara propriei ignoranțe. Ei spun că au fost trei zile și trei nopți, seri și dimineți, înainte ca soarele să fi existat, dar prezența sau absența soarelui cauzează ziua și noaptea, iar cele numite apus și răsărit produc dimineața și seara. În plus, este o idee puerilă și lamentabilă, să-l închipui pe Atotputernic spunând: „Să fie lumină." Este maniera imperativă de vorbire a unui solomonar, atunci când rostește către instrumentele sale magice: „Presto, dispăreți" și, cel mai probabil, de aici a fost luată, având în vedere că Moise și toiagul său sunt solomonar și baghetă fermecată. Longinus numea această expresie „sublimul" și, în baza aceleiași reguli și solomonarul este sublim, pentru că tipul vorbirii este, din punct de vedere expresiv și gramatical, același. Când autorii și criticii vorbesc despre sublim, ei nu văd cât de aproape ajunge acesta de ridicol. Sublimul criticilor, asemenea unor părți din sublimul și frumosul lui Edmund Burke, este ca o moară de vânt care de-abia se vede în ceață, din care imaginația poate să facă un munte zburător, sau un arhanghel, sau un cârd de *gâște sălbatice*[n.t.].

Toată cunoașterea pe care omul o are despre știință și despre mecanică, cu ajutorul căreia face existența pe pământ confortabilă și fără de care s-ar deosebi puțin, la înfățișare și condiție, de un animal obișnuit, vine de la mecanismul colosal al universului și de la structura acestuia.

Observațiile constante și neobosite ale mișcărilor și revoluțiilor corpurilor cerești efectuate de strămoșii noștri, în așa-numita perioadă de început a lumii, au adus această cunoaștere pe pământ. Nu au făcut acest lucru nici Moise și nici profeții, nici Isus Cristos, nici apostolii. Atotputernicul este marele mecanic al creației, primul filosof și profesorul originar al întregii științe. Haideți, așadar, să arătăm respect maestrului nostru și să nu uităm truda strămoșilor noștri.

Dacă nu am avea, până în ziua de astăzi, nicio cunoștință de mecanică și dacă omul ar putea observa, cum am detaliat mai devreme, structura și mecanica universului, ar concepe neîntârziat ideea construirii mecanismelor (cel puțin a unora) pe care le avem acum și ideea, odată avută, ar trece în practică, în mod progresiv. Dacă un model al universului, un planetariu, i-ar fi prezentat și pus în mișcare, mintea lui ar ajunge la aceeași idee. Un astfel de obiect și de subiect, în timp ce i-ar îmbunătăți cunoașterea, interesantă și folositoare pentru el ca om și ca membru al societății, ar furniza o metodă mult mai bună pentru a-i întipări cunoașterea și credința în Creator, respectul și gratitudinea pe care i le datorează omul, decât textele stupide ale Bibliei și Testamentului, din care, oricât de talentați ar fi predicatorii, pot ieși doar predici stupide. Dacă omul trebuie să predice, atunci să predice ceva edificator și pe baza unor texte despre care se știe că sunt adevărate.

Biblia creației este inepuizabilă în texte. Fiecare parte a științei, fie că are legătură cu geometria universului, cu sistemele vieții animale și vegetale, sau cu proprietățile materiei neînsuflețite, reprezintă un text pentru credință și pentru filosofie, pentru gratitudine și pentru dezvoltare

n.t. - Expresie care desemnează o himeră, în limba engleză.
umană. Probabil se va spune că dacă s-ar produce o astfel de revoluție a sistemului religios, fiecare predicator ar trebui să fie filosof. Cu siguranță, și fiecare casă de rugăciune, o școală de știință.

Din cauza abaterii de la legile invariabile ale științei și de la lumina rațiunii și instituirii așa-numitei „religii revelate," s-au format foarte multe idei năstrușnice și hulitoare, despre Atotputernic. Evreii l-au făcut asasinul speciei umane, pentru a face loc religiei evreilor. Creștinii l-au făcut cel ce se omoară pe sine și fondatorul unei noi religii, care să înlocuiască și să excludă religia evreilor. Și, pentru a găsi pretext și recunoaștere pentru aceste lucruri, trebuie să fi presupus că puterea și înțelepciunea lui sunt imperfecte şi că voinţa lui este schimbătoare. Schimbarea voinţei reprezintă imperfecţiunea judecăţii. Filosoful ştie că legile Creatorului nu s-au schimbat niciodată, atât în ceea ce reprezintă principiile ştiinţei cât şi în proprietăţile materiei. De ce s-ar presupune că s-au schimbat, în ceea ce-l priveşte pe om?

Închid, aici, subiectul. Am arătat, în toate părţile precedente ale acestei lucrări, că Biblia şi Testamentul reprezintă imposturi şi falsuri. Las probele pe care le-am adus, în acest sens, să fie refutate, dacă cineva poate să o facă. Las ideile sugerate în închiderea acestei lucrări, pentru mintea cititorului, în convingerea că atunci când opiniile sunt libere, atât în materie de guvernământ, cât şi de religie, până la urmă şi cu multă putere, adevărul va prevala.

SFÂRŞITUL CĂRŢII *VÂRSTA RAŢIUNII*

Scrisori privind cartea *Vârsta Rațiunii*

Răspuns unui prieten
12 Mai 1797, Paris

În scrisoarea ta din 20 martie, îmi prezinți mai multe citate din Biblie, pe care le numești cuvântul lui Dumnezeu, pentru a-mi arăta că opiniile mele, asupra religiei, sunt greșite. Iar eu aș putea să-ți dau încă pe-atâtea, pentru a-ți arăta că opiniile tale nu sunt corecte. Prin urmare, Biblia nu hotărăște nimic, pentru că hotărăște oricum și în orice fel cineva o face să hotărască.

Însă, cu ce autoritate numești Biblia *cuvântul lui Dumnezeu*? Pentru că acesta este primul punct care trebuie să fie limpezit. Faptul că tu o numești așa nu o și face să fie, cu nimic mai mult decât faptul că mahomedanii numesc Coranul *cuvântul lui Dumnezeu* face Coranul să fie așa ceva. Consiliile Papale de la Nicea și Laodicea, la aproximativ 350 de ani după ce se spune că ar fi trăit persoana numită Isus Cristos, au ales prin vot cărțile care reprezintă *cuvântul lui Dumnezeu* și care formează ceea ce se numește Noul Testament. S-a stabilit cu *„da"* și cu *„nu"*, așa cum votăm noi, acum, o lege. Fariseii celui de-al doilea templu, după ce evreii se întorseseră din captivitatea Babiloniană, au făcut la fel, în privința cărților care compun, acum, Vechiul Testament. Aceasta este toată autoritatea existentă și care nu reprezintă, pentru mine, niciun fel de autoritate. Sunt la fel de capabil să judec pentru mine, cum erau și ei. Chiar mai ceva, având în vedere că ei își câștigau traiul din religie și aveau interes în votul dat.

Poți crede că un om este inspirat, însă, nu o poți dovedi și nu poți avea nici dovadă pentru tine, pentru că nu poți vedea în mintea lui, pentru a ști de unde i se trag gândurile. La fel se întâmplă și în cazul cuvântului *revelație*. Nu poate exista vreo dovadă a unui astfel de lucru, pentru că nu poți dovedi revelația, cum nu poți dovedi ceea ce visează un om (și nici chiar el nu poate).

În Biblie se spune adesea că Dumnezeu i-a vorbit lui Moise. Însă, de unde știi că Dumnezeu i-a vorbit lui Moise? Vei spune, pentru că așa îți spune Biblia. Coranul spune că Dumnezeu i-a vorbit lui Mahomed, crezi, asta, de asemenea? Nu. De ce? Pentru că, vei spune, nu crezi. Şi aşa, pentru că da şi pentru că nu, este toată motivația pe care o poți da, pentru a crede, sau a nu crede, cu excepția faptului că, vei spune, Moise a fost un impostor. Şi de unde ştii că Moise nu era un impostor? Din partea mea, îi consider impostori pe toți cei care pretind că întrețin o comunicare verbală cu Divinitatea. Este felul în care s-a profitat de lume. Însă, de crezi altfel, ai acelaşi drept la opinia ta, pe care îl am şi eu, la a mea şi trebuie să răspunzi pentru ea, în acelaşi fel. Toate acestea, însă, nu lămuresc controversa, dacă Biblia este *cuvântul lui Dumnezeu*, sau nu. Este necesar, aşadar, să mai facem un pas. Cazul este următorul:

Îți formezi ideea despre Dumnezeu, pe baza relatărilor despre El, din Biblie. Iar eu îmi formez părerea despre Biblie, pe baza înțelepciunii şi bunătății pe care Dumnezeu le-a manifestat în structura universului şi în toate operele Creației. Rezultatul în aceste două cazuri va fi că tu, luând Biblia drept standard, vei avea o opinie rea despre Dumnezeu. Iar eu, fixându-mi standardul după Dumnezeu, voi avea o părere rea despre Biblie.

Biblia îl înfățişează pe Dumnezeu ca pe o Ființă schimbătoare, pătimaşă, vindicativă, care face lumea, apoi o îneacă şi apoi regretă ce a făcut şi promite să nu mai facă asta cu altă ocazie. Îl înfățişează îmboldind un popor să taie gâtul altui popor şi oprind cursul soarelui, până când măcelul se va fi terminat. Însă, operele lui Dumnezeu, din Creație, ne predică o altă doctrină. În acel volum amplu nu vedem nimic care să ne dea ideea unui Dumnezeu schimbător, pătimaş, vindicativ. Tot ceea ce vedem acolo ne imprimă ideea opusă, aceea a imuabilității, ordinii, armoniei şi bunătății eterne. Soarele şi anotimpurile revin în momentul stabilit şi orice lucru din Creație proclamă imuabilitatea Domnului. Acum, ce o să cred? O carte, pe care orice impostor o putea face şi numi cuvântul Domnului, sau Creația, însăşi, pe care doar o forță Atotputernică o putea face? Pentru că Biblia spune un lucru, iar Creația spune opusul. Biblia îl înfățişează pe Dumnezeu cu toate patimile muritorilor şi Creația îi anunță toate atributele Dumnezeieşti.

Din Biblie, omul a învățat cruzimea, jaful şi omorul, întrucât credința într-un Domn nemilos face un om nemilos. Omul acela însetat de sânge, numit Samuel, profetul, îl face pe Dumnezeu să spună (1 Samuel XV, 3): „Acum mergeți şi loviți-i pe cei din Amalec şi distrugeți complet tot ce au și *nu cruțați pe niciunul dintre ei, ci ucideți și bărbați și femei, copii și sugari, boi și oi, cămile și măgari."*

La o asemenea distanță temporală nu se poate nici confirma nici infirma dacă Samuel sau vreun alt impostor ar fi putut spune asta, însă, după părerea mea, este o blasfemie să afirmi, sau să crezi, că Dumnezeu a spus-o. Toate ideile noastre cu privire la justiție și la bunătatea lui Dumnezeu se revoltă la cruzimea profană din Biblie. Biblia nu îl descrie un Dumnezeu just și bun, ci descrie un diavol, sub numele de Dumnezeu.

Ceea ce face acest pretins ordin de distrugere a Amalechiților să pară și mai rău, este motivul care i se atribuie. Amalechiții, cu patru sute de ani în urmă, potrivit relatării din Exodul XVII (care are, însă, aparența unei fabule, după relatarea cu tentă de magie despre Moise care își ridică mâinile în sus) se opuseseră venirii israeliților, în țara lor, lucru pe care amalechiții aveau dreptul să-l facă, pentru că israeliții erau invadatori, așa cum spaniolii au fost invadatorii Mexicului. Această opunere a amalechiților, *din vremea respectivă*, este indicată drept motiv în baza căruia bărbați, femei, copii și sugari, oi și boi, cămile și măgari, născuți cu patru sute de ani mai târziu, trebuiau executați. Pentru a desăvârși oroarea, Samuel l-a ciopârțit pe Agag, căpetenia amalechților, cum ai ciopârți o bucată de lemn. Voi face câteva observații, pe marginea acestui caz.

În primul rând, nimeni nu știe cine a fost autorul sau scriitorul cărții lui Samuel și, de aceea, toată istoria nu prezintă alte dovezi, în afară de probe anonime sau elemente din auzite, care nu pot reprezenta probe. În al doilea rând, această carte anonimă spune că masacrul a fost produs *la comanda expresă a Domnului*: însă, toate ideile noastre, despre justiția și bunătatea Domnului, atribuie minciuna cărții și, cum nu voi crede niciodată nicio carte care atribuie cruzime și lipsă de justiție lui Dumnezeu, resping Biblia, drept nevrednică de încredere.

Cum ți-am prezentat, de pe-acum, motivele pentru care cred că afirmația conform căreia Biblia reprezintă cuvântul lui Dumnezeu este un fals, am dreptul să-ți cer motivele pentru care crezi opusul. Știu, însă, că nu-mi poți da niciunul, cu excepția aceluia că *ai fost educat să crezi Biblia* și, cum turcii prezintă același motiv pentru a crede în Coran, este evident că educația face diferența și că argumentul sau adevărul nu au legătură cu acest caz. Crezi în Biblie, din accidentul nașterii, iar turcii cred în Coran din același accident și fiecare îi numesc pe ceilalți necredincioși. Lăsând, însă, afară din discuție prejudecata educației, adevărul lipsit de prejudecăți este că toți cei ce cred în mod fals despre Dumnezeu sunt necredincioși, fie că își extrag credința din Biblie, sau din Coran, din Vechiul Testament, sau din cel Nou.

    Când vei fi examinat Biblia cu atenția cu care am făcut-o eu (pentru că nu cred că știi mult despre ea) și îți vei îngădui să ai idei juste despre Dumnezeu, aproape sigur vei crede cum cred eu. Aș dori, totuși, să știi, că acest răspuns la scrisoarea ta nu este scris cu scopul de a-ți schimba opinia. Este scris pentru a te convinge, pe tine și pe alți prieteni, pe care îi stimez, că lipsa mea de credință în Biblie este întemeiată pe o credință pură și evlavioasă în Dumnezeu. Biblia, în opinia mea, reprezintă o calomnie grosolană la adresa justiției și bunătății lui Dumnezeu, în aproape toate părțile sale.

THOMAS PAINE

Corespondența cu onorabilul Samuel Adams[118]
(Către redactorul-șef al *National Intelligencer*[119], Washington.)

Către sfârșitul lui decembrie trecut, am primit o scrisoare de la un venerabil patriot, Samuel Adams, datată 30 noiembrie, Boston. Am primit scrisoarea printr-un privat, fapt care presupun că reprezintă cauza întârzierii. I-am scris un răspuns dlui Adams, datat 1 ianuarie. Pentru a fi sigur că îl primește și pentru a fi notificat de primire, am dorit ca un prieten de-al meu, din Washington, să-l dea, în plic, unui prieten de-al său, din Boston, pentru a-l înmâna domnului Adams. Scrisoarea a fost pusă în plic, în prezența mea, și înmânată unuia dintre funcționarii de la oficiul poștal, pentru a o sigila și expedia. Funcționarul a pus-o în agenda sa de buzunar și, fie a uitat să o expedieze, fie a presupus că a făcut acest lucru, o dată cu scrisori. Directorul poștei, aflând de această greșeală, m-a informat în această privință sâmbăta trecută și, cum data înscrisă pe plic trecuse, scrisoarea a fost plusă într-un plic nou, cu aceleași specificații și expediat de poștă. M-a preocupat acest incident, pentru ca nu cumva domnului Adams să creadă că am neglijat interesul pe care mi l-a acordat. De aceea, ca nu cumva alt accident să îl împiedice să o primească, sau să-l facă să o primească cu întârziere și pentru a mă degreva de această grijă, dau scrisorii posibilitatea de a-i ajunge prin intermediul ziarelor. Sunt mai determinat să procedez astfel, pentru că au fost făcute mai multe copii de mână, ale ambelor scrisori și, prin urmare, există posibilitatea intrării la tipar a unor copii inexacte. În plus, dacă unii din tipografii de la Washington (și sper că nu sunt toți la fel de infami) ar putea obține o copie, n-ar avea scrupule să o modifice și să o publice, drept variantă originală. Vă trimit, așadar, scrisoarea dlui Adams și copia mea, cu răspunsul.

Thomas Paine. Washington.
30 noiembrie 1802, Boston

Domnule,

Am reflectat în mod frecvent și cu plăcere la serviciile pe care le-ați făcut țării mele native și, a Domniei voastre, adoptive. Scrierile dumneavoastră, *Simțul Comun* și *Moment de Răscruce*, au trezit mințile publicului, indubitabil și i-au condus pe oameni să ceară cu mândrie o Declarație a Independenței noastre, naționale. De aceea, vă stimez, în calitate de prieten drag al libertății și bunăstării trainice a rasei umane. Însă, atunci când am auzit că ați început să apărați necredința, am fost uluit și foarte mâhnit că ați încercat o măsură atât de nocivă sentimentelor și atât de repugnantă adevăratului interes al unei părți atât de mari, a cetățenilor Statelor Unite. Oamenii din Noua Anglie, dacă îmi permiteți să folosesc o frază din scriptură, se întorc, repede, la prima lor dragoste. Sunteți dispus să stârniți, în rândul lor, înflăcărarea controversei mânioase, într-un moment în care ei se grăbesc spre unitate și pace? Mi se spune că unele dintre ziarele noastre au anunțat intenția dumneavoastră de a publica încă un pamflet, pe baza principiilor cărții dumneavoastră, *Vârsta Rațiunii*. Credeți că scrierea dumneavoastră, sau, că scrierea oricărui om, poate să lipsească de creștinism masa cetățenilor noștri, sau sperați să convertiți pe câțiva dintre aceștia, pentru a vă sprijini într-o cauză atât de rea? Ar trebui să ne considerăm fericiți pentru posibilitatea unei opinii, fără pericolul persecutării, în baza legilor civile, sau ecleziastice.

Prietenul nostru, președintele Statelor Unite[120], a fost calomniat, pentru sentimentele sale liberale, de oameni care au atribuit acea liberalitate planului ascuns de promovare a cauzei necredinței. Aceasta și toate celelalte calomnii au fost realizate fără urmă de dovadă. Nici religia și nici libertatea nu pot dura mult, în clocotul altercației și în zgomotul și violența de facțiune.

Felix qui cautus[121].

Adieu

SAMUEL ADAMS
DI THOMAS PAINE

Dragul meu prieten venerabil, Samuel Adams,
Am primit cu mare plăcere scrisoarea dumneavoastră prietenoasă și afectuoasă, din 30 noiembrie și vă mulțumesc și pentru sinceritatea acesteia. Între oamenii care sunt în căutarea adevărul și al căror obiectiv este Fericirea Omului, atât aici, cât și în lumea de după, nu ar trebui să existe rețineri. Chiar și Eroarea are dreptul la indulgență, dacă nu la respect, când credința este că aceasta reprezintă adevărul.

Vă sunt recunoscător pentru amintirea afectuoasă a ceea ce denumiți serviciile mele în trezirea speranței în mințile publicului, cu privire la declarația de Independență și sprijinirea acesteia, după ce a fost făcută publică. Ca și dumneavoastră, m-am gândit adesea la acele vremuri și cred că, dacă independența nu ar fi fost declarată atunci când a fost declarată, publicul nu ar mai fi fost dispus către aceasta, mai târziu. Vă veți da imediat seama, dumneavoastră, care cunoșteați intim starea de fapt, în acele vremuri, că mă refer la perioada neagră, din *șaptezeci și șase*, pentru că, deși eu știu și dumneavoastră, prietenul meu, știți, de asemenea, că nu a fost vorba decât despre erorile militare, grosolane, ale acelei campanii, țara le-ar fi putut vedea drept izvorând dintr-o incapacitate naturală de a-și susține Cauza în fața inamicului și s-ar fi afundat în deznădejdea produsă de acea Idee, greșit înțeleasă. Țara trebuia să fie puternic însuflețită împotriva acestei impresii.

Trec acum la a doua parte a scrisorii, în care voi fi la fel de sincer cu dumneavoastră, cum sunteți dumneavoastră cu mine.
„Însă, (spuneți dumneavoastră) atunci când *am auzit* că ați început să apărați *Necredința*, am fost uluit ș.a.m.d." - Cum, bunul meu prieten, numiți credința în Dumnezeu, necredință? Pentru că acesta este elementul principal, susținut în *Vârsta Rațiunii*, împotriva tuturor credințelor divizate și divinităților *alegorice*. Episcopul din Landaff[122] (Doctorul Watson) nu numai că recunoaște acest lucru, dar mă și felicită pentru el (în răspunsul său, la cea de-a doua parte a respectivei lucrări). „Există (spune el) *un sublim filosofic, în unele dintre Ideile dumneavoastră, atunci când vorbiți despre Creatorul Universului.*"

Ce (stimabilul meu prieten, pentru că nu vă respect mai puțin, pentru că avem păreri diferite, dar care nu diferă mult, probabil, în materie de sentiment religios), ce, întreb, este acest lucru, denumit *necredință*? Dacă ne întoarcem la strămoșii dumneavoastră și ai mei, de acum trei, sau patru sute de ani, pentru că trebuie să fi avut tați și bunici, sau nu am fi aici, îi vom găsi rugându-se la Sfinți şi Virgine şi crezând în purgatoriu şi în doctrina transsubstanțierii. Prin urmare, toți suntem necredincioşi, potrivit credinței strămoşilor noştri. Dacă ne întoarcem în timpuri şi mai îndepărtate, iar vom fi necredincioşi, potrivit credinței altor strămoşi.

Situația, prietenul meu, este că Lumea a debordat de fabule şi credințe, inventate de om, de secte formate din Națiuni întregi, împotriva tuturor celorlalte Națiuni şi de secte din cadrul acelor secte, împotriva lor înseşi. Fiecare sectă, cu excepția Quakerilor, a persecutat. Aceia care au fugit din calea persecuției, au persecutat, la rândul lor şi numai această confuzie a credințelor a umplut Lumea cu persecuție şi a înecat-o în sânge. Chiar şi devastarea comerțului nostru care a fost efectuată de puterile berbere a apărut în urma Cruciadelor bisericii împotriva acelor puteri. A fost un război al credinței împotriva credinței, fiecare fălindu-se cu Dumnezeu, drept creator al său şi insultându-se reciproc, cu numele de Necredincios. Dacă nu cred, cum crezi tu, acest lucru dovedeşte că tu nu crezi, cum cred eu şi asta este tot ce dovedeşte.

Este, totuşi, un punct de Convergență, care uneşte toate religiile şi care se găseşte în primul articol al Crezului fiecărui Om şi al Crezului fiecărei Națiuni, care are vreun Crez: *Cred în Dumnezeu*. Aceia care se sprijină pe acest lucru şi sunt milioane care o fac, nu pot greşi, în privința Crezului lor. Aceia care aleg să meargă mai departe, pot greşi, pentru că este imposibil ca toți să aibă dreptate, având în vedere că este atât de multă contradicție, între ei. Primii sunt, de aceea, după părerea mea, în zona cea mai sigură.

Presupun că ştiți istorie ecleziastică, pentru a realiza că (şi episcopul care mi-a răspuns, s-a văzut obligat să accepte acest fapt) s-a decis prin vot (cu *Da* şi *Nu,* cum se votează, acum, o lege) că acele cărți care alcătuiesc Noul Testament reprezintă Cuvântul lui Dumnezeu. Iar votul a fost exprimat în cadrul consiliilor ecumenice de la Nicea şi Laodicea, în urmă cu, aproximativ, 1450 de ani. În ceea ce priveşte acest lucru, nu există discuție şi nici nu îl menționez de dragul controversei. Acest Vot poate constitui o autoritate suficientă pentru unii şi insuficientă, pentru alții. Este potrivit, totuşi, ca toți să ştie acest lucru.

În ceea ce priveşte cartea *Vârsta Rațiunii*, pe care o condamnați cu înfocare (şi asta, cred, fără a o fi citit, întrucât spuneți că ați *auzit* despre ea), vă voi informa în privința unui detaliu, întrucât nu aveți această posibilitate, prin alte mijloace.

Am spus, în prima pagină, din Prima Parte a acelei lucrări, că de mult avusesem intenția să-mi public gândurile, în privința religiei, dar că păstrasem acest lucru pentru o perioadă mai târzie a vieții. Trebuie să vă informez, acum, de ce am scris-o și publicat-o, atunci când am făcut-o.

În primul rând, mi-am văzut viața sub amenințare continuă. Prietenii îmi cădeau, pe cât de repede le putea tăia capetele ghilotina și, cum mă așteptam la aceeași soartă în fiecare zi, m-am hotărât să-mi încep Munca. Mi se părea că mă aflu pe patul morții, pentru că aveam moartea în toate părțile și nu aveam timp de pierdut. Aceasta explică de ce am scris, atunci când am făcut-o. Și intenția s-a coordonat foarte bine cu momentul pentru că, nu terminasem de mai mult de șase ore prima parte a Lucrării, când am fost arestat și dus la închisoare. Joel Barlow era cu mine și știe acest lucru.

În al doilea rând, cetățenii Franței se precipitau în Ateism și am tradus și publicat lucrarea, în limba lor, pentru a le opri goana și a-i opri asupra primului articol (după cum am spus mai devreme) al Crezului fiecărui om care are un Crez, anume, *Cred în Dumnezeu*. Mi-am pus viața în pericol, în primul rând, prin faptul că m-am opus, în cadrul Convenției, la executarea regelui și am încercat să le arăt că judecau Monarhia și nu Omul și că respectivele crime, ce i se imputau, erau crimele sistemului monarhic. Mi-am primejduit viața, pentru o a doua oară, atunci când m-am opus Ateismului. Și, totuși, unii dintre preoții dumneavoastră, întrucât nu cred că toți sunt corupți, răcnesc, în strigătul de luptă al preoțimii monarhice, *Ce Necredincios, ce om primejdios, este Thomas Paine*! Puteau adăuga, la fel de bine, *întrucât crede în Dumnezeu și este împotriva vărsării de sânge*.

Însă, tot acest strigăt de luptă, din amvon, are un obiect ascuns. Religia nu este Cauza, este calul după care se ascunde vânătorul. O pun înainte, pentru a se ascunde, în spatele ei. Nu este un secret, că a existat un grup compus din lideri ai federaliștilor (și nu-i includ pe toți federaliștii cu liderii lor), care a lucrat, prin diverse mijloace, timp de mai mulți ani, pentru a răsturna Constituția federală, stabilită în baza sistemului reprezentativ și pentru a stabili Conducerea, din lumea Nouă, pe baza sistemului corupt din cea veche. Pentru a realiza acest lucru, era necesară o armată numeroasă și pretextul pentru o astfel de armată, anume, pericolul unei invazii străine, trebuia clamat din amvon, de presă şi de către oratorii lor publici.

Nu sunt, din fire, înclinat către suspiciune. Este o meteahnă jalnică şi laşă şi, la urma urmei, chiar admiţând eroarea, este mai bine şi, sunt sigur, mai generos, să te înşeli, de partea încrederii, decât de partea suspiciunii. Ştiu sigur, însă, că Guvernul englez distribuie anual o mie cinci sute de lire în rândul preoţilor prezbiterieni, din Anglia şi o mie de lire, celor din Irlanda, iar atunci când aud cuvântările ciudate ale unora dintre preoţii dumneavoastră şi ale unor profesori de la Colegiile dumneavoastră, nu pot, după cum spun quakerii, să găsesc suficientă libertate în mintea mea pentru a-i ierta. Doctrinele lor contra-revoluţionare stârnesc suspiciune, în ciuda indulgenţei şi chiar împotriva voinţei de a crede lucruri bune despre ei.

Întrucât mi-aţi oferit un citat din scriptură, vă voi oferi un altul, pentru acei preoţi. Se spune, în Exod XXII, 28: *„Să nu huleşti Zeii şi să nu blestemi pe mai-marele poporului tău."* Acei preoţi, însă, ca Dr. Emmons[123], de exemplu, înjură, cârmuitor şi popor deopotrivă, întrucât majoritatea constituie, din punct de vedere politic, poporul şi ei au ales cârmuitorul, pe care îl înjură. Cât priveşte prima parte a versetului, aceea cu *hulirea Zeilor*, nu face parte din scriptura mea. Am, doar, un Dumnezeu.

De când am început această scrisoare, pentru că o scriu pe bucăţi, atunci când am timp liber, am văzut cele patru scrisori care au circulat între dumneavoastră şi John Adams. În prima dumneavoastră scrisoare spuneţi: „Preoţii şi Filosofii, oamenii de stat şi patrioţii, să îşi combine eforturile pentru a *reînnoi epoca*, prin inocularea *fricii şi iubirii de Dumnezeu şi a filantropiei universale*, în minţile tinerilor." Păi, dragul meu prieten, aceasta este exact religia mea şi o reprezintă în întregime. Pentru a avea o idee, că *Vârsta Raţiunii* (întrucât nu cred că aţi citit-o) inoculează această frică reverenţioasă şi iubire, de Dumnezeu, voi reproduce un paragraf, din ea.

„Vrem să-i contemplăm puterea? O vedem în imensitatea creaţiei. Vrem să-i contemplăm înţelepciunea? O vedem în ordinea neschimbătoare cu care incomprehensibilul TOT este condus. Vrem să-i contemplăm munificenţa? O vedem în abundenţa cu care El umple pământul. Vrem să-i contemplăm îngăduinţa? O vedem în faptul că nu ascunde acea abundenţă nici măcar celor ingraţi."

Cum sunt alături de dumneavoastră, în ceea ce priveşte prima parte, aceea în privinţa lui Dumnezeu, sunt şi în ceea ce o priveşte pe a doua, aceea a *filantropiei universale*. Prin aceasta nu înţeleg, pur şi simplu, bunăvoinţa sentimentală a dorinţelor de bine, ci bunăvoinţa practică a facerii de bine. Nu-l putem servi pe Dumnezeu, în acelaşi fel, în care îi servim pe aceia care nu se pot lipsi de serviciul respectiv. El nu are nevoie de niciun serviciu de la noi. Nu putem adăuga nimic eternităţii. Stă, însă, în puterea noastră să facem serviciul *acceptabil* pentru el şi aceasta, nu prin rugăciuni, ci prin strădania de a face fericite creaturile sale. Omul nu-l slujeşte pe Dumnezeu, atunci când se roagă, întrucât încearcă să se servească pe sine. Iar angajarea sau plata altor oameni, pentru a se ruga, de parcă Dumnezeu are nevoie de îndrumare, este, după părerea mea, o abominaţiune. Un învăţător bun este de mai mare ajutor şi de mai mare valoare decât o mulţime de persoane, de tipul lui Dr. Emmons şi a altor câţiva.

Dumneavoastră, dragul şi respectabilul meu prieten, sunteţi, acum, înaintat în valea anilor. Presupun că îmi mai rămân câţiva ani de trăit, pentru că am o stare bună de sănătate, o minte fericită şi mă ocup de amândouă, hrănind-o, pe prima, cu temperanţă şi, pe cea din urmă, cu abundenţă. Aceasta, cred, veţi îngădui să fie adevărata filosofie a vieţii. Veţi înţelege, din cea de-a treia scrisoare a mea, către Cetăţenii Statelor Unite, că am trecut prin şi am fost apărat de multe pericole. Însă, în loc să-l bombardez pe Dumnezeu cu rugăciuni, de parcă nu aş fi avut încredere în el, sau ar fi trebuit să-i dictez, m-am pus sub protecţia sa. Şi dumneavoastră, prietenul meu, veţi găsi, chiar şi în ultimele momente, mai multă consolare în liniştea resemnării, decât în murmurul dorinţei unei rugăciuni.

În toate cele afirmate în cea de-a doua scrisoare a dumneavoastră către John Adams, privind Drepturile noastre, ca Oameni şi Cetăţeni, în această Lume, sunt perfect de acord cu dumneavoastră. În alte privinţe, trebuie să răspundem Creatorului nostru şi nu unul altuia. Cheia raiului nu este în păstrarea vreunei secte şi drumul într-acolo nu trebuie blocat de niciuna. Relaţiile noastre în această Lume sunt relaţii între Oameni, iar Omul care îi este prieten Omului şi drepturilor acestuia, indiferent de opiniile sale religioase, este un bun cetăţean, căruia îi pot întinde, pentru că ar trebui să fac acest lucru şi toţi ar trebui să-l facă, mâna dreaptă a tovărășiei și, nimănui, cu mai multă bunăvoință sinceră, dragul meu prieten, decât dumneavoastră.

Thomas Paine. Washington, 1 ianuarie, 1803.

NOTELE Traducătorului

1. Sectă protestantă pacifistă și austeră, întemeiată în sec. al XVII-lea și răspândită în Anglia și în SUA.
2. Iov XI,7 - Descoperi-vei tu care este firea lui Dumnezeu? Urca-vei tu pana la desăvârșirea Celui Atotputernic?
3. T. Paine: cum această carte ar putea nimeri în mâinile cuiva care nu știe ce este un planetariu, în vederea informării sale adaug această notă, având în vedere că numele cuvântului (în engleză-*orrery*) nu sugerează la ce folosește; numele planetariului vine de la persoana care l-a inventat; este o mașinărie cu mecanism de ceasornic, reprezentând universul în miniatură; și în care mișcarea pământului în jurul său și în jurul soarelui, mișcarea Lunii în jurul pământului, mișcarea planetelor în jurul soarelui, distanțele lor relative de la soare, drept centru al întregului sistem, distanțele relative dintre ele și diferitele lor mărimi, sunt reprezentate așa cum sunt în ceea ce noi numim ceruri.
4. T. Paine: calculând în medie că nava parcurge trei mile pe oră, ar naviga în jurul lumii în mai puțin de un an, dacă ar putea naviga în cerc direct, dar ea este obligată să urmeze cursul oceanului.
5. T. Paine: cei care au crezut că Soarele se rotește în jurul pământului în 24 de ore, au făcut aceeași greșeală în planul ideilor, pe care un bucătar ar face-o în practică, dacă ar face focul să se rotească în jurul cărnii, în loc să întoarcă friptura, pe foc.
6. Uranus fusese descoperită în 1781, însă Paine nu o menționează.
7. T. Paine: S-ar putea pune întrebarea, de unde știe omul aceste lucruri? Am un răspuns simplu, anume că omul știe cum să calculeze o eclipsă și cum să calculeze cu exactitate momentul în care planeta Venus, în drumul ei în jurul soarelui, se va interpune între pământ și Soare și ne va apărea ca un bob de mazăre, ce traversează suprafața Soarelui; asta se întâmplă doar de două ori, la fiecare sută de ani, la aproximativ opt ani distanță și s-a întâmplat de două ori, în vremurile noastre, fiecare dată știută dinainte, prin calcul. Se poate ști când vor avea loc, în următoarea mie de ani, sau în orice interval viitor. Deci, cum omul nu ar putea face aceste lucruri dacă nu ar înțelege sistemul solar și maniera în

care se produc rotațiile celor șapte planete sau lumi, calculul unei eclipse, sau tranzitul lui Venus, reprezintă o dovadă punctuală că acea cunoaștere există; iar câteva mii, sau chiar câteva milioane de mile, mai mult sau mai puțin, nu reprezintă o diferență sensibilă, când vine vorba de astfel de distanțe enorme.
8. Jean-Baptiste du Val-de-Grâce, baron de Cloots, 24 iunie 1755 – 24 martie 1794, mai bine cunoscut ca Anacharsis Cloots, a fost un nobil Prusac și o figură importantă în Revoluția Franceză.
9. François Louis Bourdon, 11.01.1758 - 22.06.1798, cunoscut și ca Bourdon de l'Oise, a fost un politician francez, din perioada Revoluției și un oficial al Parlamentului de la Paris.
10. Joel Barlow, 24.03.1754 – 26.12.1812, a fost un poet, diplomat și politician american; a susținut Revoluția Franceză și a fost un Jeffersonian înfocat.
11. Marc-Guillaume Alexis Vadier, 17.07.1736 – 14.12.1828, a fost un politician francez, în timpul Revoluției Franceze; a fost element principal în Regimul Terorii și a jucat un rol important în denunțul și în condamnarea la ghilotină a lui Maximilien Robespierre.
12. Thermidor era a unsprezecea lună a Calendarului Republican Francez; numele vine de la cuvântul grecesc „thermos", căldură; începea pe 19 sau 20 iulie și se termina pe 17 sau 18 august.
13. Jean-Baptiste Carrier, 1756 - 16.12.1794, a fost un Revoluționar Francez, membru al Iacobinilor, recunoscut pentru cruzimea față de inamici și în special față de membrii clerului.
14. Joseph Le Bon, 29.09.1765 – 10.10.1795, a fost un politician francez, din 1793, membru al Convenției; a arătat severitate extremă față de revoluționari; a fost judecat și condamnat la moarte pentru abuz de putere în îndeplinirea funcției.
15. T. Paine: Euclid, în baza cronologiei istoriei, a trăit cu trei sute de ani înaintea lui Cristos și cu o sută de ani, aproximativ, înaintea lui Arhimede; era din orașul Alexandria, din Egipt.
16. Herodot din Halicarnas/Halikarnassos, 484 î.Hr. - 425 î.Hr., a fost un istoric grec; este considerat părintele disciplinei istoriei.
17. Caiu Corneliu Tacit, 55 - 115, a fost un om politic și unul din cei mai importanți istorici romani, considerat părintele istoriografiei latine.

18. Titus Flāvius Caesar Vespasiānus Augustus, 17.11.9 - 23.06.79, împărat roman din 69 până în 79.
19. Titus Flavius Iosephus, 37 Ierusalim - 100 Roma, a fost un istoric evreu, de origine regală și preoțească, care a descris Primul război evreo-roman (66–70), sau Marea Revoltă a Evreilor de la începutul erei noi contra cotropirii romane, de la primele agitații anti-romane din Iudea, din anul 66, până la cucerirea și distrugerea Ierusalimului de către Titus Flavius Vespasianus, în anul 70.
20. Pamfilia, uneori Pamphylia, este numele dat în Antichitate unei regiuni din sudul Asiei Mici.
21. Alexandru cel Mare, 20.06.356 î.Hr. – 10.06.323 î.Hr., cunoscut și sub numele de Alexandru Macedon, Alexandru al III-lea al Macedoniei.
22. Pisgah, culme sau vârf, în ebraică; de obicei se referă la Muntele Nebo, 817 metri, din Iordania, cel mai înalt dintre câteva astfel de culmi.
23. Moab, sămânța tatălui, este numele istoric al unei zone muntoase din Iordania; se întinde pe buna parte a țărmului de est al Mării Moarte; existența sa este atestată de numeroase descoperiri arheologice; potrivit Bibliei Evreiești, Moab era des în conflict cu vecinii israelieni, de la vest.
24. Conform Genezei, Dan este al cincilea copil al lui Iacob, mama lui este Bilhah, servitoarea lui Rahila; a fondat tribul israelit al lui Dan.
25. Nume de popor sau grup etnic, în mod general indicând un non-evreu din Tribul Israelit al lui Dan.
26. Esau este fiul lui Isaac; a fost fratele geamăn al lui Iacov (Israel); la maturitate a ajuns vânător; și-a vândut dreptul de întâi născut fratelui său pentru o ciorbă de linte.
27. Edom - Idumeea; entitate etnică și statală antică bazată pe o uniune de triburi de limbă semită care, din epoca de fier târzie, s-a așezat în sudul Mării Moarte, în Negev, - în sudul statului Israel de astăzi, cât și în depresiunea Arava (sau Wadi Araba) și la răsăritul ei, în sud-vestul actualei Iordanii, până la capătul de nord al Mării Roșii.
28. Homer a trăit în jur de 850 î.Hr..

29. Esop sau Aesopus, 620-560 î.Hr..
30. Balaam, ghicitor din Tora, povestea sa apare spre sfârșitul Cărții Numeri; a încercat să blesteme poporul lui Dumnezeu de trei ori, dar nu a reușit, de fiecare dată ieșind binecuvântări și nu blesteme, Numeri, XXI; XXIV.
31. Peor, divinitatea venerată de Moabiți, numită în Biblie Baal din Peor (Numeri, XXV, 3, 5, 18, Deuteronom III, 29), Domnul Casei lui Horus.
32. Canaan sau Kanaan a fost un teritoriu situat în sud-estul Mării Mediterane, aflat la sudul și în prelungirea ținutului locuit de fenicieni; populat în antichitate, o perioadă de timp, de canaaniți; teritoriul, inițial redus la coasta mării, echivalează și cu „Țara Promisă" triburilor evreiești antice (Josua, XIII, 1-4), cu Țara lui Israel și cu Palestina sau Iudeea de mai târziu.
33. Atunci când Israeliții au ajuns pe Pământul Făgăduinei, Og le-a ținut piept, dar a fost învins, Numeri XXI, 33–35, Deuteronom III, 1–7. În Torah scrie ca Israeliții au invadat Bashan-ul și l-au cucerit, de la Amoriți.
34. Ammon, sec. al X-lea î.Hr. - 332 î.Hr., a fost un regat semitic din Epoca Bronzului care se întindea la estul râului Iordan; cetatea de scaun a regatului era Rabbah sau Rabbath Ammon, locul unde se află orașul modern Amman, capitala Iordaniei.
35. 4m, 99cm.
36. 2m, 25cm.
37. Ghivon a fost un oraș Canaanit, la nord de Ierusalim, care a fost cucerit de Iosua.
38. În valea Ajalonului, Iosua a învins cinci regi Amoriți; pentru a termina, cum se făcea noapte, a poruncit soarelui să stea pe loc.
39. T. Paine: Acest basm cu soarele, stând fix deasupra Muntelui Ghivon și a lunii, în valea Ajalon, este unul din basmele ce se deconspiră singure. O astfel de întâmplare nu poate avea loc fără a fi cunoscută în toată lumea. O jumătate s-ar fi întrebat de ce nu răsărea soarele și, cealaltă, de ce nu apunea; și ar fi intrat în tradiția universală; pe câtă vreme, nu există niciun popor pe lume care să știe ceva despre acest lucru. De ce ar trebui, însă, ca luna să stea pe loc? Ce ar însemna lumina lunii în timpul zilei și în timp ce soarele strălucește? Ca figură poetică, întregul e suficient

de reușit; este asemenea cântecului Deborei și al lui Barak, Judecătorii IV, 5, *Stelele în drumul lor luptară împotriva lui Sisera*; este, însă, inferioară declarației metaforice a lui Mahomed, către persoanele venite să-i critice comportamentul, *De-ar fi*, spune el, *să vii la mine cu soarele în mâna dreaptă și cu luna, în cea stângă, tot nu mi-ai schimba calea*. Pentru ca Iosua să-l fi depășit pe Mahomed, trebuia să-și pună soarele și luna, fiecare în câte un buzunar și să le poarte, cum Guy Faux *(Guy Fawkes, 13.04.1570 – 31.01.1606, numit și Guido Fawkes, nume adoptat în timp ce lupta de partea spaniolilor în Țările de Jos, era membru al unui grup de restauraționiști catolici din Anglia care au plănuit Complotul Prafului de Pușcă din 1605. Scopul lor era înlăturarea guvernării protestante din țară prin aruncarea în aer a clădirii Parlamentului în timp ce înăuntru se aflau Regele James I și întreaga nobilime protestantă, dar și mare parte din cea catolică. Conspiratorii credeau că aceasta este o reacție necesară față de ceea ce ei considerau a fi discriminarea sistematică împotriva catolicilor englezi; a fost prins si executat; a întruchipat unul dintre cei mai admirați rebeli din toate timpurile; masca atribuită lui este purtată cu mândrie și de susținătorii mișcării Occupy Wall Street, sau cei grupați sub numele de Anonymus)* își purtase întunecatul felinar și să le scoată, pentru a străluci, după bunul lui plac. Sublimul și ridicolul sunt, adesea, atât de strâns legate, încât sunt dificil de categorisit, în mod separat. Un pas peste sublim formează ridicolul și un pas peste ridicol face, iar, sublimul. Totuși, să istorisești asta, făcând abstracție de fantezia poetică, arată ignoranța lui Iosua, pentru că el ar fi trebuit că poruncească pământului să stea pe loc.

40. Ai, morman de ruine, în ebraică, a fost un oraș regal din Canaan; a fost cucerit de israeliții lui Iosua, la a doua încercare; credința populară este că ruinele sale se găsesc în situl arheologic Et-Tell, mormanul de ruine, în arabă, din West Bank.
41. Iudeea, Regatul Iuda sau Regatul Iudeei, circa 931–586 î.Hr., a fost unul dintre cele două regate succesoare ale Regatului evreu unit; conform Bibliei, Regatul Iuda a fost înființat pentru prima dată, la moartea lui Saul, când tribul lui Iuda l-a ales ca rege pe David, care a unit mai apoi Iuda cu restul Israelului; nepotul lui

David, Roboam, a respins zece dintre triburi și astfel a rămas rege doar peste triburile lui Iuda și Veniamin, în sud, în timp ce peste cele zece triburi din nord s-a pus rege Ieroboam, care a înființat Regatul Israel; Regatul Iuda a rezistat până în 586 î.Hr., când a fost cucerit de Nabucodonosor al Babilonului.

42. Sedechia a fost un personaj Biblic, ultimul rege al Iudeei înainte de distrugerea sa de către Babilon; Sedechia fusese numit rege al Iudeei de Nabucodonosor al II-lea, regele Babilonului, după un asediu al Ierusalimului, în 597 î.Hr.; domnia acestuia se încheie în 586 î.Hr., prin alt asediu al Ierusalimului, făcut de Nabucodonosor al II-lea.

43. Nabucodonosor al II-lea, fiul lui Nabopolassar, rege neo-babilonian care a domnit între anii 605–562 î.Hr., i-a învins pe egipteni la Karkemish (605 î.Hr.) și la Hamat și a anexat Siria la regatul Babilonului; a cucerit Iudeea în 587 î.Hr. În 586 î.Hr., a cucerit capitala Iudeii, a distrus Templul, palatul regal și zidurile de apărare; a reconstruit regatul Babilonului, devenind un mare imperiu prin cuceririle teritoriale: Asiria, Siria, Fenicia și Iudeea; este creditat drept constructorul grădinilor suspendate ale Semiramidei; a nu se confunda cu Nabucodonosor I, fost rege al Imperiului Babilonian în perioada 1125 î.Hr. - 1103 î.Hr..

44. Ahab „fratele tatălui" a fost rege al anticului regat evreiesc Israel, 873 - 852 î.Hr., cu capitala la Samaria; domnia lui Ahab a fost marcată de o perioadă de înflorire, de alianțe cu statele vecine - orașele Feniciei, Regatul Iuda, etc., de construcții intense, dar și de conflicte cu sirienii din Damasc; afacerile interne au intrat pe mâna dominantă a soției sale, Izabela, care și-a impus cu o deosebită cruzime credința sa politeistă, în zeii canaaneni-fenicieni Baal și Iștar, prigonind sângeros pe liderii religioși monoteiști; criza religioasă astfel declanșată a dus la o stare internă de tensiuni care s-a terminat cu eliminarea provizorie a politeismului din regat.

45. Jehu, *Jehova este El*, a fost al zecelea rege al Israelului, cunoscut pentru exterminarea liniei lui Ahab și introducerea lui Yahve.

46. Elisei, „Dumnezeu este mântuire", este un profet din Biblia ebraică și din Islam unde are numele Al-Yasa; succesor al profetului Ilie.

47. Menahem, „consolatorul", fost căpitan în armata lui Sedechia, a fost rege al Regatului de Nord al Israelului.
48. Shallum, „răzbunarea cerului", a fost regele vechiului Regat al Israelului; fusese căpitan în armata regelui Zechariah, conspirase împotriva acestuia şi-l omorâse, luându-i locul, pentru doar o lună, în Samaria; apoi Menahem, alt căpitan din armata regelui Sedechia, l-a omorât şi a devenit rege, în locul lui.
49. Thapsacus a fost un oraş antic, pe malul de vest al Eufratului, în Siria sau Turcia modernă; oraşul era important şi bogat datorită faptului că era traversat de Eufrat.
50. Ohozia a fost un rege al Iudeei si fiul lui Ioram şi Ataliei, fata sau sora regelui Ahab al Israelului; a domnit un an şi a murit la 23 de ani, fiind ucis la Samaria, dat fiind faptul că provenea din acelaşi neam cu Ioram al Israelului.
51. Iosafat „Yahweh este judecător", a fost al patrulea rege în Iuda, din casa lui David; a domnit, aproximativ, între 873 î.Hr. - 849 î.Hr.; Iosafat a domnit douăzeci şi cinci de ani şi a urcat la tron la treizeci şi cinci de ani.
52. Jehoram, sau Ioram, a fost un rege al Iudeei şi fiul lui Iosafat; Ioram şi-a ucis proprii fraţi şi a început să se închine la idoli; a urcat pe tron la 32 de ani şi a domnit timp de 8 ani.
53. Roboam a fost primul rege al Regatului Iuda, separat de Regatul Israel; el este fiul lui Solomon şi nepotul lui David; Roboam a fost pus rege peste evrei după moartea tatălui său, Solomon; unsprezece triburi s-au revoltat împotriva lui şi l-au pus rege pe Ieroboam; astfel, Roboam a rămas rege doar peste tribul lui Iuda; în tot timpul domniei sale, Roboam a purtat război cu Ieroboam pentru a-şi recăpăta teritoriile.
54. Ilie, „Al cărui Dumnezeu este Jah(ve)", sec. al X-lea î.Hr., a fost un proroc evreu, menţionat în cap. XVII - XX din a treia carte a Regilor.
55. Elisei, „Dumnezeu este mântuire", este un profet din Biblia ebraică şi din Islam unde are numele Al-Yasa.
56. Isaia a fost un profet evreu. Şi-a început activitatea în Ierusalim în anul morţii regelui Azaria şi a continuat-o sub regii Ioatam (740 – 736 î.Hr.), Ahaz (736 – 716 î.Hr.) şi Iezechia (716 – 687 î.Hr.); Ideile de bază ale operei lui Isaia sunt: Dumnezeul lui Isaia este „cel

sfânt", Dumnezeu este singura realitate importantă. După o veche tradiție iudaică, Isaia ar fi trăit până la începutul domniei lui Manase și ar fi fost ucis din ordinul acestui rege idolatru, fiind tăiat cu fierăstrăul (690 î.Hr.). Isaia a trăit într-un timp când marea putere asiriană a ajuns la culmea puterii sale, prin anul 722 î.Hr., anul prăbușirii regatului de nord. Isaia a avut un rol atât religios cât și politic, iar prin puterea convingerilor sale și prin activitatea sa a dezvoltat o teologie despre Dumnezeu și însușirile sale și despre raporturile Lui cu lumea. El ar fi prezis conform interpretărilor creștinilor (interpretări care nu îi conving pe evrei, deoarece Isaia vorbește de o personificare a poporului Israel, nu discută despre Mesia) pe Mesia și împărăția mesianică cu atâtea amănunte încât Sfinții Părinți l-au numit „Evanghelistul Vechiului Testament"), care a trăit în vremea lui Ezechia (Ezechia a fost fiul lui Ahaz și al XIV-lea rege al Regatului Iuda. Ezechia a asistat la ducerea în robie a Regatului Israel de către împăratul asirian Sargon al II-lea în anul 720 î.Hr și a fost rege al Regatului Iuda în timpul asediului asirian al Ierusalimului de către Senaherib în 701 î.Hr. Asediul a fost curmat de către o plagă care a afectat armata lui Senaherib. În timpul domniei sale au profețit Isaia și Mica. Ezechia a adoptat reforme religioase care au constat în interzicerea închinării la idoli în Templul din Ierusalim și a restaurat închinarea către YHWH, Dumnezeul lui Israel, așa cum aceasta este descrisă în Pentateuhul lui Moise.

57. T. Paine: Isaia este menționat în ambele cărți. Ieremia este menționat doar în ultimele două capitole din Cronici. Ceilalți nu sunt menționați, cu excepția lui Iona. În 2 Împărați XIV, 25, numele lui Iona este menționat în ceea ce privește înapoierea unei suprafețe de pământ, de către Ieroboam; nu se mai spune nimic despre el și nici nu se face vreo referire la cartea lui Iona, la expediția sa la Ninive și nici la întâlnirea sa cu balena.
58. „Peter Pindar", pseudonimul lui John Wolcot, 9.05.1738 - 14.01.1819, un autor de opere satirice englez.
59. Versetul 22. Iar în anul dintâi al lui Cirus, regele Persiei, pentru împlinirea cuvintelor Domnului rostite prin Ieremia, a trezit Domnul duhul lui Cirus, regele Persiei, și a poruncit acesta să se facă cunoscut tuturor din tot regatul său, prin cuvânt și prin scris

și să le spună: V. 23. Așa zice Cirus, regele Perșilor: Toate regatele pământului, Domnul Dumnezeul cerului mi le-a dat mie și mi-a poruncit să-i zidesc templul în Ierusalimul cel din Iuda. Cine este între voi din tot poporul Lui? Domnul Dumnezeul lui să fie cu el și să se ducă acolo.

60. Versetul 1. În anul întâi al domniei lui Cirus, regele Perșilor, ca să se împlinească cuvântul Domnului, cel grăit prin gura lui Ieremia, a deșteptat Domnul duhul lui Cirus, regele Perșilor și acesta a poruncit să se facă știut în tot regatul său, prin grai și prin scris, acestea: 2. Așa grăiește Cirus, regele Perșilor: Toate regatele pământului mi le-a dat mie Domnul Dumnezeul cerului și mi-a poruncit să-i fac locaș la Ierusalim în Iuda. Așadar, aceia dintre voi, din tot poporul Lui, care voiesc – fie cu ei Dumnezeul lor – să se ducă la Ierusalim în Iuda și să zidească templul Domnului Dumnezeului lui Israel, a Acelui Dumnezeu Care este în Ierusalim.

61. T. Paine: Am observat, în timp ce parcurgeam Biblia, mai multe pasaje frânte și lipsite de sens, fără a le considera suficient de importante pentru a le introduce în lucrare; cum ar fi acela, din 1 Samuel XIII, 1, unde se spune: „Saul domnise un an; și când domnise doi ani peste Israel, Saul și-a ales trei mii de bărbați," etc. Prima parte a versetului, în care ni se precizează că Saul domnise un an, nu are sens, pentru că nu ne spune ce a făcut Saul, nici nu spune ce s-a întâmplat la sfârșitul acelui an; în plus, este absurd să spui că a domnit un an, când, în propoziția imediat următoare, spune că domnise doi; căci, dacă domnise doi, era imposibil să nu fi domnit unul. Un alt exemplu se găsește în Iosua V, unde scriitorul ne spune povestea unui înger (întrucât așa îl numește tabloul de materii de la începutul capitolului) ce-i apare lui Iosua; și povestea se termină abrupt și fără vreo concluzie. Povestea este, după cum urmează: Versetul 13. „Pe când Iosua era lângă Ierihon, a ridicat ochii și s-a uitat. Și iată că un om stătea în picioare înaintea lui, cu sabia scoasă din teacă în mână. Iosua s-a dus spre el și i-a zis: «Ești dintre ai noștri sau dintre vrăjmașii noștri?»" Versetul 14, „El a răspuns: «Nu, ci Eu sunt Căpetenia oștirii Domnului și acum am venit.»" Iosua s-a aruncat cu fața la pământ, s-a închinat și I-a zis: «Ce spune Domnul meu robului Său?»" Versetul 15, „Și Căpetenia oștirii Domnului a zis lui Iosua:

«Scoate-ți încălțămintea din picioare, căci locul pe care stai este sfânt.» Și Iosua a făcut așa." – Și ce a mai urmat? Nimic: căci aici se termină povestea și capitolul. Ori povestea este întreruptă la mijloc, ori este o poveste spusă de un umorist evreu, ce ridiculizează pretinsa misiune a lui Iosua, primită de la Dumnezeu, iar compilatorii Bibliei, neînțelegând miezul poveștii, au spus-o drept chestiune serioasă. Ca poveste de umor și ridicol are o mare însemnătate; pentru că prezintă, cu pompă, un înger, în chip de om, cu o sabie scoasă, în mână, în fața căruia Iosua se aruncă la pământ și venerează (fapt contrar celei de-a doua porunci) și apoi, acest foarte important mesaj din ceruri se încheie spunându-i lui Iosua *să-si scoată încălțămintea*. Putea la fel de bine să-i spună să-și ridice pantalonii. Este sigur, totuși, că Evreii nu credeau tot ce le spuneau liderii lor, după cum reiese din maniera cavalerească în care vorbeau despre Moise, când se dusese pe munte. Cât îl privește pe *acest* Moise, spun ei, *nu știm ce s-a ales de el*. Exodul XXXII, 1: (Poporul, văzând că Moise zăbovește să se coboare de pe munte, s-a strâns în jurul lui Aaron și i-a zis: «Haide, fă-ne un dumnezeu care să meargă înaintea noastră, căci Moise, omul acela care ne-a scos din țara Egiptului, nu știm ce s-a făcut!»").

62. Artaxerxe, identificat de unii comentatori ai Bibliei cu Xerxes I din Persia, cunoscut drept Xerxes cel Mare, al patrulea dintre regii regilor Imperiului Ahemenid; armata sa, care după unele surse număra peste două milioane de oameni, forțează cu pierderi grele trecerea prin defileul Termopile apărat de trei sute de spartani conduși de Leonidas, regele Spartei; domnește din 486 î.Hr. până în 456 î.Hr., când este ucis de comandantul gărzii sale regale.

63. Regina Vasti este prima soție a regelui persan Artaxerxe, în cartea Esterei; este izgonită pentru că refuză să apară la banchetul Regelui și Estera este aleasă pentru a-i urma, ca regina; în Midraș (o culegere de peste 60 de comentarii, povestiri, eseuri etice aranjate după ordinea cărților Tora, Profeți și Scrieri este prezentată drept rea și vanitoasă; în interpretarea feministă a Purimului, este o eroină cu mintea liberă. Purim este o sărbătoare evreiască care comemorează eliberarea poporului evreu din

Imperiul Persan-Babilonian antic după execuția lui Haman în 427 î.Hr. și în urma decretului reginei Estera care duce la executarea celor 10 fii ai lui Haman în 425 î.Hr., după cum este scris în cartea biblică Cartea Esterei).
64. Mardoheu, vărul Esterei, care i-a fost și tată adoptiv.
65. Avraham ben Meir ibn Ezra, cunoscut în Europa ca Abenezra (1092 sau 1093 î.Hr. Tudela - 1167 î.Hr., Palestina?, Roma?) cărturar, poet de limbă ebraică, filozof, filolog, matematician, astronom, astrolog, medic și teolog exeget evreu din Navarra, Spania; precursor al criticii Bibliei, l-a influențat pe Spinoza; supranumit „Înțeleptul, marele și admirabilul învățat"; craterul Abenezra pe Lună a fost numit în cinstea sa.
66. Baruch Spinoza, (24.11.1632, Amsterdam - 21.02.1677, Haga) a fost un renumit filosof evreu olandez de origine sefardă cu strămoși de proveniență portugheză (d'Espinosa); Spinoza a fost un raționalist și unul din reprezentanții panteismului în timpurile moderne.
67. Paine observă în *Eseu despre Vise*, o operă ulterioară, că în Biblie, prin care denotă numai Vechiul Testament, cuvântul Satan mai apare și în 1 Cronici XXI, 1 și în 2 Samuel XXIV, 1, unde însă Satan înseamnă adversar, ca și în 2 Samuel XIX, 22 și în 1 Împărați V, 4; XI, 25. Numele Satan apare în Vechiul Testament, în cartea lui Iov și în Zaharia III, 1, 2, însă autenticitatea paragrafului din Zaharia este discutabilă.
68. Pleiadele, un roi stelar deschis care face parte din Catalogul Messier, întocmit de astronomul francez Charles Messier; unul dintre cele mai cunoscute obiecte Messier de pe cerul nopții.
69. Nebuloasa din Orion este o nebuloasă de reflexie formată din două obiecte Messier; această nebuloasă este unul dintre cele mai observate și fotografiate obiecte de pe cerul nocturn precum și unul dintre cele mai studiate obiecte cerești.
70. Arcturus este cea mai luminoasă stea din constelația Boarului și a treia ca luminozitate de pe cer, după Sirius și Canopus.
71. Lemuel, „ce-i aparține lui El", este numele unui rege Biblic, menționat in Proverbele și pildele lui Solomon XXXI, 1 si 4, necunoscut din alte surse.

72. T. Paine: Rugăciune cunoscută după numele de Rugăciunea lui Augur, în Proverbe XXX, imediat înaintea proverbelor lui Lemuel, - singura rugăciune sensibilă, bine concepută şi bine exprimată, din Biblie, are toate aparenţele unei rugăciuni luate de la Gentili. Numele lui Augur nu mai apare în altă parte; iar el este prezentat, împreună cu rugăciunea ce i se atribuie, de aceeaşi manieră şi aproape în aceleaşi cuvinte, în care Lemuel şi proverbele sale sunt prezentate în următorul capitol. Primul verset spune, „Cuvintele lui Augur, fiul lui Iache, asemenea profeţiei:" aici cuvântul profeţie este folosit, la fel ca în următorul capitol al lui Lemuel, fără să implice vreo prezicere. Rugăciunea lui Augur este în Versetele 8 şi 9, "Depărtează de la mine neadevărul şi cuvântul mincinos; nu-mi da nici sărăcie, nici bogăţie, dă-mi pâinea care-mi trebuie. Ca nu cumva, în belşug, să mă lepăd de Tine şi să zic: «Cine este Domnul?» Sau ca nu cumva în sărăcie să fur şi să iau în deşert Numele Dumnezeului meu." Aceasta nu prezintă semnalmentele unei rugăciuni ebraice, întrucât evreii s-au rugat, mereu, doar la ananghie şi, niciodată, pentru altceva decât victorie, răzbunare, sau bogăţii.
73. Exilul babilonian a fost perioada din istoria evreilor în care evreii din vechiul regat al lui Iuda au fost robi în Babilon; în conformitate cu Biblia ebraică, au existat trei deportări de evrei în Babilon. Primul exil, în 597 î.Hr., care îl implică pe regele Iehonia, curtea sa şi mulţi alţii, un al doilea în anul 587 î.Hr., a următorului rege, Zedechia şi restul poporului şi o deportare posibil după asasinarea lui Ghedalia, guvernator babilonian al provinciei Yehud, posibil în 582 î.Hr.; exilul forţat s-a încheiat în anul 538 î.Hr., după căderea Babilonului în faţa regelui persan Cirus cel Mare, care a dat permisiunea evreilor să se întoarcă în provincia Iudeea şi să-şi reconstruiască Templul, dar cei mai mulţi evrei au ales să rămână în Babilon.
74. Sion este amintit în Tanah, biblia evreilor, mai întâi drept cetate a iebusiţilor, iar mai apoi ca aşezare fortificată ebraică în vremea regelui David, fiind situat în zona colinei sau muntelui cu acelaşi nume, în partea de sud-est a Ierusalimului de azi; după cucerirea şi întărirea cetăţii sub regii David, şi Solomon, iar mai apoi în

perioada exilului Babilonian, Sion a devenit treptat un simbol al speranței mesianice a evreilor.
75. T. Paine: *Aceia care vor privi pe fereastră vor fi întunecați*, reprezintă, în traducere, o figură de stil obscură, pentru pierderea vederii.
76. Maleahi, ultima carte din cartea celor 12 Profeți minori.
77. Cirus al II-lea cel Mare, circa 600 î.Hr.-530 î.Hr., rege al Persiei; una din cele mai strălucite personalități ale antichității.
78. Ahaz, abreviat de la Ioahaz „YHWH a vindecat" a fost un rege al Iudeii; Ahaz avea 20 de ani când a devenit rege al Iudeii și a domnit 16 ani; a fost un împărat bun înaintea Domnului; evanghelia lui Matei îl menționează pe Ahaz în Genealogia lui Isus.
79. Urie sau Uriah, „lumina mea este Yahweh".
80. T. Paine: În Isaia VII, 14, se spune că pruncul ar trebui numit Emanuel (Emanuel, Emmanuel, Emmanuil sau Immanuel, „Dumnezeu este cu noi"); însă acest nume nu a fost dat niciunuia dintre copii, în afara naturii, semnificată de cuvânt. Acela al prorociței a fost numit Maher-shalal-hash-baz (*Grăbește-te la prada de război* sau *Cel care s-a grăbit să prade*, a fost al doilea copil cu nume profetic menționat în Isaia; primul fiu al lui Isaia, Shearjashub, *Fărâma se va întoarce*, este menționat doar o dată în Isaia VII, 3, fără a se spune mai mult despre el) și acela al Mariei a fost numit Isus.
81. Ioachim, 635-598 î.Hr., "el, pe care Yahweh l-a ridicat" rege al Iudeei din 608 pana in 598 î.Hr.; fiul cel mare al lui Iosia.
82. Caldeea este denumirea elenistică a unei regiuni din Babilonia; chaldeii sunt o populație de origine arameică, migrată în secolul al X-lea î.Hr. în sudul Mesopotamiei, care primește numele de Chaldeea – Caldeea.
83. Pașhurr, unul dintre cei patru oameni care l-au sfătuit pe Sedechia să-l condamne la moarte pe Ieremia, pentru profețiile lui sumbre.
84. Yahu-Yahweh este Rege, sau regele este Yahweh.
85. Yahweh a ascuns, sau cel pe care Yahweh l-a ascuns, sau Yahweh stă la pândă.
86. Lucrarea lui Dumnezeu.

87. Domnul care judecă.
88. Matan, de la cuvântul dar; dăruire.
89. Ghedalia, "Jah a devenit mare"; a fost desemnat de Nabucodonosoral II-lea al Babilonului ca guvernator al Iudeei, formată după înfrângerea Regatului Iudeei şi distrugerea Ierusalimului, într-o parte a precedentului regat; când au auzit de această numire, evreii care se refugiaseră în ţările vecine s-au întors in Iudeea.
90. Şelemia, pe care Iehova îl răsplăteşte.
91. T. Paine: Am remarcat două capitole, în 1 Samuel (XVI şi XVII), care se contrazic în privinţa lui David şi a felului în care acesta l-a cunoscut pe Saul; după cum, în Ieremia, XXXVII şi XXXVIII, se contrazic în privinţa cauzei întemniţării lui Ieremia. În 1 Samuel XVI, se spune că un spirit rău de la Dumnezeu chinuia pe Saul şi că slugile sale l-au sfătuit (drept remediu) „să caute un om care ştie să cânte cu iscusinţă la harpă." Şi Saul a spus, în Versetul 17, „Faceţi-mi rost, acum, de un om ce ştie bine a cânta şi aduceţi-l la mine. Apoi „Unul din slujitori a luat cuvântul şi a zis: «Iată, am văzut pe un fiu al lui Isai, Betleemitul, care ştie să cânte; el este şi un om tare şi voinic, un războinic, vorbeşte bine, este frumos la chip şi Domnul este cu el.» Saul a trimis nişte oameni la Isai să-i spună: «Trimite-mi pe fiul tău David, care este cu oile.» Şi (Versetul 21) David a ajuns la Saul şi s-a înfăţişat înaintea lui; i-a plăcut mult lui Saul şi a fost pus să-i poarte armele; şi când duhul rău de la Dumnezeu, venea peste Saul (Versetul 23) David îşi lua harpa şi cânta cu mâna lui şi Saul se întrema şi era bine, din nou." Următorul capitol (XVII), însă, prezintă o poveste, total diferită faţă de aceasta, a modului în care s-au cunoscut Saul şi David. Aici, este pusă pe seama întâlnirii lui David cu Goliat, când David fusese trimis de tatăl lui, cu provizii, pentru fraţii săi, din tabără. În cel de-al 55-lea Verset al acestui capitol, se spune: „Când a văzut Saul pe David mergând împotriva filisteanului (Goliat), a zis lui Abner, căpetenia oştirii: «Al cui fiu este tânărul acesta, Abner?» Abner a răspuns: «Pe sufletul tău, împărate, că nu ştiu.» «Întreabă dar al cui fiu este tânărul acesta«, a zis împăratul. Şi, când s-a întors David după ce omorâse pe filistean, Abner l-a luat şi l-a adus înaintea lui Saul. David avea în mână capul filisteanului.

Saul i-a zis: «Al cui fiu eşti, tinere?» Şi David a răspuns: «Sunt fiul robului tău Isai, Betleemitul.» Aceste două cărţi se contrazic, una pe cealaltă, pentru că fiecare dintre ele spune că Saul şi David nu se cunoscuseră înainte. Această carte, Biblia, este prea ridicolă pentru orice critică.

92. Ionatan a fost fiul lui Saul, primul rege al Israelului; a fost prieten cu David, duşmanul tatălui său; s-a opus prigonirii lui David de la curtea lui Saul; a murit împreună cu doi fraţi ai săi şi cu tatăl său în Bătălia de pe Muntele Ghelboa, în anul 1007 î.Hr.

93. T. Paine: Nu ştiu care este cuvântul în ebraică care corespunde cuvântului clar-văzător, în engleză; dar văd că este tradus în franceză prin *Cel ce Vede*, de la verbul *voir*, *a vedea* şi care înseamnă persoana care vede sau clar-văzătorul.

94. Roboam a domnit între anii 922 î.Hr. - 915 î.Hr. sau, 931 î.Hr. - 913 î.Hr. sau 931 î.Hr. - 914 î.Hr, în funcţie de sursă; a fost fiul lui Solomon şi nepotul lui David; după moartea tatălui său, a devenit rege; dar unsprezece triburi s-au revoltat împotriva lui şi l-au pus rege pe Ieroboam; Roboam a rămas rege doar peste tribul lui Iuda; în tot timpul domniei sale, Roboam a purtat război cu Ieroboam pentru a-şi recăpăta teritoriile.

95. Ieroboam a fost primul rege al regatului israelit din nord după revolta a unsprezece triburi israelite împotriva lui Roboam, fiul lui Solomon; înainte de răscoală, Ieroboam era slujitorul lui Solomon; a domnit timp de 22 de ani, 922 – 901 î.Hr., sau 931 – 910 î.Hr.

96. Dragonul lui Wantley, este legenda uciderii unui dragon de către un cavaler în Piscul Wharncliffe, din South Yorkshire, Yorkshire-ul de Sud, redată într-o baladă comică din 1685; acest cavaler dă lovitura mortală dragonului, în dos, singurul punct vulnerabil, după cum mărturiseşte dragonul, cu limba de moarte.

97. Cartea lui Ezechiel prezintă profeţii cu privire la distrugerea Ierusalimului şi vedenia Templului; potrivit ei, profetul, exilat în Babilon, s-a confruntat cu o serie de şapte viziuni timp de 22 ani între 593 - 571 î.Hr., o perioadă care cuprinde distrugerea Ierusalimului în 586 î.Hr.

98. Daniel, *Justiţie (de la) Dumnezeu* sau *Dumnezeu este judecătorul meu*, protagonistul din Cartea lui Daniel; potrivit cărţii biblice, la o vârstă fragedă Daniel a fost dus în afara cetăţii Babilonului, unde

a devenit celebru pentru interpretarea viselor și a devenit una dintre cele mai importante figuri de la curtea regelui; Cartea lui Daniel povestește cum Daniel, un iudeu exilat la curtea regelui Nabucodonosor al II-lea, 605-562 î.Hr., conducătorul Babilonului, devine un mare oficial guvernamental și prezintă diverse profeții; a fost compusă, probabil, în jurul anului 165 î.Hr..

99. Heruvim, clasă specială de îngeri, care urmează ierarhic după arhangheli; sunt menționați de mai multe ori în Biblie și sunt prezentați ca făpturi cerești înaripate; conform Vechiului Testament, două sculpturi ale unor făpturi înaripate fabuloase (heruvimi) împodobeau Chivotul Legii din Templul Solomonian din Ierusalim; sculpturile susțineau pe aripile lor pe nevăzutul Iehova.

100. Râul Khabur, câteodată identificat cu Chebar, cel mai mare afluent al Eufratului, pe teritoriul Siriei; izvorăște din Turcia.

101. Jaffa sau Yaffa; este partea sudică, antică, a orașului israelian Tel Aviv, numele complet al acestuia fiind Tel Aviv-Yaffo; port străvechi la Marea Mediterană, unul din cele mai vechi orașe-porturi din lume.

102. Tarsis, menționat in Biblie, cel mai frecvent ca denumire a unui loc, probabil oraș mare sau regiune, situate departe, dincolo de mare, de Pământul Israelului și Fenicia.

103. Alexander Selkirk, 1676 - 13 decembrie 1721, a fost un marinar scoțian care a trăit patru ani pe o insulă de lângă Chile și a servit drept inspirație pentru romanul Robinson Crusoe a lui Daniel Defoe.

104. T. Paine: Maria, presupusa virgină, avusese mai mulți copii, fii și fiice. (Matei XIII 55, 56.).

105. Augustin de Hipona, Sfântul Augustin la catolici, 13.11.354, Thagaste, Numidia - 28.08.430, Hippo Regius, Numidia, Algeria modernă; a fost un episcop, filozof, teolog și doctor al Bisericii; în scrierile sale, utilizează argumente logice încercând să demonstreze veridicitatea religiei creștine.

106. Faustus din Mileve, Numidia (Algeria modernă) a fost un episcop Maniheist, din secolul al IV-lea; este amintit pentru confruntarea cu Augustin, în Cartagina, în 383, aproximativ.

107. Marcionismul este teologia inițiată de către Marcion din Sinope (circa 80-155). Originar din Asia Mică, stabilit la Roma către anul 140, unde, sub influența gnosticismului lui Cerdon, dezvoltă propriul lui sistem, pe baza unor texte din „Epistola către Galateni", despre Dumnezeul celor două Testamente și despre canonul biblic.
108. Maniheismul a fost o religie importantă, fondată de profetul Iranian Mani, 216–276, în imperiul Sasanid.
109. Cerintus a fost un gnostic și, pentru unii, un vechi creștin, considerat autor al unei erezii, de către primii Părinți ai bisericii; școala lui Cerintus urma legea evreiască, folosea Evanghelia lui Cerintus, nega faptul că Dumnezeul Suprem făcuse lumea fizică și nega divinitatea lui Cristos; în interpretarea lui, Cristos-ul venise asupra lui Isus la botez, îl condusese în misiunea lui și-l părăsise la crucificare; Cerintus folosise o versiune a Evangheliei după Matei, drept scriptură.
110. Encraiții, controlat-de-sine, au fost o sectă creștină din secolul al II-lea, care interzicea căsătoria și recomanda abstinența de la consumul de carne; Eusebius spune că autorul ei a fost Tațian.
111. Ioan Gură de Aur, sau Ioan Chrysostom, 347, Antiohia – 407, a fost arhiepiscop de Constantinopol, una din cele mai importante figuri ale patrologiei creștine, considerat sfânt deopotrivă în Biserica Răsăriteană și în Biserica Apuseană, care îl venerează cu titlul de doctor al Bisericii; a adoptat o poziție împotriva creștinilor iudaizați cu opt predici în acest sens, având astfel un rol în dezvoltarea antisemitismului creștin.
112. Valentiniaismul este o mișcare gnostică creștină, fondată de Valentinus, în secolul al II-lea; cu influențe, de la Roma, la Egipt, Asia Mică, Estul Siriei și Africa de Nord.
113. Ebioniții au fost membrii unei secte ascetice de evrei creștini; îi cuprindea pe nazarineni și pe elkasiți; numele „ebionit" provine din cuvântul ebraic „ebionim", care înseamnă „sărac"; există puține informații istorice despre acest grup; se știe că s-au fixat în Cisiordania, la Pella, au ajuns în Siria, iar apoi în Asia Mică și în Egipt; au existat până în sec. al IV-lea; credeau într-un singur Dumnezeu și susțineau că Isus Cristos a fost Mesia, profetul din Deuteronom; au respins nașterea din fecioară a lui Cristos,

susținând că Isus a fost fiul natural al Mariei și al lui Iosif; venerau Ierusalimul.
114. Nazarineni, evreii creștini din Iudeea (sec. III-V), care au păstrat integral ritul mozaic.
115. Aici, aceasta, acesta.
116. Sfântul Atanasie cel Mare, 295 - 2.05.373, Alexandria, Egipt, a fost un episcop creștin din secolul al IV-lea cu un rol de seamă în combaterea arianismului; este venerat ca sfânt în Biserica Romano-Catolică, în Biserica Ortodoxă și în Biserica Coptă.
117. Membru al Societății Religioase a Prietenilor - Religious Society of Friends.
118. Samuel Adams, 16/27.09.1722 – 2.10.1803, om de stat american, filosof politic și unul dintre părinții fondatori ai Statelor Unite ale Americii; ca politician al epocii coloniale britanice în provincia colonială Massachusetts, Adams a fost unul din liderii mișcării care se va transforma în ceea ce va deveni Revoluția Americană, fiind totodată unul din arhitecții principiilor republicanismului american care a dat formă întregii culturi politice ulterioare a Uniunii; a fost văr de-al doilea cu cel de-al doilea președinte american, John Adams; făcea parte dintr-un curent politic ce se opunea eforturilor Parlamentului britanic de a impune taxe în coloniile sale din America fără consimțământul acestora; circulara sa din 1768, în care cerea cooperarea colonială, a dus la ocuparea Bostonului de soldați britanici, care s-a soldat cu masacrul din Boston din 1770; continuarea rezistenței față de politica britanică s-a soldat în 1773 cu Partida de Ceai de la Boston și cu Războiul de Independență al SUA.
119. Spionul Național.
120. Thomas Jefferson.
121. Ferice de cel precaut.
122. Llandaf, circumscripție și comunitate în nordul orașului Cardiff, capitala Țării Galilor, care a fost încorporată orașului în 1922.
123. Nathanael Emmons, 20.04.1745 – 23.09.1840, teolog american; patriot fervent în timpul Războiului de Independență American și federalist convins, după; critic vehement al președintelui Thomas Jefferson – autor principal al Declarației de Independență.

Un eseu despre vis

Prefața autorului

Către preoții și predicatorii tuturor confesiunilor religioase. Este de datoria fiecărui om să identifice și să dea în vileag înșelătoria și eroarea, în baza propriilor capacități. Natura, însă, nu a înzestrat pe toți cu aptitudini în acest scop, iar cei cărora le sunt conferite astfel de aptitudini, le lipsesc, adesea, dispoziția sau curajul de a o face. Lumea, sau, mai bine spus, acea mică parte a ei, denumită creștinătate, sau lumea creștină, a fost distrată timp de peste o mie de ani cu relatările Profețiilor din Vechiul Testament, cu privire la venirea persoanei numite Isus Cristos, iar mii de predici au fost predicate și volume întregi scrise, pentru a face omul să creadă acest lucru.

În lucrarea care urmează examinez toate paragrafele din Noul Testament, preluate din Vechiul Testament, denumite profeții care îl privesc pe Isus Cristos. Eu nu găsesc nicio astfel de profeție, despre o astfel de persoană și contest faptul că ar exista așa ceva. Toate paragrafele au legătură cu împrejurările în care se găsea poporul evreu, în momentul în care acestea au fost scrise sau spuse, nu cu ceea ce urma, sau nu să se întâmple în lume, după mai multe sute de ani și arăt la ce împrejurări făceau referite paragrafele. Menționez capitolul și versetul, pentru fiecare lucru pe care îl spun și nu părăsesc cadrul Vechiului și Noului Testament, pentru probe, privind faptul că paragrafele respective nu sunt profeții cu privire la persoana numită Isus Cristos.

Prejudecata credinței fără temei degenerează adesea în prejudecata datinii și devine, în cele din urmă, ipocrizie absolută. Atunci când oamenii, pe baza tradiției, modei, sau din oricare alt motiv lumesc, profesează, sau pretind a crede ceea ce nu cred și nici nu pot furniza vreun argument pentru ceea ce cred, ei părăsesc timona moralității lor. Nemaifiind onești cu propriile minți, nu încearcă nicio problemă morală atunci când sunt nedrepți cu ceilalți. Din cauza acestui viciu, din cauza ipocriziei, vedem atâția adepți ai mersului la biserică, la întruniri, atâția pretendenți ai religiei, plini de expedient și înșelătorie, în atitudine și cu manifestare liberă, în îndeplinirea obligațiilor, încât nu prezintă încredere, dincolo de zona în care sunt constrânși de legile tării. Moralitatea nu are nicio autoritate asupra minților lor, nu reprezintă un obstacol în acțiunile lor.

Pentru un grup de predicatori, salvarea constă în credință. Le spun enoriașilor că, dacă ei cred în Cristos, păcatele le vor fi iertate. Aceasta, în primul rând, este o încurajare pentru a păcătui, la fel ca atunci când unui tânăr risipitor i se spune că tatăl lui va plăti toate datoriile sale. Acesta acumulează datorii și mai repede și devine și mai extravagant. Tati, spune el, plătește tot și merge mai departe. La fel și în celălalt caz, Cristos plătește tot și păcătosul merge mai departe.

În al doilea rând, doctrina pe care o predică acești oameni nu este adevărată. Noul Testament se bazează, pentru credibilitate și mărturie, pe așa-numitele profeții din Vechiul Testament, cu privire la persoana numită Isus Cristos. Dar dacă nu există profeții despre o astfel de persoană în Vechiul Testament. Noul Testament este un fals al consiliilor de la Nicea și de la Laodicea, iar credința fondată pe această bază este amăgire și falsitate. (T. Paine: *Consiliile de la Nicea și de la Laodicea au fost ținute la aproximativ 350 de ani după timpul în care se spune că a trăit Cristos. Iar cărțile care compun, acum, Noul Testament, au fost votate, atunci, cu DA și NU, la fel cum se votează, acum, o lege. Foarte multe care au fost propuse au avut o majoritate de Nu și au fost respinse. Astfel s-a născut Noul Testament.*)

Un alt grup de predicatori le-a spus enoriașilor că Dumnezeu a predestinat și ales, pentru eternitate, un anumit număr de persoane pentru salvare și un anumit număr de persoane pentru damnare. Dacă acest lucru ar fi adevărat, "ziua Judecății" A TRECUT. Ei predică în van și ar face mai bine să aibă o ocupație utilă, pentru a-și câștiga existența.

Această doctrină, la fel ca precedenta, are tendința directă de a demoraliza omenirea. Poate fi îndreptat un om rău, dacă i se spune că este unul dintre aceia osândiți, înainte de naștere și că îndreptarea nu îi va face niciun bine, iar dacă a fost salvat, că va fi salvat, indiferent de crede, sau nu? Pentru că acesta este rezultatul doctrinei. Astfel de predici și astfel de predicatori fac rău lumii morale. Mai bine s-ar afla la plug.

În lucrările mele de ordin politic, motivația și scopul au fost acelea de a-i furniza omului o părere înaltă despre propriul caracter și de a-l elibera de absurditatea superstițioasă și servilă a monarhiei și a conducerii ereditare. În publicațiile mele cu subiect religios, strădania mea a vizat aducerea omului la folosirea dreaptă a rațiunii care i-a fost dată de Dumnezeu. Prin intermediul rațiunii, omul cunoaște principiile moralei, ale justiției și mizericordiei divine. Rațiunea aduce o atitudine binevoitoare către toți oamenii și toate creaturile. Rațiunea îi inspiră încredere, speranță și mângâiere față de creatorul său. Rațiunea îl eliberează din lanțurile născocirilor din cărțile ce pretind să fie „cuvântul lui Dumnezeu."

Thomas Paine

Capitol Introductiv

     Având în vedere că în Noul Testament se vorbește foarte mult despre vise, este necesar, mai înainte, să explicăm natura visului și să arătăm în baza cărei operații a minții, este produs visul, în timpul somnului. Când vom înțelege acest lucru, vom fi mai bine echipați pentru a hotărî dacă se poate pune bază pe acestea și, în consecință, dacă diversele chestiuni din Noul Testament relatate despre vise, merită încrederea pe care le-o acordă scriitorii acelei cărți, preoții și comentatorii.
     Pentru a înțelege natura Visului, sau a ceea ce este văzut în vis, în timpul somnului, este necesar, mai înainte, să înțelegem ansamblul și componentele minții umane.
     Cele trei mari facultăți ale minții sunt Imaginația, Judecata și Memoria. Fiecare acțiune a minții are loc în cadrul uneia sau alteia dintre aceste facultăți. Într-o stare de trezie, așa ca în timpul zilei, aceste trei facultăți sunt toate active. Acest lucru este rar, însă, în timpul somnului și niciodată perfect, iar aceasta este cauza pentru care visele noastre nu au coerența și raționalitatea gândurilor noastre din starea de trezie.
     Reședința acelui grup de puteri, sau facultăți, care constituie ceea ce se numește minte, se găsește în creier. Nu există și nu poate exista o

explicație a acestui fapt, vizibilă din punct de vedere anatomic, însă accidente care se întâmplă persoanelor în viață arată că așa este. O leziune a creierului, produsă prin fracturarea craniului, va schimba, uneori, un om înțelept într-un idiot cu comportament copilăresc, într-o ființă fără minte. Natura, însă, a avut mare grijă de acel *Sanctum Sanctorum* al omului, de creier, așa încât, dintre toate accidentele externe cărora le este supusă umanitatea, acestea se petrec cel mai rar. Adesea, însă, le vedem întâmplându-se din lipsa de cumpătare cu caracter de obișnuință, pe termen lung.

Dacă acele trei facultăți ocupă apartamente diferite ale creierului este știut doar de Autoritatea Atotputernică, care l-a format și organizat. Putem vedea efectele externe ale mișcării musculare în toate membrele corpului, deși, al său *primum mobile*, sau prima cauză a mișcării sale, este necunoscută omului. Mișcările noastre externe sunt, câteodată, efectul intenției, altădată, nu. Dacă suntem așezați și intenționăm să ne ridicăm, sau dacă suntem în picioare și intenționăm să ne așezăm sau să mergem, membrele se supun acelei intenții, de parcă ar auzi ordinul. Facem, însă, o mie de mișcări în fiecare zi, atât în starea de trezie, cât și în timpul somnului, fără o intenție prealabilă care să le conducă. Fiecare membru acționează de parcă ar avea minte proprie. Omul conduce întregul, când dorește să conducă, dar, între timp, diferitele părți, asemenea unor mici suburbii, se conduc singure, fără a consulta suveranul.

Toate aceste mișcări, indiferent de cauza care le generează, sunt externe și vizibile. În ceea ce privește creierul, însă, nu pot fi făcute observații oculare. Totul este un mister. Totul este întunecat în acel izvor al gândului.

Dacă partea cea mai importantă a sistemului nervos este o masă de materie în repaos continuu, dacă prezintă o mișcare, sub formă de palpitație vibrantă, sau o mișcare de ridicare și cădere, ca materia în fermentare, dacă diferitele părți ale creierului au mișcări diferite, în funcție de facultatea folosită, fie că este vorba, de imaginație, de judecată, sau de memorie, omul nu are cunoștințe despre aceste lucruri. El nu cunoaște cauza propriei rațiuni. Îi este ascunsă de propriul creier.

Comparând lucruri invizibile cu lucruri vizibile, după cum lucrurile metafizice pot fi comparate câteodată cu lucrurile fizice, operațiile acestor mai multe facultăți distincte prezintă o oarecare asemănare cu un ceas. Arcul principal, care pune totul în mișcare, corespunde imaginației.

Pendulul care corectează şi conduce acea mişcare corespunde judecăţii. Iar acul ceasului şi cadranul, asemenea memoriei, înregistrează operaţia.

Acum, în măsura în care aceste diferite facultăţi dorm, sunt inactive, sau sunt treze, pe durata visului, în acea proporţie visul va fi rezonabil sau frenetic, ţinut minte sau uitat.

Dacă este vreo facultate a omului mental, care nu doarme niciodată, aceea este imaginaţia, acel element volatil. Situaţia este diferită cu judecata şi memoria. Constituţia calmă, sobră a judecăţii o dispune cu uşurinţă odihnei. Cât priveşte memoria, aceasta înregistrează în linişte, atunci când i se solicită acest lucru.

Faptul că judecata adoarme repede, poate fi perceput în aceea că noi începem câteodată să visăm înainte de a fi complet adormiţi. Un gând întâmplător aleargă prin minte şi începem, cum s-ar spune, să ne amintim că visăm, între starea de somn şi cea de trezie. Dacă judecata doarme în timp ce imaginaţia se menţine trează, visul va fi o adunare dezordonată de imagini diforme şi idei emfatice şi, cu cât este mai activă imaginaţia, cu atât mai nebunesc va fi visul. Lucrurile cele mai lipsite de sens şi de posibilitate vor părea corecte, pentru că facultatea a cărei competenţă este păstrarea ordinii este, momentan, absentă. Directorul şcolii este plecat şi băieţii sunt în vacarm.

Dacă memoria doarme, nu vom mai avea nicio informaţie despre visul pe care l-am visat. Vom şti doar că am visat ceva, fără a şti despre ce era vorba. În acest caz, senzaţia acţionează mai mult decât memoria. Visul ne-a furnizat o senzaţie de durere sau de neplăcere şi îl simţim mai mult ca pe o rană, decât ni-l amintim, ca pe o viziune.

Dacă memoria este inactivă, vom avea o vagă amintire a visului şi, după câteva minute, ni se poate întâmpla, câteodată, să avem o cunoaştere deplină a principalelor părţi ale visului. Cauza acestui lucru este că memoria va continua, câteodată, în stare inactivă, sau adormită, după ce ne-am trezit şi cu atâta deplinătate, încât este posibil şi, câteodată, chiar se întâmplă, să nu ne amintim imediat unde suntem, nici ce s-a întâmplat şi nici ce trebuie să facem. Însă, atunci când memoria intră în starea de trezie, ne readuce cunoaşterea acestor lucruri, asemenea unui şuvoi de lumină şi, câteodată, chiar visul.

Însă, cel mai curios detaliu, despre mintea în visare, este puterea pe care aceasta o are, de a deveni reprezentant al fiecărei persoane, personaj, sau lucru, despre care visează. Poartă conversaţii cu mai mulţi, pune întrebări, ascultă răspunsuri, furnizează și primește informații și joacă, singură, toate aceste roluri.

  Și, totuși, pe cât de variată și excentrică poate fi imaginația în a crea imagini și idei, ea nu poate lua locul memoriei în ceea ce privește lucrurile uitate în starea de trezie. De exemplu, dacă am uitat numele unei persoane și visăm că o întâlnim și îi cerem numele, aceasta nu ni-l poate spune, pentru că noi ne întrebăm acest lucru pe noi înșine.

  Deși imaginația nu poate lua locul memoriei reale, aceasta posedă facultatea năstrușnică de a contraface memoria. Visează despre persoane pe care nu le-a cunoscut niciodată și le vorbește, de parcă și le-ar aminti drept vechi cunoștințe. Relatează întâmplări care nu au avut loc și le relatează ca și cum s-ar fi întâmplat. Se duce în locuri care nu au existat și știe unde sunt toate străzile și toate casele, de parcă ar mai fi fost acolo, în prealabil. Scenele pe care le creează sunt, adesea, prezentate drept scene amintite. Câteodată, va produce un vis în cadrul visului și, în iluzia visului, va povesti un vis pe care nu l-a visat niciodată, spunându-l de parcă s-ar trage din memorie. Se mai poate remarca, de asemenea, că în cadrul visului imaginația nu cunoaște timpul în succesiunea sa. Înregistrează numai întâmplările. Iar, dacă succesiunea întâmplărilor petrecute în cadrul visului necesită mai mult timp pentru a fi împlinite, celui care le visează i se va părea că a trecut o perioadă mai îndelungată de timp, de asemenea.

  Cum aceasta este starea minții în cadrul visului, se poate spune, în mod rațional, că fiecare persoană este nebună o dată la fiecare douăzeci și patru de ore, pentru că, dacă s-ar comporta ziua, după cum visează noaptea, ar fi izolat, sub acuzația de nebunie. În starea de trezie, cele trei facultăți sunt active, acționează la unison și constituie omul rațional. În timpul visului este altfel și, de aceea, starea numită nebunie pare a nu fi altceva decât înlăturarea acelor facultăți și încetarea judecății din timpul treziei, pe care o simțim atât de des în timpul somnului. Debilitatea mintală, care lovește unele persoane, reprezintă acea încetare a tuturor facultăților, pe care o putem simți atunci când se întâmplă să ne trezim înaintea memoriei noastre.

  Privind astfel mintea, pare absurd să pui bază pe vise și, mai mult decât atât, să faci din ele o bază pentru religie. Totuși, credința că Isus Cristos este Fiul lui Dumnezeu, zămislit de Duhul Sfânt, o ființă de care nu se mai auzise înainte, se bazează pe povestea absurdă a visului unui

bătrân. „Și priviți, îngerul Domnului i-a apărut în vis, spunând, Iosif, fiu al lui David, nu te teme să iei de soție pe Maria, pentru că ce are în pântec este de la Duhul Sfânt." (Matei I, 20)
După aceasta, avem povestirile infantile a trei sau patru alte vise. Despre Iosif, atunci când se ducea în Egipt. Despre reîntoarcerea sa. Despre una, despre alta și această poveste a viselor a aruncat Europa într-un vis, pentru mai mult de o mie de ani. Toate eforturile pe care natura, rațiunea și conștiința le-au făcut pentru a-l trezi pe om din acesta, au fost atribuite de către preoțime și superstiție lucrărilor diavolului și, dacă nu ar fi fost Revoluția americană, care a stabilit dreptul universal la conștiință și a deschis pentru prima dată calea discuției libere și Revoluția franceză, care a urmat, această religie a Viselor ar fi continuat să fie predicată și după ce nu s-ar mai fi crezut în ea. Aceia care au predicat-o și nu au crezut în ea, tot credeau necesară înșelătoria. Nu erau suficient de îndrăzneți, pentru a fi onești, nici suficient de onești, pentru a fi îndrăzneți.

Fiecare nouă religie, asemenea unei noi piese, necesită un nou sistem de îmbrăcăminte și echipament, potrivit noilor personaje pe care le creează. Povestea lui Cristos, din Noul Testament, aduce pe scenă o ființă nouă, pe care o numește Duhul Sfânt și povestea lui Avraam, tatăl evreilor, din Vechiul Testament, conferă existență unui nou ordin de ființe, denumite Îngeri. Nu existau Duh Sfânt, înainte de vremea lui Cristos, nici Îngeri, înainte de vremea lui Avraam[1]. Nu auzim nimic despre acești gentilomi înaripați, până la mai mult de două mii de ani, potrivit cronologiei Bibliei, de la timpul în care spun că au fost create cerurile, pământul și toate, câte în acestea. După aceasta, ei țopăie, numeroși ca păsările din crâng. Primul despre care auzim, îi face curte lui Hagar[2], în pustiu; apoi trei dintre ei o vizitează pe Sara[3]. Un altul se luptă cu Iacob[4] (Geneza XXXII, 22-32). Și aceste păsări migratoare, o dată găsit drumul către pământ și înapoi, vin și pleacă încontinuu. Mănâncă, beau și sus, din nou, în ceruri. Ce fac cu hrana pe care o duc în burțile lor, Biblia nu ne spune. Poate că ei fac precum păsările, o descarcă în timp ce zboară, pentru că nici scriptura, nici biserica nu ne-au spus că ar exista încăperi dedicate, în ceruri. Cineva s-ar putea gândi că un sistem încărcat cu astfel de absurdități grosiere și vulgare, așa cum este religia bazată pe scripturi, nu ar fi avut trecere și, totuși, am văzut am văzut ce putere au preoțimea, fanatismul și credulitatea.

De la Îngerii din Vechiul Testament, ajungem la profeți, la vrăjitoare, la clar-văzători și viziuni și la persoane care visează vise. Câteodată ni se spune (1 Samuel XXIV, 15) că Dumnezeu șoptește la ureche. În alte momente nu ni se spune cum fusese dat imboldul, dacă în timpul somnului, sau în trezie. În 2 Samuel XXIV, 1 se spune: „Domnul S-a aprins de mânie din nou împotriva lui Israel și a stârnit pe David împotriva lor, zicând: «Du-te și fă numărătoarea lui Israel și a lui Iuda.»" Și în 1 Cronici XXI, 1, când aceeași poveste este relatată din nou, se spune: „Satana s-a sculat împotriva lui Israel și a ațâțat pe David să facă numărătoarea lui Israel."

Dacă s-a făcut în timpul somnului sau în trezie, nu ni se spune, însă, se pare că David, pe care îl numesc „un om după inima lui Dumnezeu" nu știa de care spirit fusese mișcat și, în ceea ce-i privește pe oamenii numiți copiști inspirați, sunt în așa acord în privința chestiunii, încât, într-una din cărți spun că fusese Dumnezeu, iar în cealaltă, că fusese Diavolul.

Și, totuși, acestea sunt nimicurile pe care biserica le impune lumii, drept Cuvântul lui Dumnezeu, aceasta este colecția de minciuni și contradicții denumită Sfânta Biblie! Acestea sunt fleacurile denumite Religie Revelată!

Ideea pe care scriitorii Vechiului Testament o aveau despre Dumnezeu era una violentă, vrednică de dispreț și vulgară. Îl fac să fie Marte al Evreilor, Zeul luptător al lui Israel, Zeul conjurat de Preoții și Profeții lor. Ne spun tot atâtea fabule despre el, câte spuneau Grecii, despre Hercule. Îl pun împotriva Faraonului, cum s-ar spune, să boxeze cu el și Moise duce provocarea. Îl fac pe Dumnezeul lor să spună, în mod jignitor: „Îmi voi aduce onoare pe seama faraonului și pe seama întregii sale oștiri, pe seama carelor sale și pe seama călăreților săi." Și ca să își poată păstra cuvântul dat, ei îl fac să pună o capcană în Marea Roșie, în inima nopții, pentru faraon, oștirea sa și caii săi și să-i înece, cum ar face cineva care prinde șoareci, cu șoarecii prinși. Într-adevăr, mare onoare! Povestea lui Jack, omorâtorul gigantului, este spusă mai bine!

Ei Îl pun la întrecere cu magicienii egipteni, să facă vrăji cu ei și, după farmece intense, de ambele părți (pentru că, unde întrecerea nu este crâncenă, nu este multă onoare) îl fac să fie victorios. Primele trei încercări nu produc niciun efect. Fiecare participant își transformă sceptrul în șarpe, râurile în sânge și creează broaște. La cea de-a patra încercare, însă, Dumnezeul Israeliților obține laurii, el îi acoperă de păduchi! Magicienii egipteni nu pot face asta, la rândul lor și acest triumf păduchios proclamă victoria!

Își fac Dumnezeul să abată o ploaie de piatră și pucioasă asupra Sodomei și Gomorei și să arunce foc și fum pe muntele Sinai, de parcă ar fi fost Pluto din regiunile de jos. Îl fac să o acopere cu sare pe nevasta lui Lot, ca pe carnea de porc în saramură. Îl fac să intre, asemenea Reginei Mab, a lui Shakespeare, în creierul preoților, profeților și vestitoarelor, să-i facă să viseze și, după ce îl fac să realizeze tot felul de scamatorii, îl confundă cu Satan și ne lasă încurcați, neștiind la care Dumnezeu se refereau!

Acesta este Dumnezeul descriptiv al Vechiului Testament. Cât îl privește pe cel Nou, deși autorii săi au schimbat scena, au continuat trivialitatea.

Va fi oare omul mereu păcălit de preoți și sclavul superstiției? Oare nu va avea el niciodată idei juste despre Creatorul său? Este mai bine să crezi că Dumnezeu nu există, decât să crezi în mod fals despre el. Atunci când privim universul grandios care ne înconjoară și străfulgerăm, în contemplare, eternitatea spațiului înțesat cu nenumărate sfere în eternă armonie, meschine trebuie să ne pară, oameni gânditori, poveștile din Vechiul și Noul Testament, denumite în mod profan cuvântul lui Dumnezeu! Nemaipomenita înțelepciune și infailibila ordine care guvernează pe tot cuprinsul acestui întreg minunat și ne cheamă la meditație, "eclipsează Biblia!" Dumnezeul eternității și a tot ceea ce este real nu este Dumnezeul viselor și umbrelor trecătoare, al imaginației omului. Dumnezeul adevărului nu este Dumnezeul fabulei. Credința într-un Dumnezeu zămislit și într-un Dumnezeu crucificat este un Dumnezeu blasfemiat. Reprezintă folosirea rațiunii în mod profan.

Voi încheia acest Eseu despre Vis cu primele două versete din Ecleziastul XXXIV, una din cărțile Evangheliilor Apocrife. „Speranțele unui om lipsit de înțelegere sunt vane și false și visele îi ridică pe nesăbuiți. Cine privește astfel visele, este ca acela care încearcă a prinde umbra și care aleargă după vânt."
Voi continua cu examinarea unor paragrafe din Biblie, numite profeții ale venirii lui Cristos, voi arăta că nu sunt profeții despre o astfel de persoană, că paragrafele denumite în mod clandestin profeții, nu sunt profeții și că ele se referă la împrejurările în care se găsea poporul evreu, la vremea

când au fost scrise sau spuse și nu la un timp viitor, sau la o persoană din viitor.

Blasfemie biblică

Biserica ne spune că acele cărți, Vechiul și Noul Testament, reprezintă revelație divină și că fără aceste revelații nu am putea avea idei adevărate despre Dumnezeu.

Deistul, din contră, spune că acele cărți nu reprezintă revelație divină și că, dacă nu ar exista lumina rațiunii și religia Deismului, în loc de a ne preda idei adevărate despre Dumnezeu, cărțile respective ne-ar preda idei false, blasfematoare chiar, despre Acesta.

Deismul ne învață că Dumnezeu este Dumnezeul adevărului și justiției. Predă oare Biblia aceeași doctrină? Nu.

Biblia spune (Ieremia XX, 7) că Dumnezeu este un amăgitor. „O Doamne (spune Ieremia), m-ai amăgit și am fost amăgit. Ești mai puternic decât mine și ai biruit."

Ieremia nu îi reproșează lui Dumnezeu doar că l-a amăgit. În capitolul al IV-lea, versetul 10, îi reproșează că a amăgit poporul și Ierusalimul. „Ah! Doamne Dumnezeule (spune el), ai amăgit în adevăr pe poporul acesta și Ierusalimul când ai zis: «Veți avea pace!» Și totuși sabia le amenință viața."

În capitolul al XV-lea, versetul 18, Biblia devine și mai lipsită de pudoare și îl numește pe Dumnezeu de-a dreptul mincinos. „Să fii Tu (îi spune Ieremia, lui Dumnezeu), înșelător către mine, ca o apă care seacă?"

Ezechiel XIV, 9 îl face pe Dumnezeu să spună: „Dacă profetul se va lăsa amăgit când spune un lucru, eu, Domnul, l-am amăgit pe acel profet." Toate acestea reprezintă pură blasfemie.

Profetul Mica, după cum este numit în 2 Cronici XVIII, 18-21, spune o altă poveste hulitoare despre Dumnezeu. „Am văzut, spune el, pe Domnul stând pe tronul Său și toate oștile cerurilor stându-i de-a dreapta și de-a stânga. Și Domnul a spus, «Cine va amăgi pe Ahab, împăratul lui Israel, ca să se suie la Ramot, în Galaad și să piară acolo?» Și unul a răspuns într-un fel, altul, într-altul."

„Și a venit un duh (Mica nu ne spune de unde a venit) si s-a înfățișat înaintea Domnului (ce tip nerușinat era acest spirit), si a zis: «Eu îl voi amăgi.» Domnul i-a zis: «Cum?» Și el a spus, «voi ieși și voi fi un duh de minciună în gura tuturor prorocilor lui.» Şi Domnul a zis: «Îl vei amăgi şi vei izbuti; ieşi şi fă aşa.»"

    Auzim adesea despre o bandă de tâlhari plănuind să jefuiască şi să ucidă un om şi punând la cale un plan ca să-l ademenească, pentru a-şi pune planul în aplicare şi mereu ne şochează ticăloşia unor astfel de mizerabili. Ce trebuie, însă, să credem despre o carte care îl descrie pe Atotputernic comportându-se în acelaşi mod şi urzind, în Ceruri, planuri pentru a prinde în cursă şi a distruge omenirea? Ideile noastre despre justiţia şi bunătatea Lui ne împiedică să credem astfel de poveşti şi, de aceea, spunem că un spirit mincinos a fost în gura scriitorilor cărţilor Bibliei.

Thomas Paine

Examinarea profețiilor

Prefață

Paragrafele denumite Profeții ale lui Isus, sau care îl privesc pe Isus Cristos, din Vechiul Testament, sunt de două tipuri:
Primul tip cuprinde profețiile la care se face referire în cele patru cărți ale Noului Testament, denumite după cei patru Evangheliști, Matei, Marcu, Luca și Ioan.
Cel de-al doilea tip cuprinde profețiile pe care traducătorii sau comentatorii, în baza imaginațiilor proprii, le-au ridicat la rangul de profeții și au botezat cu acest titlu mai multe capitole din Vechiul Testament. Pe seama acestora aproape că nu merită să irosim timp, cerneală și hârtie. Mă voi limita, prin urmare, la acelea la care se face referire în cele patru cărți ale Noului Testament, menționate mai sus. Dacă demonstrez că acestea nu sunt profeții despre persoana numită Isus Cristos și nici nu fac referire la o astfel de persoană, va fi complet de prisos să le combat pe acelea pe care traducătorii bisericii le-au inventat și pentru care ei nu au avut altă autoritate, în afara propriei imaginații.
Încep cu Evanghelia după Sf. Matei.

Cartea lui Matei

În capitolul I, versetul 18, se spune: „Acum, naşterea lui Isus Cristos a fost aşa: Atunci când mama lui, Maria, a fost măritată cu Iosif, înainte de a se împreuna, EA S-A AFLAT ÎNSĂRCINATĂ DE LA DUHUL SFÂNT." Povestea avansează puţin cam repede fiindcă, pentru a face acest verset să se potrivească cu următorul, nu ar fi trebuit să spună mai mult decât că se constatase că era însărcinată, căci următorul verset spune: „Apoi Iosif, soţul ei, fiind doar un om şi nedorind să facă, din ea, un exemplu public, a fost dispus să o îndepărteze, pe ascuns." Prin urmare, Iosif aflase doar că ea era însărcinată şi ştia că el nu fusese implicat.

Versetele 20, 21: „Şi în timp ce el se gândea la aceste lucruri, (adică dacă să o îndepărteze, în secret, sau să o supună oprobriului public) iată, Îngerul Domnului i-a apărut ÎN VIS (adică Iosif a visat că un înger i-a apărut în vis) spunând, «Iosif, fiul lui David, nu te teme să o iei de soţie pe Maria, căci Duhul Sfânt a zămislit în pântecul ei. Şi ea va aduce pe lume un fiu şi-l va numi Isus; pentru că El va mântui poporul lui de păcatele sale.»"

Acum, fără a începe o discuţie despre calităţile sau defectele relatării prezentate, se cuvine să fie observat că nu prezintă o autoritate mai mare decât aceea a unui vis. Pentru că unui om îi este imposibil să vadă în vis, altceva, în afară de ceea ce el visează. Nu întreb, aşadar, dacă Iosif (dacă într-adevăr a existat, ca persoană) a visat, sau nu, un astfel de vis pentru că, admiţând faptul că a visat, aceasta nu dovedeşte nimic. Capacitatea minţii în cadrul visului este uimitoare şi iraţională, joacă toate rolurile personajelor pe care le creează imaginaţia şi ceea ce crede că aude, de la oricare dintre acestea, nu este altceva decât rapiditatea rătăcitoare a invenţiilor propriei imaginaţii. Pentru mine, aşadar, nu înseamnă nimic ceea ce a visat Iosif despre fidelitatea, sau infidelitatea propriei soţii. Nu ţin cont de propriile mele vise şi aş fi slab, într-adevăr, dacă aş avea încredere în visele altuia.

Versetele care urmează după cele pe care le-am citat, sunt cuvintele celui care a scris cartea lui Matei. „Acum, (spune el) toate acestea (adică tot despre vis şi sarcină) au fost făcute pentru a împlini ceea ce Domnul a vestit prin Proroc, atunci când a spus, «Iată, o fecioară va fi însărcinată şi va aduce pe lume un fiu şi îl vor numi Emmanuel, care, tălmăcit, înseamnă *Dumnezeu cu noi*.»"

    Acest paragraf este în Isaia VII, 14 şi scriitorul cărţii lui Matei încearcă să-şi facă cititorii să creadă că acest paragraf reprezintă o profeţie despre persoana numită Isus Cristos. Nu este aşa ceva şi o voi demonstra. Mai înainte, însă, este necesar să explic ocazia cu care Isaia rostise aceste cuvinte. Cititorul va realiza atunci cu uşurinţă că, departe de a reprezenta o profeţie despre Isus Cristos, ele nu fac nici cea mai mică referire la o astfel de persoană, nici la ceva ce s-ar fi putut întâmpla în timpul în care se spune că a trăit Cristos, care a fost la, aproximativ, şapte sute de ani, după timpul lui Isaia. Situaţia este următoarea.

    La moartea lui Solomon, poporul evreu s-a împărţit în două monarhii: una numită regatul Iudeei, cu capitala la Ierusalim, cealaltă, regatul lui Israel, a cărei capitală era Samaria. Regatul Iudeei urma linia lui David şi regatul lui Israel, pe aceea a lui Saul. Aceste două monarhii rivale au purtat, în mod frecvent, războaie aprige, una împotriva celeilalte.

    În timpul în care Ahaz era regele Iudeei, care se întâmpla pe vremea lui Isaia, Pekah era regele lui Israel. Şi Pekah s-a aliat cu Reţin, regele Siriei, pentru a-l ataca pe Ahaz, regele Iudeei, iar aceşti doi regi au condus o puternică armată confederată la Ierusalim. Ahaz şi poporul său s-au alarmat în fată pericolului şi „inimile lor erau mişcate aşa cum se mişcă pomii din pădure, în bătaia vântului." (Isaia VII, 2)

    În această situaţie periculoasă, Isaia i s-a adresat lui Ahaz şi l-a asigurat în numele Domnului (frază din jargonul prorocilor), că acei doi regi nu vor avea succes împotriva sa şi, pentru a-l convinge că aşa stau lucrurile, (lucrurile, totuşi, au stat exact invers, [T. Paine: 2 Cronici XXVIII, 1. Ahaz avea douăzeci de ani când şi-a început domnia şi a domnit vreme de 16 ani în Ierusalim, dar nu a făcut ceea ce se cădea, în ochii Domnului. Versetul 5. Pentru care motiv, Domnul, Dumnezeul lui, l-a dat pe mâna regelui Siriei şi l-au biruit şi l-au dus, împreună cu mulţi de-ai lui, în captivitate, la Damasc; şi el a fost dat, de asemenea, pe mâna regelui lui Israel, care l-a lovit cu mare măcel. Versetul 6. Şi Pekah (regele lui Israel) a ucis, în Iudeea, o sută douăzeci de mii, într-o singură zi. Versetul 8. Şi copiii lui Israel au luat în captivitate, dintre fraţii lor, două sute de mii de femei, fii şi fiice.]) îi spune lui Ahaz să ceară un semn Domnului. Ahaz a refuzat să facă acest lucru, motivând că nu îl va tenta pe Domnul, moment în care Isaia, care pretinde că a fost trimis de la Dumnezeu, spune, versetul 14: „Aşadar Domnul însuşi îţi va da un semn, iată, o virgină va rămâne însărcinată şi va naşte un fiu - El va mânca smântână şi miere până va şti să lepede răul şi să aleagă binele - Dar, înainte ca să ştie copilul să lepede răul şi să aleagă binele, ţara pe care o deteşti va fi părăsită de ambii săi regi." Adică, de regele lui Israel şi de regele Siriei, care se îndreptau spre el.

Aşadar, aici este semnul, naşterea unui prunc, mai exact a unui băieţel şi, tot aici, se găseşte timpul limită pentru împlinirea semnului şi anume, înainte ca băieţelul să ştie să refuze răul şi să aleagă binele.

Prin urmare, pentru a constitui un semn al succesului lui Ahaz, acest lucru trebuia să fie ceva care să se producă înainte ca rezultatul bătăliei iminente dintre el şi cei doi regi să fie cunoscut. Pentru ca un lucru să constituie un semn, el trebuie să preceadă lucrul la care se referă. Indiciul privind ploaia trebuie să vină înaintea ploii.

Ar fi constituit o bătaie de joc şi ceva de un absurd jignitor, ca Isaia să-l asigure pe Ahaz, în privinţa semnului că respectivii regi nu ar fi avut succes împotriva lui, spunând că un copil se va fi născut la şapte sute de ani după moartea sa şi că, înainte ca băieţelul născut să ştie să refuze răul şi să aleagă binele, el, Ahaz, va fi salvat de pericolul a cărui ameninţare era iminentă.

După cum se prezintă lucrurile, copilul despre care vorbeşte Isaia era copilul lui, cu care era, pe atunci, însărcinată nevasta sau amanta sa, pentru că el spune, în următorul capitol (Isaia VIII, 2): „Şi am luat cu mine nişte martori vrednici de credinţă: pe preotul Urie şi pe Zaharia, fiul lui Berechia şi m-am dus la Prorociţă şi ea a zămislit şi a născut un fiu." Şi el spune, în versetul 18, al aceluiaşi capitol: „Iată, eu şi copiii pe care mi i-a dat Domnul suntem nişte semne şi nişte minuni în Israel."

Nu este nepotrivit să se observe că acest cuvânt tradus „o virgină", în Isaia, nu înseamnă virgină, în ebraică, ci, doar „femeie tânără". Şi timpul verbului este falsificat, în traducere. Levi prezintă textul din Isaia VII, 14 în ebraică şi traducerea, în engleză: „Iată, o femeie tânără este însărcinată, şi va naşte un fiu." Expresia, spune el, este la timpul prezent. Această traducere este în acord cu celelalte împrejurări, privind naşterea copilului, care ar fi reprezentat un semn, pentru Ahaz. Însă, cum adevărata traducere nu ar fi putut fi impusă lumii, drept profeţie a naşterii unui copil, cu şapte sute de ani mai târziu, traducătorii creştini au falsificat originalul şi, în loc să-l facă pe Isaia să spună, "Iată, o femeie tânără este însărcinată şi va naşte un fiu", ei îl fac să spună, "Iată, o virgină va zămisli şi va naşte un fiu." Unei persoane îi este suficient să citească Isaia VII şi VIII pentru a se convinge că respectivele pasaje nu constituie o profeţie despre persoana numită Isus Cristos. Trec la următorul pasaj citat în Noul Testament, din Vechiul Testament, ca profeţie despre Isus Cristos.

(Matei II, 1-6) „Acum, când Isus s-a născut în Betleem, în Iudeea, pe vremea regelui Irod, iată, au venit înţelepţi, din Est, la Ierusalim, spunând, «Unde este el, cel născut rege al Evreilor? Pentru că i-am văzut steaua, în Est şi am venit să ne închinăm Lui.» Când regele Irod a auzit aceste lucruri, s-a tulburat şi, cu el, tot Ierusalimul şi când a adunat toţi preoţii şi scribii locului, i-a întrebat unde s-a născut Cristos. Şi ei i-au spus, «În Betleem, pe pământul Iudeei şi defel, printre Prinţii Iudeei, pentru că dintre aceştia va veni un Cârmuitor care va conduce poporul lui Israel.»" Acest paragraf este în Mica V, 2.

Trec peste partea absurdă, privind observarea şi urmărirea unei stele, în timpul zilei, aşa cum cineva ar trece peste o „Flăcăruie[5]", sau peste o lumânarea, sau un felinar, în timpul nopţii şi peste partea care spune că ei au văzut la est, chiar ei venind de la est, pentru că, dacă ar fi fost să observe ceva, ce le-ar fi servit drept călăuză, ar fi trebuit să fie la vest faţă de ei. Mă limitez doar la paragraful numit o profeţie despre Isus Cristos.

Cartea lui Mica, în paragraful mai sus citat, versetul 2, vorbeşte despre o persoană, fără a o numi, de la care erau aşteptate nişte realizări măreţe. Însă descrierea acestei persoane, făcută în versetele 5 şi 6, arată în mod limpede că nu este Isus Cristos, pentru că el spune: „El va fi pacea noastră! Când vor veni asirienii în ţara noastră şi vor pătrunde în palatele noastre, vom ridica împotriva lui (adică, împotriva Asirienilor) şapte păstori şi opt căpetenii ale poporului. Ei vor pustii ţara Asiriei cu sabia şi ţara lui Nimrod cu sabia scoasă din teacă. El (persoana despre care se vorbeşte la începutul versetului 2) ne va izbăvi astfel de asirian când va veni în ţara noastră şi va pătrunde în ţinutul nostru."

Aceasta este, în mod evident, descrierea unui şef militar şi nu poate face referire la Cristos fără a încălca grosolan caracterul pe care ei pretind să i-l atribuie. În plus de aceasta, împrejurările din vremea despre care se vorbeşte şi acelea din timpul în care se spune că a trăit Cristos se contrazic între ele. Romanii, nu Asirienii, cuceriseră şi se aflau pe teritoriul

Iudeei, călcau locurile unde se născuse Cristos şi unde El murise şi, departe de a fi izgoniţi, ei semnaseră mandatul Lui de execuţie şi El fusese executat.

După ce am arătat că aceasta nu este o profeţie despre Isus Cristos, trec la cel de-al treilea pasaj din Vechiul Testament, citat în Noul Testament, drept profeţie despre El. Acesta, ca şi primul pe care l-am menţionat, este adus în discuţie prin intermediul unui vis. Iosif are un alt vis şi visează că vede un alt înger. Relatarea începe în Matei II, 13: „Îngerul Domnului i-a apărut lui Iosif într-un vis, spunând, «Scoală-te, ia Pruncul şi pe mama Lui, fugi în Egipt şi rămâi acolo până îţi voi spune eu: Căci Irod va căuta Pruncul ca să-L omoare.» Iosif s-a ridicat, a luat copilul şi pe mama acestuia, au plecat în Egipt în timpul nopţii şi au stat acolo până la moartea lui Irod, pentru a se împlini ceea ce grăise Domnul prin proroc, atunci când spusese, «Mi-am chemat fiul din Egipt.»"

Acest paragraf este în cartea lui Osea[6] XI, 1-2. Cuvintele sunt: „Când era tânăr Israel, îl iubeam şi am chemat pe fiul Meu din Egipt. Dar, cu cât prorocii îi chemau, cu atât ei se depărtau: au adus jertfe Baalilor şi tămâie chipurilor idoleşti."

Acest pasaj, în mod fals denumit o profeţie despre Cristos, se referă la copiii lui Israel, ieşind din Egipt, pe vremea Faraonului şi la idolatria pe care au săvârşit-o, după aceea. Pentru a-l face să i se potrivească lui Isus Cristos, el trebuia să fie persoana care făcea sacrificii lui Baal[7] şi ardea tămâie chipurilor cioplite, pentru că persoana scoasă din Israel, sub numele colectiv Israel şi persoanele care săvârşeau idolatria, sunt aceleaşi persoane, sau descendenţi ai lor.

Trec mai departe, la cel de-al patrulea pasaj, numit profeţie, de scriitorul cărţii lui Matei.

Acesta este introdus în discuţie printr-o poveste spusă chiar de el şi puţin crezută de oricine, privind masacrul copiilor sub vârsta de doi ani, din comanda lui Irod. Lucru puţin probabil să fi fost făcut de Irod, întrucât el avea putere doar în cadrul conducerii romane, singura care ar fi putut comanda aşa ceva, după cum vedem în cazul lui Pavel. Matei, totuşi, după ce şi-a inventat, sau spus povestea, continuă (Matei II, 17-18): „Şi a fost împlinit ceea ce fusese prorocit de Ieremia, profetul, atunci când a spus, «S-a auzit o voce, în Rama, lamentaţie, plângere şi bocet mult, Rahela[8] jelindu-şi copiii şi refuzând mângâierea, pentru că nu mai erau.»"

Acest paragraf este în Ieremia XXXI, 15 şi acest verset, dacă ar fi separat de versetele de dinainte şi de după el, care îi explică folosirea, ar putea fi folosit cu aceeaşi conformitate în toate cazurile de război, asediu şi alte forme de violenţă, aşa cum înşuşi creştinii au întreprins împotriva evreilor, când mamele deplângeau pierderea copiilor. Nimic din verset, luat individual, nu desemnează, sau nu indică vreo folosire particularizată, în afara desemnării unor întâmplări care se petrecuseră deja atunci când se scria despre ele şi nu a unor lucruri care aveau să se întâmple, pentru că în verset este folosit imperfectul şi trecutul.

Ieremia a trăit în timpul în care Nabucodonosor a asediat, a cucerit, a jefuit şi a distrus Ierusalimul şi i-a dus pe evrei în robie, la Babilon. A dus la extrem violenţa împotriva evreilor. El a omorât fiii regelui Sedechia, sub ochii acestuia, apoi i-a scos ochii lui Sedechia şi l-a ţinut în temniţă până în ziua morţii.

Ieremia vorbeşte despre această perioadă de jale şi suferinţă a evreilor. Templul lor fusese distrus, pământul lor, pustiit, poporul şi conducerea lor, distruse, iar, ei înşişi, bărbaţi, femei şi copii, luaţi în robie. Aveau prea multe necazuri, chiar sub ochii lor, pentru a-şi permite (ei, sau oricare dintre căpeteniile lor) să se preocupe cu lucruri care ar fi putut, sau nu, să se întâmple în Lume, cu şapte sute de ani mai târziu.

După cum s-a observat deja, Ieremia vorbeşte în versetul respectiv despre această perioadă de jale şi suferinţă a evreilor. În următoarele două versete (16, 17) el îşi dă silinţa să-i consoleze pe cei în suferinţă, dându-le speranţă şi, potrivit stilului adresării din acele timpuri, asigurări din partea Domnului că suferinţa lor se va fi încheiat şi copiii lor se vor fi întors, la proprii copii. Las, însă, versetele să vorbească singure şi Vechiul Testament să servească drept mărturie, împotriva celui Nou.

Ieremia XXXI, 15: „Aşa vorbeşte Domnul: «Un ţipăt a fost auzit la Rama[9] (este la timpul trecut), plângeri şi lacrimi amare: Rahela îşi plânge copiii şi nu vrea să se mângâie pentru copiii ei, căci nu mai erau!»" Versetul 16 „Aşa vorbeşte Domnul: «Opreşte-ţi plânsul, opreşte-ţi lacrimile din ochi, căci truda îţi va fi răsplătită, zice Domnul; ei se vor întoarce iarăşi din ţara vrăjmaşului.»" Versetul 17. „Este nădejde pentru urmaşii tăi, zice Domnul; copiii tăi se vor întoarce în ţinutul lor!"

Prin ce fel de ignoranţă sau de înşelătorie este posibil ca acei copii, despre care vorbeşte Ieremia (desemnând oamenii din poporul evreilor, numiţi în Biblie copiii lui Israel şi nu doar copiii sub vârsta de doi ani), care urmau să se întoarcă din țara vrăjmașului și să vină în ținutul lor, puteau desemna copiii pe care, conform lui Matei, Irod îi masacrează? Puteau aceia să se întoarcă din țara vrăjmașului, sau cum le poate fi aplicată țara vrăjmașului? Se puteau întoarce la propriile granițe? Doamne Sfinte! Cum a mai fost lumea înșelată de realizatori de testamente, preoțime și pretinse profeții. Trec mai departe, la al cincilea paragraf, denumit o profeție despre Isus Cristos.

    Aceasta, la fel ca două dintre profețiile precedente, este inițiată prin intermediul visului. Iosif avusese un alt vis și visase un alt Înger. Iar Matei este, din nou, cronicarul visului și al celui care l-a visat. Dacă ar fi întrebat cum putea ști Matei ce visase Iosif, nici Episcopul și nici restul Bisericii nu ar putea răspunde. Poate că visase Matei, nu Iosif, adică, Iosif visase prin interpus, în creierul lui Matei, cum ne spun că Daniel visase pentru Nabucodonosor. Oricum a fost, eu îmi continui subiectul.

    Relatarea acestui vis se găsește în Matei II, 19-23: „Atunci când a murit Irod, iată, un Înger al Domnului i-a apărut, în vis, lui Iosif, în Egipt, spunând, «Ridică-te și ia copilul și pe mama Lui și duceți-vă în ținutul lui Israel; pentru că aceia care au vrut viața copilului, au murit». Și el s-a ridicat și a luat copilul și pe mama Lui și s-a dus în ținutul lui Israel. Când a auzit, însă, că Arhelau domnea în Iudeea, în locul tatălui său, Irod, s-a temut să se ducă într-acolo. Deși fusese prevenit de Dumnezeu, în vis, (aici avem alt vis) s-a dus prin părțile Galileei; și a ajuns și a locuit într-un oraș numit Nazaret, ca să se împlinească ce fusese vestit prin proroci, El va fi numit Nazarinean."

    Aceasta este o bună probă circumstanțială că Matei visase, pentru că nu există un astfel de paragraf în Vechiul Testament; iar eu îi poftesc, pe Episcop și pe toți preoții creștini, inclusiv cei din America, să îl prezinte. Trec mai departe, la cel de-al șaselea pasaj, numit o profeție despre Isus Cristos.

    Aceasta, după cum spune Swift, cu altă ocazie, reprezintă *ceva tras de păr*. Simpla sa vedere e suficientă pentru a clama faptul că reprezintă o înșelătorie deplasată.

    Matei IV, 12-16: „Atunci când Isus a auzit că Ioan fusese aruncat în temniță, a plecat în Galileea. După ce a părăsit Nazaretul, s-a dus și a locuit în Capernaum, care se găsește lângă mare, în ținutul lui Zabulon și Neftali, ca să se împlinească ce fusese vestit prin prorocul Isaia, care zice: «Țara lui Zabulon și țara lui Neftali, înspre mare, dincolo de Iordan,

Galileea Gentililor, poporul care stătea în regiunea şi în umbra morţii, a văzut o mare lumină.»"

Mă mir că Matei nu a transformat alfabetul în profeţie. Ar fi putut să o facă şi, de asemenea, ar fi putut să scoată aceste propoziţii fără legătură şi ne-descriptive, din locul unde se află şi să le dea acel titlu. Cuvintele, totuşi, sunt următoarele în Isaia IX, 1: „Totuşi întunericul nu va împărăţi veşnic pe pământul în care acum este necaz. După cum în vremurile trecute a acoperit cu ocară ţara lui Zabulon şi ţara lui Neftali, în vremurile viitoare va acoperi cu slavă ţinutul de lângă mare, ţara de dincolo de Iordan, Galileea neamurilor."

Toate acestea au legătură cu două întâmplări care avuseseră loc, atunci când au fost scrise aceste cuvinte, în Isaia. Acelea în care ţara lui Zabulon şi ţara lui Neftali fuseseră acoperite cu ocară.

Însă, observă, cititorule, cum a falsificat Matei textul. El începe acest citat, într-o parte a versetului, în care nu există nici măcar o virgulă şi, în acest chip, separă tot ce se referă la prima năpastă. El omite, apoi, tot ce se referă la a doua năpastă şi, în acest fel, omite tot ceea ce ar face inteligibil versetul şi îl limitează la o schemă lipsită de sens, de nume de oraşe.

Pentru a aduce această impostură a lui Matei, mai clar, sub ochii cititorului, voi repeta versetul şi voi pune în paranteză cuvintele pe care el le-a omis şi le voi sublinia pe acelea pe care le-a păstrat.
„(Totuşi întunecimea nu va fi aşa cum era, pe când era în necaz, când, pentru început, el a năpăstuit uşor) ţara lui Zabulon şi ţara lui Neftali, (în vremurile viitoare va acoperi cu slavă) ţinutul de lângă mare, ţara de dincolo de Iordan, Galileea neamurilor."

Ce impostură grosolană este să eviscerezi, după cum se spune, un verset, lipsindu-l total de sens, ca mai apoi, să-l umfli, în faţa unei lumi credule, în chip de profeţie. Trec la versetul următor.
Versetul 2. „Poporul care a mers în întuneric, a văzut o lumină puternică; acelora ce locuiesc în ţinutul umbrei morţii, lor le-a strălucit lumina."
Totul are caracter istoric şi, câtuşi de puţin, profetic. Totul este la timpul trecut: vorbeşte despre lucruri care se împliniseră, pe vremea când au fost scrise cuvintele şi nu despre lucruri, care urmau să fie împlinite.

Din moment ce paragraful nu este profetic (în niciun chip) şi nici nu este făcut, cu această intenţie, orice încercare de a-l face profetic, nu înseamnă doar falsificarea originalului, dar şi comiterea unei şarlatanii cu caracter criminal. Care era poporul despre care se spune în paragraf că a stat în întuneric și ce lumină a strălucit asupra acestuia reprezintă o chestiune care nu ne privește, altfel decât din curiozitate,.

Dacă citim capitolul precedent, Isaia VIII, din care al IX-lea, reprezintă doar o continuare, îl găsim pe scriitor spunând, în versetul 19, despre „Vrăjitoare și vrăjitori care privesc pe furiș și mormăie" și despre oamenii care i-au solicitat. Iar el predică și îi îndeamnă să nu recurgă la această practică întunecată. Despre acest popor și despre această practică întunecată, a mersului în întuneric, vorbește în IX, 2. În ceea ce privește lumina care strălucise asupra lor, se referă în întregime la propria activitate și la cutezanța acesteia, care se opune celei a vrăjitoarelor și vrăjitorilor care privesc pe furiș și mormăie.

Isaia este, în general, un scriitor extrem de dezordonat, care nu respectă, în general, un lanț al percepției, în aranjamentul ideilor sale. Drept urmare, nu ajunge la nicio concluzie, pe baza lor. Dezordinea stilului său, confuzia ideilor sale și metaforele bombastice pe care le folosește au oferit atâtea oportunități (în unele cazuri preoților și, în altele, superstiției) de a impune lumii acele defecte, drept profeții despre Isus Cristos. Negăsind vreun înțeles direct în ele și neștiind ce să facă cu ele și presupunând, totodată, că ele trebuiau să aibă un înțeles, ei au remediat defectul, inventând un înțeles al lor și numindu-l „al lui". Totuși, am fost drept, aici, cu Isaia, l-am scăpat din ghearele lui Matei (care l-a făcut bucățele fără milă), de impostura sau ignoranța preoților și comentatorilor și l-am lăsat să vorbească singur.

Dacă vorbele care desemnează *mersul în întuneric* și *irumperea luminii* ar putea fi aplicate în chip profetic (dar nu pot fi), acestea s-ar potrivi, mai bine, timpurilor în care trăim acum decât oricăror altele. Lumea a „*mers în întuneric*" timp de o mie opt sute de ani, atât în privința religiei, cât și a conducerii, iar lumina a pătruns doar de când a început revoluția americană. Credința într-un singur Dumnezeu ale cărui atribute ne sunt revelate în cartea sau în scriptura creației, pe care niciun om nu o poate contraface sau falsifica și nu în cartea aceea scrisă sau tipărită, care, așa cum a arătat Matei, poate fi modificată sau falsificată din ignoranță, sau cu intenție, își croiește, acum, drumul, printre noi. În ceea ce privește conducerea, "lumina strălucește deja". Oamenii trebuie să aibă grijă să nu fie orbiți de prea multă lumină (cum s-a întâmplat la un moment dat în Franța, când totul era violență *Robespierre-iană)* și ar trebui să o venereze și chiar să o adore cu perseverența pe care o poate anima adevărata înțelepciune.

Trec mai departe, la cel de-al șaptelea paragraf, numit profeție despre Isus Cristos.

Matei VIII, 16-17: „Când se lăsase seara, i-au adus (lui Isus) pe mulți, posedați de diavoli. El a alungat duhurile necurate prin cuvântul său și i-a vindecat pe toți cei bolnavi. Ca să fie împlinit ceea ce fusese vestit de prorocul Isaia, care zice: «El însuși a luat asupra lui neputințele noastre și a purtat boala noastră.»"

Această chestiune a oamenilor posedați de diavoli și a alungării acestora era fabula zilei atunci când au fost scrise cărțile Noului Testament. Nu existase în niciun alt timp. Cărțile Vechiului Testament nu menționează un astfel de lucru. Oamenii din prezent nu cunosc un astfel de lucru și nici istoria vreunui popor sau țară nu vorbește despre așa ceva. Ne este prezentată, pe neașteptate, în cartea lui Matei și este, în totalitate, o invenție a celor care au fabricat Noul Testament și a Bisericii Creștine. Cartea lui Matei este prima carte în care este menționat cuvântul Diavol. (T. Paine: cuvântul diavol este o personificare a cuvântului „rău"). Citim în unele dintre cărțile Vechiului Testament despre lucruri numite spirite apropiate, presupusele tovarășe ale oamenilor numiți vrăjitoare și vrăjitori. Reprezenta doar șiretlicul pretinșilor solomonarilor (folosit pentru a obține bani de la creduli și ignoranți), sau doza născocită de rea-voință superstițioasă, pe fondul nefericitei și decrepitei vârste înaintate. Însă, ideea unui spirit apropiat, dacă putem aplica orice idee termenului, reprezintă cu totul altceva față de aceea de a fi posedat de un diavol. Într-unul din cazuri, așa zis-ul spirit apropiat este un mijlocitor abil, care vine, se duce și face ceea ce i se cere. În celălalt, el este un monstru impetuos și violent, care sfâșie, torturează trupul și-l face să se zvârcolească. Cititorule, oricine ai fi, ai încredere în creatorul tău, folosește rațiunea pe care acesta ți-a dat-o și îndepărtează de tine acest tip de fabule.

Pasajul la care face aluzie (pentru că este incorect în calitate de citat) Matei se găsește în Isaia LIII, 4 și este: „Cu siguranță el (persoana despre care vorbește Isaia) a purtat suferințele noastre și a luat asupra lui durerile noastre." Este la timpul trecut.

Aici nu se spune nimic despre izgonirea diavolilor şi nici despre vindecarea bolilor. Pasajul, aşadar, departe de a reprezenta o profeţie despre Isus Cristos, nu este potrivit nici în privinţa împrejurării.

Isaia, sau cel puţin scriitorul cărţii care îi poartă numele, foloseşte tot acest capitol LIII în lamentarea suferinţelor unor persoane decedate, despre care el vorbeşte cu un maxim de patetism. Este o monodie, la moartea unui prieten, însă nu menţionează numele persoanei şi nici nu dă vreun indiciu despre acesta, care să facă să fie cunoscută, ca persoană. Matei a pus stăpânire pe această tăcere care nu indică nimic şi i-a dat numele lui Cristos, ca şi cum căpeteniile evreilor, ale căror necazuri erau mari pe atunci şi timpurile în care au trăit, înţesate de pericole, nu s-ar fi gândit niciodată la problemele lor şi nici la soarta prietenilor lor, dar ar fi gonit, în continuu, după himere, în vieţi viitoare.

Este absurd să faci o profeţie dintr-o monodie. Caracterele şi împrejurările oamenilor, chiar din perioade diferite ale lumii, se aseamănă atât de bine, încât ce se spune despre unul, poate fi spus, în conformitate, despre mulţi. Însă această potrivire nu realizează trecerea la profeţie şi nimeni altul, în afară de un impostor, sau de un bigot, nu ar numi-o astfel.

Isaia deploră destinul potrivnic şi pierderea prietenului său, nu menţionează nimic despre el şi vorbeşte doar despre lucrurile cărora le este supus destinul omului. Toate instanţele pe care le menţionează, în legătură cu el, persecutarea sa, întemniţarea sa, răbdarea sa în suferinţă şi stăruinţa sa în principiile sale, sunt toate de ordin natural. Nu aparţin, în mod exclusiv, nimănui şi se poate afirma în mod just că aparţin multora. Însă, dacă Isus Cristos a fost persoana pe care o prezintă biserica, ceea ce i s-ar aplica, în mod exclusiv lui, ar fi ceva ce nu ar putea fi aplicat altei persoane, ceva mai presus de natură, ceva dincolo de soarta omului muritor. Dar, astfel de expresii nu există în acest capitol şi nici în oricare alt capitol din Vechiul Testament.

Vorbele lui Isaia nu reprezintă descrierea unei persoanei anume (LIII, 7): „Când a fost chinuit şi asuprit, n-a deschis gura deloc, ca un Miel pe care-l duci la măcelărie şi ca o oaie mută înaintea celor ce o tund: n-a deschis gura." Acest lucru se poate spune despre mii de persoane care au fost năpăstuite şi au suferit o moarte nedreaptă, în răbdare, tăcere şi perfectă resemnare.

Grotius[10], pe care Episcopul (din Landaff) îl consideră omul cel mai învăţat şi care a fost, cu siguranţă, învăţat, presupune că persoana la care se referă Isaia este Ieremia. Grotius ajunge la această concluzie, în baza faptului că descrierea furnizată de Isaia se asemănă cu cazul lui Ieremia, aşa cum este prezentat în cartea ce-i poartă numele. Dacă Ieremia a fost nevinovat şi nu a fost un trădător, în interesul lui Nabucodonosor, atunci când Ierusalimul a fost asediat, situaţia sa chiar a fost dificilă. El a fost acuzat de compatrioţii săi, a fost persecutat, prigonit şi întemniţat şi, după cum spune singur, referindu-se la propria-i persoană (Ieremia XI, 19), "Cât despre mine, eram ca un miel sau ca un taur, pe cale de a fi sacrificat."

Aş putea înclina către opinia lui Grotius, dacă Isaia ar fi trăit pe timpul când Ieremia fusese supus chinurilor despre care vorbeşte. Isaia, însă, murise cu aproximativ 50 de ani înainte, iar Isaia lamentează, în capitolul în chestiune, cazul unei persoane de pe vremea sa şi pe care impostura şi bigotismul l-au interpretat greşit, după mai mult de şapte sute de ani, drept profeţie despre persoana pe care ei o numesc Isus Cristos.

Trec mai departe, la cel de-al optulea pasaj, numit o profeţie despre Isus Cristos.

Matei XII, 14-21: „Apoi Fariseii au ieşit şi s-au sfătuit cum să-l omoare. Însă, când Isus a aflat acest lucru, a plecat de acolo. După El au mers multe noroade. El a tămăduit pe toţi bolnavii şi le-a poruncit cu tot dinadinsul să nu-L facă cunoscut, ca să se împlinească ce fusese vestit prin prorocul Isaia, care zice: «Iată Robul Meu, pe care L-am ales, Preaiubitul Meu, de care sufletul meu este foarte mulţumit. Voi pune duhul meu peste el şi el va vesti, Gentililor, judecata. El nu se va lupta şi nici nu va striga şi nimeni nu-i va auzi glasul pe uliţe. Nu va frânge o trestie ruptă[n.t.: Isaia XLII, 3.] şi nici nu va stinge un fitil care fumegă până va face să biruie judecata. Şi Gentilii vor nădăjdui în Numele Lui.»"

În primul rând, acest paragraf nu are nici cea mai mică legătură cu scopul în vederea căruia este citat.

Matei spune că fariseii s-au sfătuit împotriva lui Isus, ca să-l distrugă, că Isus a plecat, că foarte mulţi l-au urmat, că el i-a vindecat şi că le-a cerut să nu-l dea în vileag. Însă, paragraful citat de Matei, în calitate de împlinire a acestor întâmplări, nici măcar nu se aplică vreunuia dintre ele. Nu are nicio legătură cu fariseii, care se sfătuiesc să-L distrugă, cu plecarea Sa, cu faptul că foarte mulți L-au urmat, cu faptul că i-a vindecat și nici cu faptul că Le-a cerut să nu-L dea în vileag.

Scopul pentru care este citat acest pasaj și pasajul în sine sunt la fel de departe unul de celălalt, așa cum este ceva, de nimic. Oamenii obișnuiesc de atâta timp să citească acele cărți, numite Biblie și Testament, cu ochii închiși și cu simțurile ferecate, încât au acceptat drept adevărate inconsistențele cele mai stupide și imposturile drept profeții. Creatorul Atotștiutor a fost dezonorat de faptul că a fost transformat în autor de Fabulă, iar mintea umană s-a degradat crezând acest lucru.

În acest pasaj, ca și în cel menționat anterior, nu este specificat numele persoanei despre care se vorbește și nu suntem informați în privința acesteia. Bigotismul și impostura au pus stăpânire pe acest defect al poveștii, pentru a-l numi profeție.

Dacă Isaia ar fi trăit pe vremea lui Cirus, paragraful i s-ar fi potrivit, în mod descriptiv. Ca rege al Persiei, avea o mare autoritate în rândul gentililor, iar paragraful vorbește de un astfel de personaj. Era mare și prietenia lui pentru evrei, pe care i-a eliberat din captivitate și care puteau fi, atunci, comparați cu o trestie vătămată. Această descriere nu i se aplică, însă, lui Isus Cristos, care nu avea autoritate în rândul gentililor. Iar concetățenii lui, descriși metaforic prin *trestia vătămată*, L-au crucificat. Nici nu se poate spune despre el că nu a strigat și că vocea nu i-a fost auzită în stradă. Ca predicator, era ocupația sa să se facă auzit și ni se spune că a călătorit prin țară în acest scop. Matei a redat o predică lungă, pe care (dacă autoritatea lui este de încredere, fapt extrem de îndoielnic având în vedere cât de multe lucruri false pretinde) Isus a ținut-o unei mulțimi pe un munte, iar afirmația că un munte nu este o stradă, având în vedere că este un loc la fel de public, ar constitui un subterfugiu.

Ultimul verset al paragrafului (cel de-al patrulea) din Isaia, pe care Matei nu l-a citat, spune; „El nu va slăbi, nici nu se va lăsa, până nu va stabili dreptatea pe Pământ, și ostroavele vor aștepta legea lui." Aceasta i se aplică și lui Cirus. Nu s-a lăsat, nu a slăbit și a cucerit tot Babilonul, i-a eliberat pe evrei și a stabilit legi. Nu se poate spune, însă, același lucru și despre Isus Cristos care, în paragraful de față (potrivit lui Matei XII, 15) s-a retras de teama Fariseilor și le-a spus celor ce-l urmau să nu facă știut cine era și care, potrivit altor pasaje din Testament, se mișca încontinuu din loc în loc, pentru a evita capturarea sa.

[T. Paine: În a doua parte a cărții *Vârsta Rațiunii*, am arătat că acea carte atribuită lui Isaia nu reprezintă un amestec doar în privința subiectului tratat, ci și în privința paternității literare. Am arătat că sunt părți în ea care nu ar fi putut fi scrise de Isaia, pentru că vorbesc despre lucruri petrecute cu o 150 de ani după moartea acestuia. Exemplul pe care l-am furnizat în lucrarea respectivă, referitor la acest fapt, se potrivește cu subiectul la care am ajuns ceva mai bine decât introducerea lui Matei și întrebarea lui. Isaia și-a trăit ultima parte vieții în timpul lui Ezechia și au trecut aproximativ 150 de ani, de la moartea lui Ezechia, până în primul an al domniei lui Cirus, când Cirul a publicat o proclamație, redată în Ezra I, privind reîntoarcerea evreilor la Ierusalim. Nu poate fi pus la îndoială, sau, cel puțin, nu ar trebui pus la îndoială, faptul că evreii au fost profund recunoscători pentru acest act de justiție mărinimoasă și este de înțeles că și-au exprimat gratitudinea în stilul obișnuit, bombastic și hiperbolic, pe care îl foloseau cu prilejuri extraordinare și care se practica și se practică, încă, în rândul tuturor popoarelor din est. Exemplul la care mă refer apare în a doua parte a cărții *Vârsta Rațiunii*, Isaia XLIV, 28 și XLV, 1: „Eu zic despre Cirus: «El este păstorul Meu și el va împlini toată voia Mea»; el va zice despre Ierusalim: «Să fie zidit iarăși!» Și despre Templu: «Să i se pună temeliile!» Așa vorbește Domnul către unsul Său, către Cirus, pe care l-a ținut de mâna dreaptă ca să doboare neamurile înaintea lui și să dezlege brâul împăraților, să-i deschidă porțile, ca să nu se mai închidă." Acest discurs laudativ este la timpul prezent, lucru care arată că evenimentele despre care vorbește se petreceau în perioada în care a fost scris și, în consecință, că scrierea trebuie să fi fost realizată cu cel puțin 150 de ani după Isaia, iar această carte, ce îi poartă numele, este o compilație. Proverbele, denumite ale lui Solomon și Psalmii, denumiți ai lui David, sunt de același tip. Ultimele versete din 2 Cronici (XXXVI, 22-23) și primele trei versete din Ezra I, sunt la fel, cuvânt cu cuvânt, ceea ce arată că alcătuitorii Bibliei au amestecat scrierile mai multor autori și le-au reunit sub un titlu comun. Cum avem exemple în Isaia XLIV și XLV ale introducerii numelui lui Cirus într-o carte în care nu are ce căuta, putem concluziona că pasajul din capitolul al XLII-lea, în care este prezentat caracterul lui Cirus, fără a fi numit, a fost introdus în aceeași manieră și că persoana despre care se vorbește acolo este Cirus.]

    Pentru noi, însă, este neesențial să știm, atât de departe în timp, cine era persoana respectivă. Este suficient scopului pe care îl urmăresc, acela al descoperirii înşelătoriei şi falsului, să ştim cine nu era şi să arătăm că nu era persoana numită Isus Cristos.

Trec mai departe, la cel de-al nouălea paragraf, numit o profeţie despre Isus Cristos.

Matei XXI, 1-5: „Când s-au apropiat de Ierusalim şi au ajuns la Betfaghe, înspre Muntele Măslinilor, Isus a trimis doi ucenici şi le-a zis: «Duceţi-vă în satul dinaintea voastră. În el veţi găsi îndată o Măgăriţă legată şi un măgăruş împreună cu ea; dezlegaţi-i şi aduceţi-i la Mine. Dacă vă va zice cineva ceva, să spuneţi că Domnul are trebuinţă de ei. Şi îndată îi va trimite.» Dar toate aceste lucruri s-au întâmplat ca să se împlinească ce fusese vestit prin prorocul care zice: «Spuneţi fiicei Sionului: 'Iată, Împăratul tău vine la tine, blând şi călare pe un Măgar, şi un măgăruş, mânzul unei măgăriţe.'»"

Bietul măgăruş! Să fie o consolare pentru suferinţa ta că, dacă lumea păgână a făcut dintr-un Urs o constelaţie, lumea creştină te-a ridicat pe tine la rang de profeţie.

Acest paragraf se găseşte în Zaharia IX, 9 şi este unul din capriciile prietenului Zaharia pentru a-şi felicita concetăţenii şi pe sine, o dată cu ei, atunci când se întorceau la Ierusalim, din captivitatea în Babilon. Nu are legătură cu niciun alt subiect. Este ciudat că apostoli, preoţi şi comentatori nu presupun niciodată că evreii vorbesc despre problemele lor, sau nu le îngăduie niciodată să facă acest lucru. Toate lucrurile din cărţile evreieşti sunt pervertite şi denaturate, capătă înţelesuri pe care cei care le-au scris nu le-au dorit niciodată. Chiar bietul măgar nu poate fi un măgar-evreu, acesta trebuie să fie un măgar-creştin. Mă mir că nu l-au făcut apostol, episcop, sau că nu l-au făcut, cel puţin, să rostească o profeţie. El şi-ar fi putut ridica vocea la fel de sus, ca oricare dintre ei.

Zaharia, în primul capitol al cărţii sale, îşi permite unele capricii, din bucuria reîntoarcerii la Ierusalim. El spune, în cel de-al optulea verset: „Am văzut în timpul nopţii (Zaharia era un proroc cu vederea foarte bună) un bărbat aşezându-se pe un cal roşu (da, cititorule, un cal roşu) şi stând printre mirţii din fundul văii, iar în spatele lui erau cai roşii, pestriţi şi albi." El nu spune nimic despre cai verzi, nici cai albaştrii, probabil pentru că este greu de distins verdele de albastru pe timp de noapte, dar un creştin poate să fie sigur că erau acolo, deoarece „credinţa este dovada lucrurilor nevăzute."[n.t.: Evrei XI, 1.]

Zaharia introduce apoi un înger, printre cai, dar nu ne spune ce culoare avea îngerul, dacă era negru, sau alb, nici dacă venise să cumpere cai, sau doar să se uite la ei ca la nişte curiozităţi, pentru că asta erau cu siguranţă. Oricum, el intră în conversaţie cu îngerul respectiv despre bucuria întoarcerii la Ierusalim şi spune (Zaharia I, 16): „De aceea aşa vorbeşte Domnul, Mă întorc cu îndurare către Ierusalim; casa mea va fi zidită iarăşi în el spune Domnul oştirilor şi funia de măsurat se va întinde asupra Ierusalimului." O expresie ce semnifică reconstrucţia oraşului.

Toate acestea, pe cât de bizare şi ireale par, dovedesc în mod suficient că subiectul despre care Zaharia vorbeşte mereu este intrarea evreilor în Ierusalim, după captivitate, nu intrarea lui Isus Cristos, cu şapte sute de ani mai târziu.

Cât priveşte expresia privind mersul pe măgar, pe care comentatorii îl prezintă drept semn al umilinţei lui Isus Cristos, după cum stau lucrurile, El nu mai fusese niciodată la fel de bine instalat. Măgarii acelor locuri sunt mari şi bine proporţionaţi, iar în antichitate constituiau fruntea animalelor destinate transportului de persoane. Animalele de povară, care foloseau, de asemenea, la transportul săracilor, erau cămilele şi dromaderii. Citim în Judecătorii X, 4 că Iair (unul dintre judecătorii din Israel) „avea treizeci de fii, care călăreau pe treizeci de mânji de măgari şi stăpâneau treizeci de cetăţi." Comentatorii, însă, denaturează tot.

Există, în plus, o bază extrem de rezonabilă, pentru a stabili că această poveste care îl prezintă pe Isus intrând public, călare în Ierusalim, însoţit (după cum se spune în versetele 8 şi 9) de o mulţime însemnată, strigând şi jubilând şi împărţindu-şi straiele pe drum, este cu totul lipsită de adevăr.

În ultimul paragraf numit profeţie, pe care l-am analizat, Isus este prezentat în retragere, mai exact, fugind şi ascunzându-se de frică să nu fie arestat şi cerându-le oamenilor care erau cu el să nu-l dea în vileag. Între timp, nu mai apăruse niciun amănunt care să-i îmbunătăţească condiţia şi, totuşi, el este prezentat aici, intrând în mod public, în acelaşi oraş din care fugise pentru siguranţa sa. Cele două situaţii se contrazic flagrant, aşa încât, dacă niciuna nu este falsă, cel puţin una dintre ele abia dacă poate fi adevărată. Din partea mea, nu cred că există un singur cuvânt de adevăr istoric în toată cartea. O privesc, cel mult, ca pe un roman romantic, al cărui personaj principal este un erou imaginar sau alegoric, fondat pe nişte poveşti, în care morala este bună în multe locuri, iar partea narativă este scrisă foarte prost şi fără pricepere.

Trec mai departe, la cel de-al zecelea paragraf numit o profeţie despre Isus Cristos.

Matei XXVI, 51-56: „Şi unul din cei care erau cu Isus (adică Petru) a întins mâna, a scos sabia, a lovit pe robul marelui preot şi i-a tăiat urechea. Atunci, Isus i-a zis: «Pune-ţi sabia la locul ei, căci toţi cei ce scot sabia de sabie vor pieri. Crezi că n-aş putea să rog pe Tatăl Meu, care Mi-ar pune îndată la îndemână mai mult de douăsprezece legiuni de îngeri? Dar cum se vor împlini Scripturile, care zic că aşa trebuie să se întâmple?» În clipa aceea, Isus a zis mulţimii: «Aţi ieşit ca după un tâlhar, cu săbii şi cu ciomege, ca să Mă prindeţi. Zi de zi şedeam în mijlocul vostru şi învăţam norodul în Templu şi n-aţi pus mâna pe Mine. Dar toate aceste lucruri s-au întâmplat ca să se împlinească cele scrise de proroci.»"

Această manieră excentrică şi generală de a vorbi nu permite nici detecţia, nici controlul. Aici nu se dă niciun citat, nici nu este menţionat numele vreunui autor biblic, la care s-ar putea face referire.

Există, totuşi, nişte improbabilităţi remarcabile împotriva adevărului relatării.

Prima. Este improbabil ca evreilor, pe-atunci un popor care fusese cucerit şi care se afla sub stăpânire romană, să li se permită să poarte săbii.

A doua. Dacă Petru ar fi atacat un servitor al marelui preot şi i-ar fi tăiat urechea, ar fi fost imediat luat de corpul de gardă care îi reţinuse conducătorul şi pus în temniţă împreună cu acesta.

A treia. Ce fel de discipoli şi apostoli propovăduitori erau aceia ai lui Cristos, dacă purtau săbii?

A patra. Acest episod este prezentat ca şi cum s-ar petrece în aceeaşi seară cu aşa numita ultimă cină a Domnului, ceea ce face, în baza solemnităţii acesteia şi mai însemnată inconsecvenţa purtării de săbii.

Trec mai departe, la cel de-al unsprezecelea paragraf numit o profeţie despre Isus Cristos.

Matei XXVII, 3-10: „Atunci, Iuda, care îl trădase, când a văzut că fusese condamnat, s-a căit şi a dus înapoi cei treizeci de arginţi, i-a dat preoţilor celor mai de seamă şi bătrânilor şi a zis, «am păcătuit, căci am vândut sânge nevinovat.» Şi ei au spus, «Ce ne pasă nouă, treaba ta.» Şi el a aruncat arginţii pe jos, a plecat şi s-a dus şi s-a spânzurat. Preoţii cei mai de seamă au strâns arginții și au zis, «Nu este îngăduit să-i punem în vistierie, fiindcă sunt prețul sângelui.» Și după ce s-au sfătuit, au cumpărat cu banii aceia câmpul olarului, ca loc pentru îngroparea străinilor. Motiv pentru care acel câmp se numește până în ziua de azi, câmpul sângelui. Atunci s-a împlinit ce fusese vestit de prorocul Ieremia, care zice, «Au luat cei treizeci de arginți, prețul celui prețuit, pe care l-au prețuit cei dintre fiii lui Israel și i-au dat pe câmpul olarului, după cum îmi poruncise Domnul.»"

Aceasta este cea mai nerușinată impostură. Paragraful din Ieremia, care vorbește despre cumpărarea unui câmp, nu are legătură mai mare cu situația în care îl folosește Matei, decât are cu achiziționarea de pământuri în America. Voi reda tot paragraful:

Ieremia XXXII 6-15: „Și Ieremia a zis: «Cuvântul Domnului mi-a vorbit astfel, Iată că Hanameel, fiul unchiului tău Șalum, va veni la tine spunând, 'Cumpără ogorul meu care este la Anatot, căci tu ai drept de răscumpărare ca să-l cumperi.'» Și Hanameel, fiul unchiului meu, a venit la mine, în curtea temniței, potrivit cuvântului Domnului și mi-a zis, «Cumpără, te rog, ogorul meu, care este la Anatot, în țara lui Beniamin, căci tu ai drept de moștenire și de răscumpărare; cumpără-l pentru tine.» Apoi am știut că acesta era Cuvântul Domnului. Și am cumpărat de la Hanameel, fiul unchiului meu, ogorul de la Anatot și i-am cântărit argintul – exact șaptesprezece sicli de argint. Am scris un zapis și l-am pecetluit, am pus martori și i-am cântărit argintul într-o cumpănă. Am luat apoi zapisul de cumpărare, pe cel care era pecetluit după lege și obiceiuri și pe cel ce era deschis; și am dat zapisul de cumpărare lui Baruc, fiul lui Neriia, fiul lui Mahseia, în fața lui Hanameel, fiul unchiului meu, în fața martorilor care iscăliseră (zapisul de cumpărare) și în fața tuturor Evreilor care se aflau în curtea temniței. Și am dat lui Baruc înaintea lor următoarea răspundere, spunând, «Așa vorbește Domnul oștirilor, Dumnezeul lui Israel: ia aceste mărturii, la zapisurile acestea de cumpărare, cel pecetluit și cel deschis, și pune-le într-un vas de pământ, ca să se păstreze multă vreme! Căci așa vorbește Domnul oștirilor, Dumnezeul lui Israel: Iarăși se vor deține case, ogoare și vii în țara aceasta.»"

Mă abțin de la a face vreo remarcă privind această abominabilă înșelătorie a lui Matei. Lucrul vorbește de la sine, în mod evident. Mai de grabă ar trebui să condamn preoții și comentatorii, pentru că au predicat falsul atâta timp și au ținut lumea în întuneric în privința acelor înșelătorii.

Nu mă lupt cu aceşti bărbaţi în ceea ce priveşte doctrina, întrucât ştiu că sofistica are mereu unde se refugia. Eu comentez întâmplările, pentru că, de fiecare dată când ceea ce este numit întâmplare reprezintă un neadevăr, credinţa fondată pe aceasta este o amăgire, iar doctrina înălţată pe baza sa nu este legitimă. Of, cititorule, pune-ţi încrederea în creatorul tău şi vei fi în siguranţă. Dacă-ţi pui, însă, încrederea în cartea care conţine scripturile, atunci crezi în substanţa coruptă a fabulei şi înşelătoriei. Revin, însă, la subiect.

Există, printre capriciile şi iluziile lui Zaharia, menţiunea cu privire la treizeci de arginţi, daţi unui Olar. Nu puteau fi atât de netoţi, încât să confunde un olar cu un câmp şi dacă au făcut acest lucru, atunci paragraful din Zaharia nu are mai multă legătură cu Isus, Iuda şi câmpul pentru îngroparea străinilor, decât aceea citată deja. Voi prezenta paragraful.

Zaharia XI, 7-14: „Atunci M-am apucat să pasc oile de tăiat, chiar şi pe tine, nenorocitul turmei. Am luat două toiege: pe unul l-am numit Graţie, iar pe celălalt l-am numit Legământ. Şi am păscut oile. Am nimicit cu desăvârşire pe cei trei păstori într-o lună: sufletul Meu nu-i mai răbda şi se scârbise şi sufletul lor de Mine. Şi am zis: «Nu vă mai pot paşte! Cea care are să moară să moară, cea care are să piară să piară şi cele ce mai rămân să se mănânce unele pe altele!» Mi-am luat toiagul Graţie şi l-am rupt, ca să rup legământul Meu pe care-l încheiasem cu toate popoarele. Şi când s-a rupt, în ziua aceea, chiar şi nenorocita turmei, care mă slujea, a ştiut că acesta era cuvântul Domnului. Eu le-am zis: «Dacă găsiţi nimerit, daţi-Mi plata; dacă nu, nu Mi-o daţi!» Şi Mi-au cântărit, ca plată, treizeci de arginţi. Dar Domnul Mi-a zis: «Aruncă olarului preţul acesta scump cu care M-au preţuit!» Şi am luat cei treizeci de arginţi şi i-am aruncat în Casa Domnului, pentru olar. Apoi Mi-am rupt al doilea toiag Legământ ca să rup frăţia dintre Iuda şi Israel.»"

[T. Paine: Whiston[11], în Eseul său despre Vechiul Testament, spune că paragraful din Zaharia, despre care am vorbit, se găsea în copiile Bibliei din primul secol, în cartea lui Ieremia, de unde, spune el, a fost luat şi introdus, fără coerenţă, în cartea lui Zaharia. Ei bine, chiar aşa să fie, situaţia nu este ameliorată câtuşi de puţin pentru Noul Testament. Este înrăutăţită, în schimb, pentru cel Vechi. Pentru că arată, după cum am menţionat, cu privire la unele paragrafe, dintr-o carte atribuită lui Isaia, că lucrările mai multor autori au fost amestecate şi încurcate şi nu mai pot fi separate, cu excepția părților lor istorice, cronologice, sau biografice, cum este cazul interpolării din Isaia. Numele lui Cirus, care este introdus acolo unde nu are cum să fie, având în vedere că el a existat doar la 150 de ani, după timpul lui Isaia, descoperă interpolarea și, totodată, eroarea grosolană. Whiston a fost un om de o mare erudiție și, ceea ce este de un grad mult mai înalt, de o profundă cunoaștere științifică. El a fost unul dintre cei mai buni și mai aclamați matematicieni ai timpurilor sale, drept pentru care a fost făcut profesor de matematici al Universității Cambridge. A scris atât de mult în apărarea Vechiului Testament și a ceea ce el numește profețiile lui Isus Cristos, încât, în cele din urmă, a început să se îndoiască de adevărul Scripturilor și a scris împotriva lor. Pentru că doar cei care le examinează realizează înșelătoria. Cei care au cea mai mare încredere în ele, sunt cei care știu cel mai puțin despre ele. Whiston, după ce a scris atât de mult în apărarea Scripturilor, a fost, în cele din urmă, dat în judecată, pentru că a scris împotriva lor. Acest fapt i-a oferit ocazia lui Swift[12], în epigrama lui caraghioasa despre Ditton[13] și Whiston, fiecare determinat să descopere longitudinea, să-l numească pe unul, bunul maestru Ditton, iar pe celălalt, neascultătorul Will Whiston. Cum însă Swift era un asociat important al liber-cugetătorilor din perioadă respectivă, ca, de exemplu, Bolingbroke[14], Pope[15] și alții, care nu credeau în cartea care conținea scripturile, nu este sigur dacă l-a numit neascultător, cu mult spirit, pentru că apăra scripturile, sau pentru că scria contra lor. Caracterul recunoscut al lui Swift decide în primul dintre cazuri.]

Nu se înțelege nimic din această galimatie incoerentă. Cele două toiege ale sale, unul numit Grație, celălalt numit Legământ, seamănă atât de mult cu un basm, încât mă îndoiesc să fi avut o altă origine. Nu există, totuși, nicio parte care să aibă cea mai mică legătură cu întâmplarea menționată în Matei. Din contră, reprezintă opusul acesteia. Aici, cei treizeci de arginți, indiferent pentru ce urmau să fie folosiți, sunt numiți preț potrivit și reprezentau exact valoarea lucrului, care, potrivit limbajului timpului, fusese încuviințată de către Domnul, iar banii fuseseră dați olarului, în casa Domnului. În cazul lui Isus și Iuda, după cum este menționat în Matei, cei treizeci de arginți erau prețul sângelui, tranzacția a fost condamnată de Domnul, iar banilor le-a fost refuzată admiterea în Trezorerie, atunci când au fost rambursați. Fiecare lucru din cele două întâmplări este opusul celuilalt.

În plus de aceasta, o relatare extrem de diferită şi în exactă opoziţie faţă de aceea a lui Matei, privind chestiunea cu Iuda, este prezentată în cartea numită Faptele Apostolilor. Potrivit acelei cărţi, departe de Iuda să fi restituit banii şi să se fi căit şi departe de marele preot să fi cumpărat un câmp, unde să îngroape străinii. Iuda a păstrat banii, a cumpărat cu ei un câmp pentru el şi, în loc să se spânzure, aşa cum spune Matei, el a căzut cu capul în jos şi s-a făcut bucăţi. Unii comentatori îşi dau silinţa să treacă peste o parte a contradicţiei, presupunând, în mod ridicol, că Iuda s-a spânzurat, mai întâi, dar apoi s-a rupt funia.

Faptele Apostolilor I, 16-18: „Fraţilor, trebuia să se împlinească Scriptura spusă de Duhul Sfânt mai înainte, prin gura lui David, despre Iuda, care a fost călăuza celor ce au prins pe Isus (David nu spune nicio vorbă despre Iuda). El era din numărul nostru şi era părtaş al aceleiaşi slujbe. Omul acesta a dobândit un ogor cu plata nelegiuirii lui, a căzut cu capul în jos, a plesnit în două prin mijloc şi i s-au vărsat toate măruntaiele."

Nu este oare un fel de blasfemie să numeşti Noul Testament religie revelată, când vedem în el atâtea contradicţii şi absurdităţi? Trec mai departe, la cel de-al doisprezecelea paragraf, denumit o profeţie despre Isus Cristos.

Matei XXVII, 35.: „După ce L-au răstignit, i-au împărţit hainele între ei, trăgând la sorţi, pentru ca să se împlinească ce fusese vestit prin prorocul care zice: «Şi-au împărţit hainele Mele între ei şi pentru cămaşa Mea au tras la sorţi.»" Această expresie poate fi găsită (şi) în Psalmul XXII, 18. Scriitorul acelui Psalm (oricine ar fi fost el, întrucât Psalmii reprezintă o colecţie şi nu munca unui singur om) vorbeşte despre sine şi despre propriul caz, nu de cazul altcuiva. El începe acest Psalm cu cuvintele pe care scriitorii Noului Testament i le-au atribuit lui Isus Cristos: „Dumnezeul meu, Dumnezeul meu, de ce m-ai părăsit," cuvinte ce ar putea fi rostite de un om în suferinţă, fără să aibă un marcat caracter impropriu, dar care întruchipează caracterul nepotrivit când sunt rostite de un Dumnezeu prezumtiv.

Tabloul pe care scriitorul îl realizează în redarea propriei situaţii, în acest Psalm, este suficient de lugubru. El nu profetizează, ci îşi deplânge destinul potrivnic. Se reprezintă înconjurat de inamici, hărţuit cu persecuţii de tot felul. Ca un fel de prezentare a caracterului înveterat al persecutorilor săi, el spune: „Ei şi-au împărţit hainele mele între ei şi trag la sorţi acoperământul meu." Expresia este la timpul prezent şi este ca şi cum s-ar spune: îmi iau până şi hainele de pe mine şi se ceartă privind modul în care le vor împărţi. În plus, cuvântul acoperământ nu desemnează mereu haine. Câteodată desemnează bunuri, sau a îngădui unui om accesul la bunuri, sau a-l împroprietări şi, după cum este folosit în acest Psalm, deosebit de haine, s-ar părea că este folosit în acest sens. Isus, însă, nu are nicio proprietate, pentru că ei îl fac să spună despre sine (n.t.: Matei VIII, 20; Luca IX, 58): „Vulpile au vizuini şi păsările cerului au cuiburi, dar Fiul omului n-are unde-şi odihni capul."

Oricum ar fi, dacă ne permitem să presupunem că Atotputernicul s-ar coborî până la a spune, prin intermediul a ceea ce este numit spirit al profeţiei, ce s-ar putea întâmpla într-un timp viitor al lumii, reprezintă un afront adus aptitudinilor noastre şi ideilor noastre privind măreţia Sa dacă ne închipuim că ar putea fi vorba despre o haină veche, sau o pereche de pantaloni vechi, sau despre orice lucru pe care întâmplările obişnuite ale vieţii, sau conflictele care o însoţesc, le arată în fiecare zi.

Ce-i stă omului în putere să facă, sau în voinţă, să nu facă, nu este subiect de profeţie, chiar dacă ar exista aşa ceva, pentru că nu ar putea purta vreo dovadă a puterii divine, sau a interpolării divine. Căile lui Dumnezeu nu sunt căile omului. Ce face o putere divină, sau ce are de gând, nu stă în puterile omului să facă, sau să controleze. Însă, orice călău şi asistenţii săi, s-ar putea certa în privinţa împărţelii hainelor unuia care suferă, sau şi le-ar putea împărţi fără să se certe, împlinind astfel lucrul numit profeţie, sau înlăturându-l.

Am expus falsitatea paragrafelor pe care le-am examinat mai înainte. Acesta constituie o josnicie degradantă, o insultă pentru creator şi un afront adus raţiunii umane.

Aici se încheie paragrafele pe care Matei le numeşte profeţii.

Matei îşi încheie cartea spunând că, atunci când Isus s-a sfârşit pe cruce, pietrele s-au crăpat, mormintele s-au deschis şi corpurile multor sfinţi s-au ridicat. Marcu spune că a fost întuneric pe pământ, de la cea de-a şasea oră, până la a noua. Ei nu prezintă nicio profeţie în acest sens, însă, dacă acestea ar fi fost întâmplări reale, ar fi fost subiecte demne de profeţie, pentru că nimeni altcineva, în afara unei entităţi atotputernice, nu ar fi putut insufla pre-ştiinţa lor pentru ca, după aceea, chiar să le împlinească. Cum, însă, nu există o astfel de profeţie, ci o aşa-zisă profeție, despre o haină veche, concluzia adecvată este că nu au existat astfel de lucruri și că respectiva carte a lui Matei a fost fabulă și neadevăr. Trec mai departe, la cartea numită Evanghelia după Sf. Marcu.

Cartea lui Marcu

În Marcu sunt doar câteva pasaje, numite profeții. Sunt doar câteva în Luca și Ioan. Le voi examina, împreună cu alte pasaje care interacționează cu acelea citate de Matei.

Marcu își începe cartea cu un pasaj căruia îi dă forma unei profeții. Marcu I, 1-2: „Începutul Evangheliei lui Isus Hristos, Fiul lui Dumnezeu. După cum este scris în proroci: «Iată, trimit înaintea ta pe solul meu, care îți va pregăti calea.»" Acest pasaj se regăsește și în Maleahi III, 1. Pasajul, în varianta originală, este la persoana întâia. Marcu face acest pasaj să fie o profeție a lui Ioan Botezătorul, despre care Biserica spune că a fost precursorul lui Isus Cristos. Însă, dacă vom analiza versetele care au legătură cu aceasta, așa cum apar în Maleahi, împreună cu primul și cel de-al cincilea verset, din capitulul următor, vom constata că această folosire a lor este eronată și falsă.

Maleahi, după primul verset, "Iată, voi trimite pe solul meu și el va pregăti calea înaintea mea," continuă, în cel de-al doilea verset, "Cine va putea să îndure însă ziua venirii lui? Cine va rămâne în picioare când el se va arăta? Căci el este ca focul topitorului și ca leșia piuarului." Această descriere nu poate constitui o referință la nașterea lui Isus Cristos și, în consecință, nici la Ioan Botezătorul. Aici este descrisă o scenă a fricii și terorii, iar despre nașterea lui Cristos se vorbește mereu ca despre un timp al bucuriei și al veștilor bune.

Maleahi, continuând să vorbească despre același subiect, explică în următorul capitol care este scena despre care vorbește în versetele citate mai sus și cine este persoana pe care el o numește sol. Maleahi IV, 1: „Căci iată," spune el, "Vine ziua care va arde ca un cuptor și toți cei trufași, da, și toți cei care fac rău, vor fi ca miriștea; și vine ziua care îi va arde, zice Domnul oștirilor și nu le va lăsa nici rădăcină, nici ramură." Versetul 5. „Iată, vă voi trimite pe prorocul Ilie înainte de a veni ziua Domnului, ziua aceea mare și înfricoșată."

Cu ce drept, sau prin ce înșelătorie sau ignoranță l-a transformat Marcu, pe Ilie, în Ioan Botezătorul și descrierea zilei judecății, a lui Maleahi, în ziua nașterii lui Cristos, îl las pe Episcop (cel din Landaff) să stabilească.

Marcu I, 2-3 amestecă două pasaje, luate din cărți diferite, din Vechiul Testament. Cel de-al doilea verset, "Iată, trimit înaintea ta pe solul meu, care îți va pregăti calea," este luat, după cum am spus mai devreme, din Maleahi. Cel de-al treilea verset, care spune, "Glasul unuia ce strigă în pustiu, Pregătiți calea Domnului, îndreptați-i drumul," nu este în Maleahi, ci în Isaia XL, 3. Whiston spune că amândouă aceste versete se găseau inițial în Isaia. Dacă este așa, reprezintă un alt exemplu despre dezordinea din Biblie și coroborează ceea ce am spus, cu privire la regăsirea numelui și descrierii lui Cirus în cartea lui Isaia, căreia nu-i pot aparține din punct de vedere cronologic.

Cuvintele din Isaia, "Glasul unuia ce strigă în pustiu, Pregătiți calea Domnului, îndreptați-i drumul," sunt la timpul prezent, prin urmare, nu sunt predictive. Este una din acele figuri retorice pe care autorii Vechiului Testament le-au folosit frecvent. Că sunt, pur și simplu, retorice și metaforice, s-a văzut în cel de-al șaselea verset: „Și vocea a spus, «strigă;» și el a spus, «de ce să strig? Toată trupul, este iarbă.»"[n.t.: Isaia XL, 6.] Aceasta este, în mod evident, doar o figură de stil, întrucât carnea nu este iarbă, altfel decât, în chip de figură de stil și metaforă, în care un lucru este pus în locul altuia. De altfel, tot pasajul este prea general și prea bombastic pentru a fi aplicat, exclusiv, unei anumite persoane sau scop.

Trec mai departe, la cel de-al unsprezecelea capitol.

În acest capitol, Marcu vorbește despre Cristos, care se duce la Ierusalim, călare pe un măgăruș, însă nu face din acest lucru împlinirea unei profeții, cum spusese Matei, întrucât el nu pomenește nimic despre profeție. În loc de acest lucru, el apucă altă cale și, pentru a adăuga alte cinstiri măgarului, îl transformă în miracol, pentru că spune, în versetul 2, că era un măgăruș „pe care omul nu mai stătuse," lucru care indica faptul că, având în vedere că nu fusese dresat, îi fuseseră inspirate bunele maniere, întrucât nu auzim să-l fi lovit cu copita pe Isus Cristos. Niciun cuvânt despre o eventuală lovitură, în niciunul dintre cei patru Evangheliști.

Trec mai departe, de la aceste isprăvi în ale echitației, executate pe un măgar, la cel de-al 15-lea capitol. În cel de-al 24-lea verset al acestui capitol, Marcu vorbește despre împărțirea hainelor lui Cristos și tragerea lor la sorți, însă nu asociază nicio profeție acestui episod, așa cum face Matei. Îl menționează, mai de grabă, ca pe un lucru practicat, pe atunci, de călăi, așa cum este și astăzi.

În cel de-al 28-lea verset al aceluiași capitol, Marcu vorbește despre crucificarea lui Cristos, între doi hoți, ca să se împlinească, adaugă el, scriptura care spune „A fost pus în numărul celor fărădelege." Același lucru ar putea fi spus și despre hoți.

Această expresie se găsește în Isaia LIII, 12. Grotius i-o atribuie lui Ieremia. Însă, s-a întâmplat atât de des, în lume, ca inocenții să fie puși în rândul nelegiuiților, încât este absurd să o numești profeție despre o persoană anume. Toți cei pe care biserica îi numește martiri fuseseră puși în rândul nelegiuiților. Toți patrioții onorabili care au căzut pe eșafod, în Franța, pe vremea lui Robespierre, fuseseră puși în rândul nelegiuiților și, dacă el însuși nu a căzut, aceeași întâmplare, potrivit unei note scrise de mâna sa, s-a abătut asupra mea. Totuși, presupun că Episcopul (din Landaff) nu va admite că Isaia profetiza despre Thomas Paine.

Acestea sunt toate pasajele din Marcu care au legătură cu profețiile.

Marcu își încheie cartea, făcându-l pe Isus să le spună discipolilor săi (XVI, 15-18): „Duceți-vă în toată lumea și propovăduiți Evanghelia la orice făptură; acela care crede și este botezat va fi mântuit, dar acela care nu crede va fi osândit" (curate baliverne popești) „și aceste semne îi vor însoți pe cei ce cred: în numele meu vor înlătura diavoli; vor vorbi în limbi noi; vor lua în mână șerpi; dacă vor bea ceva de moarte, nu-i va vătăma; își vor pune mâinile pe cei bolnavi, și aceștia se vor însănătoși." Acum, Episcopul, pentru a ști dacă posedă toată această credință salvatoare și făcătoare de minuni, ar trebui să testeze aceste lucruri pe el însuși. Ar trebui să ia o doză bună de arsenic și, dacă dorește, îi voi trimite din America un șarpe cu clopoței.

Cât despre mine, cum eu cred în Dumnezeu, dar nu cred câtuși de puțin în Isus Cristos și nici în cărțile numite scripturi, experimentul nu mă privește.

Trec mai departe, la cartea lui Luca.

Cartea lui Luca

Nu există pasaje denumite profeții în Luca, cu excepția acelora care au legătură cu pasajele pe care le-am examinat deja.

Luca vorbește despre Maria, dată în căsătorie lui Iosif, însă nu face vreo referire la pasaje din Isaia, așa cum face Matei. El mai vorbește despre Isus intrând călare pe un măgăruș în Ierusalim, însă nu pomenește nimic despre vreo profeție. El vorbește despre Ioan botezătorul și se referă la paragrafele din Isaia despre care am vorbit deja.

În capitolul XIII, 31-32, spune: „În aceeași zi, au venit unii dintre Farisei și i-au spus, (lui Isus) «Pleacă și du-te de aici, căci Irod vrea să te omoare.» Și el le-a spus: «Duceți-vă și spuneți acelei vulpi, Iată, scot diavoli și realizez vindecări astăzi și mâine, iar a treia zi voi fi Desăvârșit.»"

Matei nu-l face pe Irod să moară în timp ce Isus era copil în Egipt, și îl face pe Iosif să se întoarcă cu copilul, la vestea morții lui Irod, care încercase să-l omoare. Luca îl face pe Irod să trăiască și să vrea viața lui Isus, după ce Isus împlinise treizeci de ani, pentru că spune (III, 23): „Și Isus avea aproape treizeci de ani și era, cum se credea, fiul lui Iosif." Obscuritatea în care este învăluită partea istorică a Noului Testament, în ceea ce-l privește pe Irod, le-ar putea oferi un argument preoților și comentatorilor (care le-ar putea părea plauzibil unora, dar nimănui, satisfăcător) și anume, că Irodul despre care vorbește Matei și Irodul despre care vorbește Luca nu erau aceeași persoană. Matei îl numește pe Irod, rege, iar Luca (III, 1) îl numește pe Irod, Tetrarh (adică Guvernator) al Galileei. Dar regele Irod nu ar fi putut exista, întrucât evreii și țara lor erau sub stăpânirea împăraților romani, care conduceau pe atunci, prin Tetrarhi, sau Guvernatori.

Luca II îl face pe Isus să se nască atunci când Quirinius[16] era Guvernator în Siria, căruia îi fusese adăugată guvernarea Iudeei. Potrivit acestei declarații, Isus nu se născuse pe vremea lui Irod. Luca nu spune nimic despre faptul că Irod ar fi căutat să-l omoare pe Isus, la naștere, nici că acesta ar fi pus să fie omorâți copiii sub vârsta de doi ani, nici că Iosif ar fi fugit cu Isus, în Egipt și nici de întoarcerea sa de acolo. Din contră, cartea lui Luca vorbește de parcă persoana pe care o numește Isus n-ar fi plecat niciodată din Iudeea. El spune că Irod a căutat să-l omoare, după ce începuse să predice, cum a fost mențlonat mai sus. Am arătat, deja, că Luca, în cartea denumită Faptele Apostolilor, contrazice relatarea din Matei, în privința lui Iuda și a celor treizeci de arginți. Matei spune că Iuda a restituit banii și că marele preot a cumpărat cu ei un câmp în care să îngroape străini. Luca spune că Iuda a păstrat banii și a cumpărat cu ei un câmp, pentru el însuși.

Cum înțelepciunii lui Dumnezeu îi este imposibil să greșească, este imposibil ca acele cărți să fi fost scrise din inspirație divină. Credința noastră în Dumnezeu și în înțelepciunea Sa infailibilă ne împiedică să credem așa ceva. Cât despre mine, simt o fericire de tip religios din lipsa totală a credinței în acest lucru.

Nu mai sunt alte pasaje, denumite profeții, în Luca, în afara celor despre care am vorbit. Trec mai departe, la cartea lui Ioan.

Cartea lui Ioan

Ioan, ca Marcu și Luca, nu prea se ocupă cu profeții. El vorbește despre măgar, despre tragerea la sorți a hainelor lui Isus și despre alte fleacuri, despre care am vorbit deja.

Ioan îl face pe Isus să spună (V, 46): „Căci, dacă l-ați fi crezut pe Moise, m-ați crede și pe Mine, pentru că el a scris despre mine." Cartea Faptelor, referindu-se la Isus, spune (III, 22): „În adevăr, Moise le-a zis părinților, Domnul, Dumnezeul vostru, vă va ridica un Profet dintre frații voștri, cum a făcut și în ceea ce mă privește; pe el să-l ascultați în tot ce vă va spune."

Acest pasaj se găsește în Deuteronomul XVIII, 15. Ei îl folosesc ca pe o profeție despre Isus. Ce înșelătorie! Persoana despre care se vorbește în Deuteronomul și în Numeri, de asemenea, în care apare aceeași persoană, este Iosua, executantul lui Moise și succesorul acestuia, doar un alt personaj *Robespierre-ian*, asemănător descrierii lui Moise. Situația, așa cum este descrisă în acele cărți, este următoarea:

Moise îmbătrânise și i se apropia sfârșitul. Pentru a nu da naștere la confuzie, la moartea acestuia, având în vedere că Israeliții nu aveau un sistem de guvernământ înrădăcinat, a fost considerată oportună numirea unui succesor, cât Moise era încă în viață. Acest lucru a fost făcut, după cum ni se spune, în felul următor: Numeri XXVII, 12-13: „Și Domnul i-a spus lui Moise: «Suie-te pe muntele acesta Abarim și privește țara pe care am dat-o copiilor lui Israel. Și când o vei fi privit, vei fi adăugat la poporul tău, cum a fost adăugat fratele tău Aaron.»" Versetele 15-20: „Și Moise a vorbit Domnului, spunând, «Domnul, Dumnezeul duhurilor oricărui trup, să numească un om peste adunare, care să iasă înaintea lor și să intre înaintea lor, care să-i conducă afară și să-i aducă înăuntru; pentru ca adunarea Domnului să nu fie ca oile fără păstor.» Și Domnul i-a spus lui Moise, «Ia-l pe Iosua, fiul lui Nun, bărbat în care este duhul meu, și pune-ți mâna pe el; și pune-l înaintea preotului Eleazar și înaintea întregii adunări și dă-i o poruncă sub ochii lor. Și-i vei da parte din onoarea ta, pentru ca toată adunarea copiilor lui Israel să-l asculte.»" Versetele 22-23: „Și Moise a făcut cum îi poruncise Domnul; și l-a luat pe Iosua și l-a pus înaintea preotului Eleazar și înaintea întregii adunări; și a pus mâinile pe el și i-a dat o poruncă, cum spusese Domnul prin Moise."

    Nu am ce să fac, în acest loc, cu adevărul, sau cu incantația utilizată pentru a desemna un succesor al lui Moise, cum se întâmplase și în cazul său. Pasajul dovedește cu suficiență că este vorba de Iosua și că transformare acestui pasaj într-o profeție despre Isus, în cartea lui Ioan, reprezintă o înșelătorie. Dar cei care se ocupau cu profeții erau atât de inspirați de minciună, încât nu spuneau niciodată adevărul.

[T. Paine: Newton[17], Episcopul Bristolului, în Anglia, a publicat o lucrare în trei volume, intitulată *Dizertații pe marginea Profețiilor*. Lucrarea este scrisă în mod anost și este plictisitoare la citit. El se căznește din greu să transforme fiecare paragraf într-o profeție, în baza scopului urmărit. Printre altele, face din această expresie a lui Moise, "Domnul te va ridica în profet, cum a făcut în cazul meu", o profeție despre Isus Cristos, care nu avea să se nască, potrivit cronologiei Bibliei, decât la o mie cinci sute cincizeci și doi de ani după vremea lui Moise. Pe câtă vreme, în pasajul citat mai sus, se vorbește despre succesorul imediat al lui Moise, căruia i se apropia, pe atunci, sfârșitul. Acest Episcop, pentru a înșela mai lesne lumea cu acest pasaj, a omis în întregime relatarea din Numeri, pe care eu am prezentat-o în detaliu, cuvânt cu cuvânt și care arată, dincolo de orice dubiu, că persoana despre care vorbește Moise este Iosua, neconsiderând o altă persoană. Newton este doar un scriitor superficial. El preia lucruri din auzite şi le introduce fără examinare sau reflecţie şi, cu cât sunt mai „extraordinare" şi mai „incredibile", cu atât le îndrăgeşte mai mult. Atunci când vorbeşte despre zidurile Babilonului, (volumul I, p. 263) preia un citat de la un călător, pe nume Tavernaer, pe care îl numeşte (pentru a-i conferi credit în ceea ce spune) un voiajor renumit, care spune că erau făcute din cărămidă arsă, cu latura de 10 picioare şi cu o grosime de 3 picioare. Numai dacă Newton s-ar fi gândit să calculeze greutatea unei astfel de cărămizi, ar fi realizat imposibilitatea folosirii, sau chiar a producerii lor. O cărămidă cu latura de 10 picioare, cu o grosime de 3 picioare, conţine 300 picioare^3 şi, dacă presupunem că un picior^3 de cărămidă cântăreşte doar 100 de livre, fiecare dintre cărămizile Episcopului ar cântări 30.000 de livre, iar producerea unei singure cărămizi ar necesita aproximativ trei care de lut (de un cal). Însă povestea lui despre pietrele folosite pentru construirea templului lui Solomon (volumul II, p. 211,) îi depăşeşte de departe cărămizile cu latura de 10 picioare, din zidurile Babilonului. Acestea sunt doar fragmente de cărămidă, în comparaţie cu acelea. Pietrele (spune el) folosite la fundaţie aveau dimensiuni de patru zeci de coţi (mai mult de şaizeci de picioare, pentru că el spune că un cot are ceva mai mult de un picior şi jumătate) (un cot are un picior şi nouă inci), iar suprastructura (spune acest Episcop) era demnă de o astfel de fundaţie. Erau pietre, spune el, din cea mai albă marmură, cu o lungime de patru zeci şi cinci de coţi, o lăţime de cinci coţi şi o înălţime şi şase coţi. Acestea sunt dimensiunile furnizate de acest Episcop, care, calculând doisprezece inci, de picior, ajunge la 78 de picioare, 9 inci, lungimea, 10 picioare, 6 inci, lăţimea şi 8 picioare, 3 inci, grosimea şi conţine 7.234 picioare^3. Trec la demonstrarea înşelătoriei acestui Episcop. Un picior^3 de apă cântăreşte şaizeci şi două de livre şi jumătate. Greutatea specifică a marmurei în raport cu apa este de 2563kg/m^3. Greutatea, aşadar, a unui picior^3 de marmură, raportată la apă, este de 156^{160} de livre, care, înmulţită cu 7.234, numărul picioarelor^3 dintr-o piatră, fac o greutate de 1.128.504 livre, adică 503 tone^{engleze}. Admiţând că un cal trage cam jumătate de tonă, va fi nevoie de o mie de cai pentru a trage o singură astfel de piatră pe pământ. Cum ar fi putut ele să fie ridicate, în construcţie, de oameni? Episcopul poate vorbi despre credinţa care mută munţi, însă întreaga credinţă a tuturor Episcopilor care au trăit vreodată nu ar putea muta una dintre acele pietre, admiţând şi puterea lor fizică. Acest Episcop mai povesteşte despre marile tunuri folosite de turci la cucerirea Constantinopolului, dintre care unul, spune el, era tras de şaptezeci de boi şi de două mii de bărbaţi. (Volumul III, p. 117.) Greutatea unui tun cu o ghiulea de 43 de livre, care reprezintă cel mai mare tun turnat, este de 8.000 de livre, cam 3,5 tone şi poate fi tras de trei boi. Oricine poate calcula care trebuie să fi fost greutatea marelui tun al Episcopului, care necesita şaptezeci de boi pentru a fi tras. Acest Episcop îl întrece pe Gulliver.

Când oamenii renunţă la folosirea darului divin al raţiunii, atunci când scriu despre orice subiect, fie acesta religios, sau de orice alt fel, extravaganţa şi absurdităţile lor nu au limite. Cele trei volume pe care acest Episcop le-a scris, despre ceea ce el numeşte profeţii, însumează mai mult de 1200 de pagini şi el spune în volumul III, 117: „Am studiat exprimarea concisă." Aceasta este nemaipomenită, asemenea marelui tun al Episcopului.

Trec la ultimul pasaj din aceste fabule ale Evangheliştilor, denumit o profeţie despre Isus Cristos.

Ioan, după ce a vorbit despre Isus care se sfârşise pe cruce, între doi hoţi, spune (XIX, 32-33): „Apoi au venit soldaţii şi au zdrobit fluierele picioarelor celui dintâi (adică, a unuia dintre hoţi), apoi pe ale celuilalt care fusese răstignit împreună cu el. Când au venit, însă, la Isus şi au văzut că murise, nu i-au zdrobit fluierele picioarelor." Versetul 36. „Pentru că, aceste lucruri s-au întâmplat ca să se împlinească Scriptura: «Niciun os de-al său nu va fi sfărâmat.»"

Pasajul la care se face referire se găseşte în Exod şi nu are mai multă legătură cu Isus, decât cu măgarul pe care El l-a călărit, spre Ierusalim; şi nu la fel de multă, câtă ar avea ipoteza consumării unui măgar fript, asemenea unui ţap fript, cu ocazia paştele evreiesc. Ar putea reprezenta o consolare pentru un măgar, într-o oarecare măsură, să ştie că, deşi oasele i-ar putea fi alese, acestea nu ar fi sfărâmate. Pornesc în prezentarea cazului.

Cartea Exodului, instituind paştele evreiesc cu ocazia căruia ei trebuiau să mănânce un miel, sau un ţap, spune (XII, 5): „Să fie un miel fără cusur, de parte bărbătească, de un an. Îl veţi putea lua de la oi, sau de la capre." Cartea, după ce enunţă unele ceremonii de urmat cu prilejul sacrificării animalului şi pregătirii cărnii (întrucât trebuia friptă, nu fiartă), spune (versetele 43-48): „Domnul a spus lui Moise şi lui Aaron, «Aceasta este porunca privitoare la paşte: niciun străin să nu mănânce din ea; însă orice rob cumpărat cu bani va mânca din ea, după ce a fost tăiat împrejur. Străinul nu va mânca din ea. Va fi mâncată într-o singură casă; nu vei duce, în afara acelei case, niciun pic de carne; și nu vei zdrobi niciun os.»"

Cazul, așa cum este prezentat în Exod, reprezintă o ceremonie, nu o profeție și nu are nicio legătură cu oasele lui Isus sau cu oricare altă parte a corpului său.

Ioan, după ce a completat, în acest fel, măsura fabulei apostolice, își încheie cartea cu ceva care întrece toate fabulele. El spune, în ultimul verset: „Și mai sunt multe alte lucruri pe care le-a făcut Isus, care, dacă ar putea fi scrise toate, presupun că însăși lumea nu ar fi suficient de încăpătoare pentru cărțile care le-ar conține."

Aceasta este ceea ce se numește în limbaj comun minciună gogonată, adică, nu doar o minciună, ci o minciună dincolo de limita posibilului. În plus, constituie și o absurditate, pentru că, dacă ar putea fi scrise în lume, lumea ar fi încăpătoare pentru ele. Aici se încheie examinarea pasajelor numite profeții.

Până acum, cititorule, am parcurs și examinat toate pasajele pe care cele patru cărți, ale lui Matei, Marcu, Luca și Ioan, le citează din Vechiul Testament și le numesc profeții despre Isus Cristos. Când am început această examinare, mă așteptam să găsesc motive pentru unele critici, însă nu mă așteptam să le găsesc total lipsite de adevăr și fără cea mai mică pretenție la acesta, după cum am arătat că sunt.

Metoda pe care scriitorii acestor cărți o folosesc nu este numai falsă, dar și absurdă. Ei plasează o persoană, pe care o numesc Isus Cristos, într-o împrejurare neînsemnată, iar apoi modelează o propoziție, extrasă din Vechiul Testament, numind-o apoi profeție. Când, însă, cuvintele astfel decupate, sunt puse la loc, acolo de unde au fost luate, și sunt citite împreună cu cuvintele de dinainte și de după ele, demonstrează minciuna Noului Testament. Un exemplu scurt, sau două, sunt suficiente.

Ei îl fac pe Iosif să viseze un înger, care îl informează că Irod a murit și îi spune să plece cu copilul, din Egipt. Apoi scot o propoziție din cartea lui Osea, "Din Egipt mi-am chemat Fiul" și o folosesc drept profeție, în acel caz. Cuvintele „Și mi-am chemat Fiul din Egipt", sunt din Biblie. Și ce-i cu asta? Ele sunt doar parte a unui pasaj, nu a unuia întreg și au o conexiune imediată cu alte cuvinte, care arată că ele se referă la ieșirea din Egipt a copiilor lui Israel, pe vremea lui Faraon şi la actul de idolatrie pe care l-au comis, după aceea.

Din nou, ei ne spun că atunci când soldaţii au venit să zdrobească fluierele picioarelor persoanelor crucificate, au observat că Isus murise deja şi, de aceea, nu le-au zdrobit şi pe ale sale. Apoi, cu mici modificări faţă de original, scot o propoziţie din Exod, "Niciun os de-al lui nu va fi rupt" şi o folosesc drept profeţie despre acea situaţie. Cuvintele „Şi nu veţi rupe vreun os al aceluia", (întrucât ei au modificat textul) sunt în Biblie. Şi ce-i cu asta? Acestea sunt, ca în cazul precedent, doar o parte a pasajului, nu un pasaj întreg, iar când este citit împreună cu cuvintele alăturate, arată că pasajul vorbeşte despre oasele unui miel, sau ale unui ţap.

Aceste falsuri şi falsificări repetate creează suspiciunea bine-întemeiată că toate împrejurările despre care se vorbeşte, în ceea ce priveşte persoana numită Isus Cristos, sunt împrejurări născocite cu scopul de a lua cu împrumut, în chip extrem de stângaci, unele fraze rupte din Vechiul Testament şi de a le folosi drept profeţii ale acelor împrejurări; şi că, departe de a fi Fiul lui Dumnezeu, el nu a existat, nici măcar ca om, că este doar un personaj imaginar, sau alegoric, ca Apollo, Hercule, Jupiter, cum erau toate zeităţile din antichitate. Nu există nicio istorie scrisă în timpul în care se spune că a trăit Isus Cristos, care să vorbească despre existenţa unei astfel de persoane, nici măcar a unui simplu om.

Dacă am fi găsit în orice altă carte, care pretinde să furnizeze un sistem religios, înşelătoriile, falsificările, contradicţiile şi absurdităţile care sunt întâlnite în aproape fiecare pagină a Vechiului şi a Noului Testament, toţi preoţii din prezent, care se consideră capabili şi-ar arăta în mod triumfal talentul în ale criticii şi ar înăbuşi-o prin strigăte, drept cea mai evidentă impostură. Însă, din moment ce cărţile respective aparţin propriei bresle şi propriilor îndeletniciri, ei, sau, cel puţin, mulţi dintre ei, caută să sufoce orice cercetare a lor şi îi maltratează pe aceia care au onestitatea şi curajul de a face acest lucru.

Când o carte, cum se întâmplă cu Vechiul şi Noul Testament, este introdusă în lume sub titlul de „Cuvântul lui Dumnezeu", aceasta ar trebui să fie examinată cu cea mai mare rigoare, pentru a şti dacă pretenţia la acest titlu este întemeiată sau nu şi dacă suntem înşelaţi sau nu: întrucât, aşa cum nicio otravă nu este mai periculoasă decât aceea care otrăveşte leacul, nicio înşelătorie nu este mai funestă decât aceea din care se face un obiect al credinţei.

    Examinarea devine necesară, pentru că atunci când Noul Testament a fost scris sau, aş putea spune, inventat, arta tiparului nu era cunoscută. Nu existau alte copii ale Vechiului Testament, în afara celor scrise. O copie scrisă a cărţii respective costa cam cât ar costa acum şase sute de biblii tipărite. Prin urmare, cartea se afla în posesia câtorva persoane şi acelea, în principal, din rândul Bisericii. Acest lucru a oferit o oportunitate scriitorilor Noului Testament, să citeze din Vechiul Testament după bunul lor plac şi să numească citatele profeţii, cu un risc foarte scăzut de a fi descoperiţi. În plus, teroarea şi furia inchiziţiei Bisericii, cum ni se povesteşte despre sabia în flăcări care taie în toate direcţiile, stăteau de strajă Noului Testament, iar trecerea timpul, care scoate tot restul la lumină, a folosit pentru a spori întunericul care îi ocroteşte identificarea.

    Dacă ar fi să apară acum Noul Testament, fiecare preot al zilelor noastre l-ar examina rând cu rând şi ar compara propoziţiile desprinse, pe care le numeşte profeţii, cu pasajele integrale din Vechiul Testament, de unde au fost preluate. De ce nu întreprind acum această examinare, aşa cum ar face dacă Noul Testament nu ar fi apărut până acum? Dacă acest lucru s-ar cuveni şi ar fi nimerit într-unul din cazuri, atunci el ar fi nimerit şi s-ar cuveni şi în celălalt caz. Distanţa temporală nu schimbă dreptul de a întreprinde această examinare, indiferent de moment. Însă, în loc să facă acest lucru, ei continuă, întocmai ca şi predecesorii lor, să spună lumii că sunt profeţii despre Isus Cristos, când adevărul este că nu există aşa ceva. Ei ne spun că Isus s-a ridicat din morţi şi s-a înălţat la ceruri. Este foarte uşor de spus. O minciună mare este spusă la fel de uşor ca una neînsemnată. Însă, dacă El chiar ar fi făcut astfel, acelea ar fi fost singurele detalii în ceea ce-l priveşte, care ar fi fost altfel faţă de soarta obişnuită a omului. Prin urmare, singura situaţie care i s-ar aplica numai lui, ca profeţie, ar fi un eventual pasaj din Vechiul Testament care ar fi prezis respectivele lucruri despre el. Nu este, însă, niciun paragraf în Vechiul Testament care să vorbească despre o persoană care, după ce a fost crucificată, a murit şi a fost îngropată, s-ar fi ridicat din mormânt şi s-ar fi înălţat la ceruri. Cei care se ocupă cu profeţii suplinesc liniştea păstrată de Vechiul Testament în legătură cu aceste lucruri, spunându-ne despre pasajele numite profeții (în mod fals), despre visul lui Iosif, haine vechi, oase rupte și alte astfel de nimicuri.

    Atunci când scriu despre acest lucru, ca despre orice alt subiect, mă exprim într-un limbaj bogat și deslușit. Nu fac aluzii și insinuări. Și am mai multe motive pentru a proceda astfel. În primul rând, pentru a fi înțeles cu claritate. În al doilea rând, pentru a se putea observa că sunt onest și, în al treilea rând, pentru că este un afront adus adevărului să tratez minciuna cu curtoazie.

    Voi încheia această lucrare cu un subiect pe care l-am atins în treacăt în prima parte a cărții *Vârsta Rațiunii*.
Lumea a fost distrată cu termenul de religie revelată, iar majoritatea preoților aplică această sintagmă cărților numite Vechiul și Noul Testament. Mahomedanii aplică aceeași sintagmă Coranului. Nu este om care să creadă cu mai multă tărie în religia revelată decât mine, însă nu învrednicesc cu acest titlu sacru, reveriile din Vechiul și din Noul Testament și nici pe acelea din Coran. Ceea ce pentru mine reprezintă revelația, se găsește în ceva ce nu poate fi inventat de nicio minte umană și nu poate fi modificat sau falsificat de nicio mână umană.

    Cuvântul lui Dumnezeu este Creația pe care o vedem, iar acest cuvânt al lui Dumnezeu îi dezvăluie omului tot ceea ce-i este necesar omului să știe despre creatorul său. Vrem să-i contemplăm puterea? O vedem în imensitatea creației sale. Vrem să-i contemplăm înțelepciunea? O vedem în ordinea imuabilă cu care este condus întregul incomprehensibil. Vrem să-i contemplăm munificența? O vedem în abundența cu care umple pământul. Vrem să-i contemplăm îngăduința? O vedem în faptul că nu ascunde acea abundență, nici măcar celor ingrați. Vrem să-i contemplăm voința în ceea ce-l privește pe om? Bunătatea pe care o arată tuturor este o lecție pentru comportamentul nostru reciproc.

    În fine, vrem să știm ce este Dumnezeu? Să nu-l căutăm în cărțile numite Scripturi, pe care orice mână umană le-ar putea face, sau orice impostor, inventa. Să îl căutăm în Scriptura numită Creație.

    Atunci când, în prima parte a cărții *Vârsta Rațiunii*, am numit Creația adevărata revelație, făcută de Dumnezeu pentru om, nu știam că o altă persoană exprimase aceeași idee. Am întâlnit, însă, de curând, scrierile Doctorului Conyers Middleton[18], publicate la începutul secolului trecut, în care el se exprimă, în aceeași manieră în ceea ce privește Creația, în care m-am exprimat și eu, în cartea *Vârsta Rațiunii*. A fost bibliotecar-șef al Universității Cambridge, în Anglia, lucru care i-a oferit bune oportunități pentru lectură și a necesitat, inevitabil, ca el să fie la curent atât cu limbile moarte, cât și cu cele în circulație. A fost un om cu o minte puternică și originală, a avut curajul de a gândi singur și onestitatea de a da voce propriilor gândurilor. A călătorit la Roma, de unde a scris scrisori, pentru a arăta că eticheta și ritualurile Bisericii Creștine de la Roma fuseseră preluate din degenerarea mitologiei păgâne, așa cum ajunsese în vremurile târzii ale grecilor și romanilor. A atacat fără politețe miracolele pe care Biserica pretindea că le face. Iar într-una dintre lucrările sale, el numește creația, o revelație. Preoții din Anglia acelor zile, pentru a-și apăra citadela, apărând, în primul rând, avanposturile, l-au atacat, pentru că atacase ritualurile romane, iar unul dintre aceștia l-a criticat pentru că numise creația, o revelație. El îi răspunde în felul următor:

„Unul dintre ei, spune el, pare să fie scandalizat de titlul de revelație, pe care l-am dat acelei descoperiri, pe care Dumnezeu a făcut-o, despre sine, în lucrările vizibile ale creației Sale. Totuși, este același, pe care i l-au dat înțelepții din toate timpurile, care o consideră cea mai autentică și indiscutabilă revelație pe care Dumnezeu a oferit-o, vreodată, despre sine, de la începutul lumii, până în ziua de astăzi. Astfel, prima cunoștință despre el a fost revelată locuitorilor pământului și este singura care a fost menținută, încă de pe atunci, în rândul diferitelor națiuni despre ea. Pornind de aici, rațiunea umană a fost capacitată să-și creioneze natura și atributele și printr-o deducție progresivă a consecințelor, chiar să-și cunoască propria natură, cu toate îndatoririle ce-i aparțin, fie în raport cu Dumnezeu, fie în raport cu semenii săi. Această structură a lucrurilor a fost predestinată de Dumnezeu, în chip de lege universală, sau de regulă de conduită a omului, sursa tuturor cunoștințelor sale, testul adevărului prin care încearcă toate revelațiile subsecvente, care se presupune că au fost date de Dumnezeu, în orice alt fel și care nu pot fi considerate de proveniență divină, decât în măsura în care concordă și coincid cu acest standard originar."

„La acest paragraf mă refeream în pasajul de mai sus, (adică, la paragraful în legătură cu care îl atacaseră) în dorința de a atrage atenția cititorului asupra sa, întrucât acest lucru i-ar fi îngădui să judece cu mai multă libertate controversa la care mă refeream. Întrucât, prin contemplarea acestei legi, el poate descoperi calea originară pe care Dumnezeu însuși ne-a indicat-o, pentru dobândirea adevăratei cunoaşteri. Nu prin autoritatea sau comunicările semenilor noştri, dar din informaţia ce izvorăşte din fenomenele şi din obiectele materiale, pe care El le-a prezentat percepţiei simţurilor noastre, în împărţirea providenţială pe care a dat-o lucrurilor lumeşti. Şi prin aceasta, existenţă şi natura sa, cele mai importante articole ale întregii cunoaşteri, au fost revelate iniţial omului, aşa încât, importanta revelaţie a aruncat o lumină nouă, pentru a creiona restul şi a făcut mai uşor de descoperit toate subiectele inferioare ale cunoaşterii umane, prin aceeaşi metodă."

„În acelaşi pasaj, mai prezentam o consideraţie, adecvată aceluiaşi scop de a-i oferi cititorului o idee extinsă în privinţa chestiunii în discuţie, care, îndreptându-şi gândurile pentru a reflecta asupra operelor Creatorului, după cum ne sunt manifestate în stofa acestei lumi, nu ar putea să nu observe că acestea sunt toate grandioase, nobile şi potrivite măreţiei naturii Lui, că poartă cu ele mărturia originii lor şi că arată că sunt creaţia unei fiinţe atotştiutoare şi atotputernice. Când îşi va fi obişnuit mintea cu aceste reflecţii sublime, el va fi pregătit să decidă dacă acele interpuneri miraculoase, afirmate cu atâta încredere de străbunii noştri, pot fi considerate în mod rezonabil, drept făcând parte din măreţul plan al conducerii Divine. Dacă este adecvat ca Dumnezeu, care a creat toate lucrurile prin voinţa sa şi poate dispune de ele în funcţie de propria dorinţă şi în baza aceleiaşi voinţe, ar trebui, pentru a servi scopurilor specifice conducerii sale şi în serviciul bisericii, să se coboare la utilizarea viziunilor şi revelaţiilor, acordate câteodată copiilor, pentru îndrumare celor mai în vârstă şi câteodată, femeilor, pentru stabilirea modei şi lungimii voalurilor lor şi câteodată, Pastorilor Bisericii, pentru a le comanda să numească pe un om conferenţiar şi pe altul, preot. Sau dacă este adecvat ca Acesta să producă o sumedenie de miracole în jurul rugului martirului, totuşi, fără vreun efect sensibil în apărarea vieţii, sau în uşurarea suferinţelor sfântului şi nici, măcar, în umilirea celor care îl persecută (cărora li s-a permis mereu să se bucure din plin de triumful cruzimii lor), sau care să-i permită bietului martir să se stingă, într-o moarte mizerabilă. Când aceste lucruri vor fi supuse testului originar şi vor fi comparate cu adevăratele şi indiscutabilele opere ale Creatorului, vor apărea, neînsemnate şi vrednice de dispreţ. Şi totuşi, pare incredibil că pentru îndrumarea propriei biserici, Dumnezeu foloseşte unelte nesigure, nesatisfăcătoare şi nepotrivite, cum sunt exaltările femeilor, copiilor şi viziunile preoţilor interesaţi, care au fost luate în derâdere, chiar pe vremea lor, de către oamenii cu judecată cărora le fuseseră propuse."

„Că această lege universală (continuă Middleton, vizând legea revelată în operele creaţiei) a fost revelată lumii păgâne, cu mult înainte ca Evanghelia să fie cunoscută, învăţăm de la toţi principalii înţelepţi ai antichităţii, care au făcut din acest lucru, subiectul de căpătâi al studiilor şi scrierilor lor."

„Cicero[19] (spune Middleton) ne-a furnizat un rezumat al acestui lucru, într-un fragment care se păstrează din una din cărţile sale despre guvernământ. Îl voi transcrie aici, în cuvintele sale, întrucât ilustrează şi accepţiunea mea, acolo unde apare întunecat şi periculos potrivnicului meu."

„Adevărata lege, (vorbeşte Cicero) este raţiunea dreaptă, corespunzătoare naturii lucrurilor, constantă, eternă, răspândită în tot, care ne ordonă îndeplinirea datoriei, ne interzice să păcătuim, care nu-şi pierde niciodată influenţa asupra celor buni şi nu şi-o păstrează, asupra celor răi. Această lege nu poate fi depăşită de nicio alta, nici abrogată, pe de-a-ntregul, sau parţial. Nici senatul şi nici poporul nu ne pot scuti de ea. Nu putem căuta lămurire, sau interpret al său, în afara sa. Nu poate exista o lege la Roma şi alta la Atena, una acum şi alta mai târziu. Aceeaşi lege eternă şi imutabilă cuprinde toate naţiunile, în toate timpurile, sub un singur stăpân şi conducător comun, Dumnezeu. El este inventatorul, cel care expune şi cel care aplică această lege şi oricine nu i se va supune, va trebui, mai întâi, să renunţe la sine şi să abandoneze natura omului. Procedând astfel, el va suferi cele mai severe pedepse, dar va scăpa de toate celelalte chinuri, despre care se crede în mod obişnuit că le sunt pregătite celor răi." Aici se încheie citatul din Cicero.

„Doctorii noştri (continuă Middleton) vor privi, probabil, acest lucru, drept Deism Ordinar. Să-l numească cum doresc. Eu îl voi declara şi apăra, în calitate de parte fundamentală, esenţială şi vitală, a religiei adevărate." Aici se încheie citatul din Middleton.

Am prezentat cititorului două fragmente grandioase, din autori care au trăit în perioade istorice foarte îndepărtate, dar care gândeau la fel. Cicero a trăit înainte de timpul în care ni se spune că s-a născut Cristos. Middleton poate fi numit om al vremurilor noastre, pentru că a trăit în acelaşi secol cu noi.

La Cicero observăm superioritatea minții, caracterul sublim al gândirii corecte și al justeței ideilor, pe care omul nu îl deprinde studiind biblii, testamente și teologia școlilor întemeiate pe acestea, ci prin studiul Creatorului în imensitatea și în ordinea neschimbătoare a Creației sale, în imuabilitatea legii sale. „Nu poate," spune Cicero, "să existe, acum, o lege și o alta, mai târziu. Aceeași lege imuabilă cuprinde toate națiunile, din toate timpurile, sub un singur stăpân și conducător comun, Dumnezeu." Însă, potrivit doctrinei școlilor pe care preoții le-au întemeiat, observăm o lege, numită Vechiul Testament, dată în o altă perioadă a lumii și o altă lege, numită Noul Testament, dată într-o altă perioadă a lumii. Având în vedere că este în contradicție cu natura eternă și imuabilă, cu înțelepciunea infailibilă și neschimbătoare a lui Dumnezeu, suntem constrânși să considerăm falsă acestă doctrină, iar vechea și noua lege, numite Vechiul și Noul Testament, înșelătorii, fabule și falsuri. Constatăm, la Middleton, elocvența masculină a unei minți libere și sentimentele sincere ale unui adevărat credincios în Creatorul său. În loc de a-și pune credința în cărți, indiferent de numele purtat, Vechiul Testament, sau Noul Testament, el stabilește creația drept marele și autenticul standard, pe baza căruia tot ce se numește cuvânt, sau operă a lui Dumnezeu, trebuie examinat. Aici găsim scala indisputabilă, în baza căreia trebuie să măsurăm fiecare cuvânt, sau operă, care Îi este atribuită. Dacă lucrul care Îi este atribuit nu poartă dovada Atotputerniciei, a adevărului infailibil, a înțelepciunii și ordinii imuabile, în toate părțile sale, după cum ni se prezintă simțurilor și după cum le înțelege rațiunea noastră în magnifica stofă a universului, cuvântul sau opera respectivă nu-i aparțin lui Dumnezeu. Să fie, atunci, judecate în baza acestei reguli cărțile numite Vechiul și Noul Testament. Rezultatul va fi că autorii lor vor fi condamnați pentru fals.

 Principiile invariabile și ordinea neschimbătoare care dirijează mișcările tuturor părților care compun universul, demonstrează, atât simțurilor, cât și rațiunii noastre că Dumnezeul adevărului infailibil este creatorul lor. Vechiul Testament, însă, pe lângă nenumăratele povești absurde și fleacurile pe care le spune despre Dumnezeu, îl prezintă drept un Dumnezeu al amăgirii, un Dumnezeu în care nu poți avea încredere. Ezechiel îl face pe Dumnezeu să spună (XIV, 9): „Iar dacă profetul este amăgit, atunci când spune ceva, Dumnezeu l-a amăgit pe acel profet." Și în XX, 25 îl face pe Dumnezeu să spună, referindu-se la copiii lui Israel:

„Așa că le-am dat și legi care nu erau bune și porunci prin care nu puteau să trăiască." Aceasta, departe de a reprezenta cuvântul lui Dumnezeu, este o blasfemie respingătoare. Cititorule, pune-ți încrederea în Dumnezeul tău și nu avea încredere în biblie.

Același Vechi Testament, după ce ne spune că Dumnezeu a creat cerurile și pământul în șase zile, face aceeași autoritate atotputernică și înțelepciune eternă să se ocupe de furnizarea de directive, în privința croielii hainelor preoților, a materialului care trebuie folosit și a ofrandelor care trebuie aduse, aur, argint și bronz, albastru, purpură și stacojiu, pânză fină, blană de capră, blană roșie (vopsită) de berbec și blană de viezure, etc. (Exodul XXV, 3; XXXV, 5). Într-una dintre pretinsele profeții pe care le-am examinat, Dumnezeu este făcut să dea indicații despre cum trebuia omorât, gătit și mâncat mielul sau iedul. Iar Ezechiel (IV, 9) pentru a completa lista absurdităților, îl face pe Dumnezeu să îi ordone să ia grâu și orz, fasole, linte, mei și alac și să facă o turtă din toate, să o coacă cu îngrășământ de om și să o mănânce. Cum, însă, Ezechiel s-a plâns că era prea mult pentru stomacul lui, s-a renunțat la îngrășământul de om, în favoarea celui de vacă. Comparați aceste vorbe fără perdea, denumite, în chip hulitor, cuvântul lui Dumnezeu, cu autoritatea Atotputernică, creatoare a universului, a cărei înțelepciune eternă îi conduce toate mișcările și nu veți putea găsi un nume suficient de vrednic de dispreț pentru ele.

Printre promisiunile pe care Vechiul Testament pretinde că Dumnezeu le-a făcut poporului său, predomină aceleași idei peiorative despre el. Dumnezeu este făcut să promită lui Avraam că sămânța acestuia va fi ca stelele de pe cer și ca nisipul de pe malul mării, în privința numărului și că El le va da țara Canaanului, în moștenire perpetuă. Observă, însă, cititorule, cum avea să înceapă îndeplinirea acestei promisiuni și întreabă-ți, apoi, propria rațiune, dacă înțelepciunea lui Dumnezeu, a cărui putere este egală cu voința sa, ar putea, în concordanță cu acea putere și înțelepciune, să facă o astfel de promisiune. Îndeplinirea promisiunii avea să înceapă, potrivit acelei cărți, prin patru sute de ani de sclavie și de suferință. Geneza XV, 13: „Și El i-a spus lui Avraam, «Să știi hotărât că sămânța ta va fi străină într-o țară care nu va fi a ei și că acolo va fi înrobită și o vor apăsa greu, timp de patru sute de ani.»" Atunci, această promisiune către Avraam și sămânța lui pe veci, de a moșteni țara Canaanului, dacă ar fi fost reală și nu o fabulă, avea să funcționeze de la început ca un blestem asupra oamenilor și copiilor lor și copiilor, copiilor lor, timp de patru sure de ani.

Însă, după cum stau lucrurile, cartea Genezei a fost scrisă după perioada de sclavie în Egipt. Pe când erau robii gentililor, pentru a scăpa poporul ales de Domnul (după cum se numeau singuri) de necinste, îl fac pe Dumnezeu să fie autorul ei și o anexează, în chip de condiție a unei pretinse promisiuni. Ca și cum Dumnezeu, făcând respectiva promisiune, și-ar fi depășit puterea în a o îndeplini și, în consecință, înțelepciunea, în a o făgădui și a fost obligat să facă un compromis cu ei, pentru o jumătate, și cu egiptenii, de care ei urmau să fie înrobiți, pentru cealaltă jumătate.

Nu-mi voi înjosi judecata și nu voi privi comparativ acele fabule deplorabile și demne de dispreț, cu autoritatea Atotputernică și înțelepciunea eternă pe care ni le-a demonstrat Creatorul în crearea universului. Mă limitez la următoarea observație: dacă ar fi comparate cu sentimentele divine și convingătoare ale lui Cicero, ar rezulta că mintea umană a degenerat, pentru că le-a crezut. Omul, îngenunchiat de superstiție și fără curajul de a se ridica, pierde energia puterilor sale mentale.

Nu voi obosi cititorul cu și mai multe observații privind Vechiul Testament.

În ceea ce privește Noul Testament, dacă ar fi judecat în baza standardului, după cum remarcă cu înțelepciune Middleton, pe care Dumnezeu l-a revelat simțurilor noastre, privind Atotputernicia și înțelepciunea Sa, în crearea și conducerea universului vizibil, ar fi găsit egal Vechiului Testament: fals, meschin și absurd.

Fără a începe, aici, o altă discuție, despre faptul că povestea lui Cristos este o invenție umană și nu are origine divină, mă voi limita să arăt că nu este demnă de Dumnezeu, prin viclenia ei, pentru că mijloacele pe care presupune că le folosește Dumnezeu nu sunt adecvate scopului vizat și, de aceea, sunt depreciative la adresa Atotputerniciei sale și eternității înțelepciunii sale.

Noul Testament presupune că Dumnezeu și-a trimis Fiul pe pământ, pentru a face un nou legământ cu omul, pe care Biserica îl numește un legământ al grației și pentru a învăța omenirea o nouă doctrină, pe care o numește Credință. Prin aceasta nu se înțelege credința în Dumnezeu, pentru că Cicero și toți adevărații Deiști au avut și vor avea mereu așa ceva, ci credință în persoana numită Isus Cristos și faptul că oricine nu are această credință merită, ca să folosesc cuvintele Noului Testament, să fie Damnat.

    Acum, dacă acest lucru ar fi adevărat, în concordanță cu acel atribut al lui Dumnezeu, numit bunătate, nu trebuia pierdut timpul și bietul și nefericitul om trebuia să fie anunțat numaidecât. Având în vedere că acea bunătate era unită Atotputerniciei și acea putere, înțelepciunii Atotputernice, toate mijloacele erau în posesia Creatorului pentru a-l face imediat cunoscut, pe întreg pământul, de o manieră potrivită Atotputerniciei naturii sale divine și cu un caracter evident, care nu ar fi lăsat omul în dubiu. Pentru că este mereu de datoria noastră, în toate cazurile, să credem că Atotputernicul nu acționează niciodată prin mijloace imperfecte (așa cum acționează omul imperfect), ci pe potriva Atotputerniciei sale. Doar acesta poate deveni criteriul infailibil, în baza căruia putem diferenția operele lui Dumnezeu de operele omului.

    Observă acum, cititorule, cum comparația dintre această presupusă misiune a lui Cristos, care îl va fi salvat sau damnat pe om, în funcție de credință, sau lipsa credinței, observă, spun, cum continuă comparația între acesta și Atotputernicia și înțelepciunea lui Dumnezeu, învederată simțurilor noastre.

    Vechiul Testament ne spune că Dumnezeu a creat cerurile și pământul și tot ceea ce le populează, în șase zile. Expresia „șase zile" este ridicolă, atunci când îi este aplicată lui Dumnezeu. Trecând, însă, peste această absurditate, ea conține ideea Atotputerniciei, acționând la unison cu înțelepciunea, pentru a produce o operă imensă, aceea a creării universului și a tot ce ceea ce se află în acesta, într-un timp scurt. Cum salvarea omului are o importanță mult mai mare decât crearea lui și cum această salvare depinde, după cum ne spune Noul Testament, de știința omului despre persoana numită Isus Cristos și de credința în El, decurge în mod necesar din credința noastră în bunătatea și justiția lui Dumnezeu și din cunoașterea Atotputerniciei și înțelepciunii sale, după cum ne sunt prezentate în Creație, că *acest lucru*, dacă ar fi adevărat, ar fi revelat lumii întregi, în cel puțin atâta timp cât a fost necesar facerii lumii. A presupune că Atotputernicul acordă mai multă considerație și atenție creării și organizării materiei neînsuflețite, decât acordă salvării a nenumărate suflete, pe care el le-a creat, "după propria imagine", însemnă a insulta bunătatea și justiția lui.

Observă acum, cititorule, cum a continuat promulgarea acestei pretinse salvări prin cunoașterea lui Isus Cristos și credința în El, în comparație cu opera creației. În primul rând, a durat mai mult să fie făcut copilul, decât a durat facerea lumii, căci nouă luni au fost traversate și pierdute cu desăvârșire, pe perioada sarcinii. Înseamnă de peste 40 de ori mai mult timp decât i-a trebuit lui Dumnezeu, în facerea lumii, potrivit relatării biblice. În al doilea rând, mai mulți ani din viața lui Cristos au fost pierduți în traversarea fragedei copilării. Dar universul era la maturitate, din momentul în care începuse să existe. În al treilea rând, Cristos, după cum afirmă Luca, a început să propovăduiască ceea ce ei numesc chemarea Sa la vârsta de treizeci de ani. Milioane de suflete muriseră, între timp, fără a o afla. În al patrulea rând, cartea numită Noul Testament a fost alcătuită și scrisă la peste trei sute de ani de la acel moment. În al cincilea rând, abia după o mie de ani avea să intre în circulație, pentru că nici Isus, nici apostolii săi nu cunoșteau și nici nu fuseseră inspirați cu arta tiparului. Având în vedere că nu existau mijloacele de a o face cunoscută în mod universal, acestea nu erau potrivite scopului și, de aceea, nu putea fi opera lui Dumnezeu.

Voi anexa cel de-al nouăsprezecelea Psalm (n.t.: Psalmii XIX, 1-6), care este cu adevărat deist, pentru a arăta cum se fac cunoscute operele lui Dumnezeu, în mod universal și instantaneu, în comparație cu pretinsa salvare, prin Isus Cristos: *„Cerurile spun slava lui Dumnezeu, și întinderea lor vestește lucrarea mâinilor Lui. O zi istorisește alteia acest lucru, o noapte dă de știre alteia despre el. Și aceasta, fără vorbe, fără cuvinte, al căror sunet să fie auzit, dar răsunetul lor străbate tot pământul și glasul lor merge până la marginile lumii. În ceruri, El a întins un cort soarelui. Și soarele, ca un mire care iese din odaia lui de nuntă, se aruncă în drumul lui cu bucuria unui viteaz: răsare la un capăt al cerurilor și își isprăvește drumul la celălalt capăt; nimic nu se ascunde de căldura lui."*

Dacă vestea salvării prin Isus Cristos ar fi fost scrisă pe suprafața Soarelui sau a Lunii, cu niște caractere pe care le-ar fi înțeles toate popoarele, întreg pământul ar fi aflat în douăzeci și patru de ore și toate popoarele ar fi crezut. Pe câtă vreme, deși au trecut aproape două mii de ani de când, după cum ni se spune, Cristos a venit pe pământ, nici a douăzecea parte a oamenilor de pe pământ nu știe nimic despre acest lucru, iar dintre cei care îl știu, cei mai înțelepți nu îl cred.

Am parcurs, de pe-acum, cititorule, toate paragrafele numite profeții despre Isus Cristos și am arătat că nu există așa ceva.

Am examinat povestea spusă despre Isus și am comparat diferitele sale cazuri cu acea revelație pe care, după cum spune cu înțelepciune Middleton, ne-a făcut-o Dumnezeu, despre Puterea și Înțelepciunea sa, în structura universului și prin intermediul căreia trebuie judecate toate lucrurile care îi sunt atribuite. Rezultatul este că povestea lui Cristos nu prezintă, în caracter, sau în mijloacele pe care le-a utilizat utilizate, nicio trăsătură care să aibă o minimă asemănare cu puterea și înțelepciunea lui Dumnezeu, așa cum ne-au fost dovedite în crearea universului. Toate mijloacele sunt mijloace umane, lente, nesigure și neadecvate îndeplinirii scopului vizat și de aceea întregul operei reprezintă o invenție fabuloasă, nedemnă de încredere.

Preoții din prezent își declară credința în ea. Își câștigă traiul prin intermediul său și protestează zgomotos împotriva a ceva ce ei numesc necredință. Voi defini acest lucru. Acela care crede în povestea lui Isus Cristos, este un necredincios în raport cu Dumnezeu.

THOMAS PAINE

Anexa autorului
Doctrine diferite între Matei și Marcu

În Noul Testament (Marcu XVI, 16,) se spune: „Cel care crede și este botezat, va fi salvat, însă cel care nu crede, va fi damnat." Acest lucru face ca salvarea, sau, fericirea omului după această viață, să depindă în totalitate de credință, sau de ceea ce creștinii denumesc credință.

Însă, *Evanghelia după Matei* îl face pe Isus să predice o doctrină în exactă opoziție cu *Evanghelia după Marcu*. În baza acesteia salvarea (fericirea viitoare a omului) depinde în totalitate de „operele de caritate", iar acestea nu sunt opere făcute pentru Dumnezeu, pentru că El nu are nevoie de ele, ci pentru om. Paragraful din Matei la care se face referire (XXV, 34) cuprinde relatarea așa numitei ultime zi, sau ziua judecății, când toată lumea este împărțită în două, în drepți și nedrepți, numiți metaforic, oile și caprele. Părții numite a drepților, sau oilor, i se spune: „«Veniți, binecuvântații Tatălui Meu, de moșteniți Împărăția, care v-a fost pregătită de la întemeierea lumii. Căci am fost flămând și Mi-ați dat de mâncat; Mi-a fost sete și Mi-ați dat de băut; am fost străin și M-ați primit; am fost gol și M-ați îmbrăcat; am fost bolnav și ați venit să Mă vedeți; am fost în temniță și ați venit pe la Mine.» Atunci, cei neprihăniți Îi vor răspunde: «Doamne, când Te-am văzut noi flămând și Ți-am dat să mănânci sau fiindu-Ți sete și Ți-am dat de ai băut? Când Te-am văzut noi străin și Te-am primit sau gol și Te-am îmbrăcat? Când Te-am văzut noi bolnav sau în temniță și am venit pe la Tine?» Drept răspuns, Împăratul le va zice: «Adevărat vă spun că, ori de câte ori ați făcut aceste lucruri unuia din acești foarte neînsemnați frați ai Mei, Mie Mi le-ați făcut.»"

Aici nu se spune nimic despre credința în Cristos, nimic despre acea fantasmă a imaginației, denumită Credință. Operele despre care se vorbește aici sunt operele omeniei și mărinimiei, cu alte cuvinte, strădania de a face fericită creația lui Dumnezeu. Nu se menționează nimic despre predici și rugăciuni lungi, de parcă lui Dumnezeu trebuie să-i dicteze omul, nici despre construirea de biserici și întâlniri, nici despre angajarea preoților pentru a se ruga și a predica în cadrul acestora. Nu se spune nimic despre predestinare, acea poftă pe care unii oameni o au pentru a se blestema unul pe celălalt. Nu se spune nimic despre botez, fie prin stropire, sau scufundare, nici despre vreuna dintre acele ceremonii, pentru care Biserica Creștină s-a luptat, a persecutat și a ars, încă de la începuturile sale.

Dacă ar fi întrebat, de ce nu predică preoții doctrina din acest capitol, răspunsul ar fi ușor: nu le place să o practice, la rândul lor. Nu răspunde profesiei lor. Ei ar primi, mai degrabă, decât să dea. Pentru ei caritatea începe și se termină acasă.

Dacă s-ar fi spus: „Veniți, cei binecuvântați, ați fost mai generoși în plata predicatorilor lumii, ați contribuit din plin la construirea de biserici și de case de întâlnire," nu există preot, salariat, în Lumea Creștină care nu ar fi tunat-o, în continuu, în urechile congregației sale. Cum, însă, se bazează în totalitate pe operele de caritate făcute oamenilor, preoții trec peste ea în tăcere și mă vor ultragia fiindcă am atras atenția asupra sa.

THOMAS PAINE

Gândurile mele despre condiția viitoare

Am spus în prima parte a cărții *Vârsta Rațiunii* că „Sper în fericire, după această viață." Această speranță mă liniștește și nu îndrăznesc să trec dincolo de ideea liniștitoare a speranței, în ceea ce privește o condiție viitoare. Consider că mă aflu în mâinile Creatorului și că el va dispune de mine, după această viață, în baza justiției și a bunătății Sale. Îi las toate aceste chestiuni, în calitate de creator și prieten al meu și consider că este o prezumție a omului, să facă o dogmă, din ceea ce va face creatorul cu noi, pe lumea cealaltă.

Nu cred că *faptul că un bărbat și o femeie fac un copil* îi impune creatorului inevitabila obligație de a da existență eternă, în viața de apoi, ființei făcute astfel. Îi stă în putere să facă acest lucru, sau să nu-l facă și nu stă în puterea noastră să decidem ce va face.

Cartea numită Noul Testament, pe care o consider fabuloasă și (despre care) am arătat că este falsă, prezintă o relatare în Matei XXV, a ceea ce este numită acolo ultima zi, sau ziua judecății. Lumea întreagă, potrivit acelei relatări, se împarte în două, drepții și nedrepții, numiți în chip plastic, oi și capre. Ei urmează să își primească sentința. Celor numiți, în chip plastic, oi, li se spune: „Veniți, voi, cei binecuvântați de tatăl meu, moșteniți împărăția pregătită pentru voi, de la începutul lumii." Celorlalți, numiți în chip plastic, capre, li se spune (Matei XXV, 41): „Duceți-vă de la Mine, blestemaților, în focul cel veșnic, care a fost pregătit pentru diavol și îngerii lui."

După cum stau lucrurile, lumea nu poate fi împărțită astfel: lumea morală, asemenea lumii fizice, este compusă din numeroase grade ale caracterului, care se întâlnesc imperceptibil, în așa fel încât nu poate fi găsit niciun punct fix de diferențiere. Acel punct este nicăieri, sau este pretutindeni. Lumea întreagă ar putea fi împărțită în două părți, din punct de vedere numeric, dar nu și în ceea ce privește aspectul moral. De aceea metafora împărțirii lor, așa cum oile și caprele pot fi împărțite, a căror diferență este marcată de aspectul exterior, este absurdă. Toate oile sunt tot oi. Toate caprele sunt tot capre. Este în natura fizicului lor să fie așa. Însă, într-o parte a lumii, nu sunt toți la fel de buni, nici în cealaltă parte, nu sunt toți la fel de răi. Unii sunt extraordinar de buni, alții sunt extraordinar de răi. Mai este o categorie de oameni care nu pot fi clasificați, nici cu unii, nici cu ceilalți, locul lor nu este cu oile și nici cu caprele. Și mai există încă o categorie, a celor complet insignifianți, atât în privința caracterului, cât și a comportamentului, încât nu merită osteneala damnării sau salvării, sau a ridicării din morți.

În opinia mea, cei ale căror vieți au fost folosite pentru a face bine și în strădania de a-și face semenii fericiți, întrucât doar astfel îl putem sluji lui Dumnezeu, vor fi fericiți, pe lumea cealaltă, iar cei extrem de răi vor fi pedepsiți. Aceia, însă, care nu sunt nici buni, nici răi, vor asfinți pe deplin. Aceasta este părerea mea. Este în concordanță cu ideea mea despre justiția lui Dumnezeu și cu rațiunea pe care mi-a dat-o Dumnezeu și consider, cu recunoștință, că mi-a dat o parte însemnată din acest dar divin.

THOMAS PAINE

NOTELE Traducătorului.

1. Avraam, personaj biblic, primul din cei trei patriarhi, circa 2150 - 2000 î.Hr.; nume semitic timpuriu, "tatăl este înălțat" (Abram); se spune că a trăit 175 de ani; este fiul lui Terah din Ur-ul Caldeei, descendent al lui Sem; istoria lui plină de detalii este narată în cartea Genezei cap. XI, 26; XXV, 11.
2. Hagar sau Agar, personaj biblic din Vechiul Testament, roaba lui Avraam și a soției sale Sara și mama lui Ismael; conform tradiției biblice, neavând copii, deși trecuseră zece ani de căsnicie, Avraam are o relație cu Hagar, care îl naște pe Ismael; cuprinsă de gelozie, Sara se comportă tot mai aspru cu slujitoarea și în final o alungă, atât pe ea cât și pe fiul ei, lucru cu care este de acord și Avraam, care susține că acesta a fost ordinul din partea divinității.
3. Sarah sau Sara, soția și sora vitregă a lui Avraam și mama lui Isaac; inițial Sarai, Dumnezeu i-a schimbat numele în Sarah (prințesă, sau nobilă), ca parte a unui legământ, după ce Hagar i-a născut primul fiu, Ismail, lui Avraam.
4. Iacob, ca Israel, literalmente, "Cel care se luptă cu Dumnezeu."
5. Ignis Fatuus - lumină atmosferică fantomatică, văzută de călători, în timpul nopții, mai ales deasupra bălților, smârcurilor și mlaștinilor; seamănă cu un felinar care licărește, care se îndepărtează, când se avansează către el, atrăgând călătorii de pe drumul sigur.
6. Osea, "Dumnezeu mântuiește", fiul lui Beer, a trăit în regatul de nord (Israel) și și-a exercitat mandatul profetic între anii 750 și 730 î.Hr.
7. Ba'al este denumirea unui zeu vest-semitic și înseamnă în limba ebraică Domn, Maestru, Stăpân, Soț, Rege sau Zeu.
8. Rahela, "să călătorești ca o mioară care este o bună călătoare", a fost nevasta preferată a lui Iacob (a avut două) și mama lui Iosif și a lui Beniamin, doi dintre cei doisprezece strămoși ai triburilor Israelului; era verișoara primară a lui Iacob.
9. Rama, oraș din Israelul antic, situat la 8 kilometri, Nord de Ierusalim.

10. Hugo Grotius, 10.04.1583 - 28.08.1645, a fost un jurist, istoric și diplomat olandez, specialist în drept internațional; este unul dintre fondatorii teoriei dreptului natural; a promovat eliberarea dreptului de sub tutela teologiei; a susținut faptul că dreptul nu se întemeiază pe voința vreunei divinități, ci pe natura omului și pe principiile rațiunii.
11. William Whiston, 09.12.1667 – 22.08.1752, a fost un teolog, istoric și matematician Englez, o figură de seamă în răspândirea ideilor lui Isaac Newton.
12. Jonathan „Isaac Bickerstaff" Swift, 30.11.1667 - 19.10.1745, Dublin, a fost un scriitor anglo-irlandez, eseist și pamfletar politic, poet și cleric, devenit Preot Paroh al Catedralei Sf. Patrick, din Dublin; unul din cei mai importanți reprezentanți ai realismului din prima perioadă a iluminismului englez; o gândire dominată adesea de o aspră mizantropie, a devenit cunoscut mai ales prin opera sa satirică *Călătoriile lui Gulliver*, 1726.
13. Humphry Ditton, 29.05.1675 – 15.10.1715, a fost un matematician englez; a studiat teologia și a fost, timp de câțiva ani, preot prezbiterian la Tonbridge; în 1714 a publicat un Discurs despre Învierea lui Isus Cristos; a anunțat împreună cu Whiston o metodă pentru calculul longitudinii, respinsă însă, cu toate că fusese folosită cu succes de Isaac Newton; Swit scrie în derâdere despre planul lor.
14. Henry St John, Prim Viconte Bolingbroke, 16.09.1678 – 12.12.1751, a fost un politician englez, membru al guvernului și filosof politic; a fost un lider al Conservatorilor și a susținut Biserica Anglicană, în ciuda opiniilor sale anti-religioase și opoziției în privința teologie; a susținut revolta Iacobină din 1715, care urmărea să-l răstoarne pe noul rege George I; a fugit în Franța; a fost acuzat de trădare, dar și-a retractat opiniile și i-a fost permisă reîntoarcerea în Anglia, în 1723.
15. Alexander Pope, 21.05.1688 – 30.05.1744, a fost un poet englez din secolul al XVIII-lea; este bine cunoscut pentru satira sa și pentru traducerea operelor lui Homer.
16. Publius Sulpicius Quirinius, circa 51 î.Hr. – 21 d.Hr., a fost un aristocrat roman; după înlăturarea lui Irod Arhelau din poziția de Tatrarh al Iudeei, în anul 6 d.Hr., Quirinus a fost numit Guvernator

al Siriei, căreia provincia Iudeea îi fusese adăugată în scopuri cenzitare.
17. Thomas Newton, 01.01.1704 – 14.02.1782, a fost un preot englez, cercetător al Bibliei şi scriitor; între 1761 şi 1782 a fost Episcop al Bristolului; în 1754 a publicat o lungă analiză a profețiilor, cu titlul *Disertații pe marginea Profețiilor*.
18. Conyers Middleton, 27.12.1683 - 28.07.1750, a fost un preot englez; implicat în controverse şi dispute, cu o reputație de necredincios, a fost considerat, de asemenea, unul dintre cei mai buni stilişti ai limbii engleze, ai vremurilor sale.
19. Marcus Tullius Cicero, 03.01.106 î.Hr. – 7.12.43 î.Hr., a fost un filozof, politician, jurist, orator, teoretician politic, consul şi constituționalist roman; a jucat un rol important în perioada de sfârşit a Republicii romane.

www.ingramcontent.com/pod-product-compliance
Lightning Source LLC
Chambersburg PA
CBHW031311150426
43191CB00005B/173